PRERROGATIVAS
DOS ADVOGADOS E SUA DEFESA

PRERROGATIVAS
DOS ADVOGADOS E SUA DEFESA

FERNANDO AUGUSTO FERNANDES

PREFÁCIO
DANIELA TEIXEIRA

APRESENTAÇÃO
JOSÉ ROBERTO BATOCHIO

POSFÁCIO
LENIO LUIZ STRECK

Editora
**Tristão
Fernandes**

Copyright © 2024 by Fernando Augusto Fernandes
Grafia atualizada segundo o Acordo Ortográfico da Língua Portuguesade 1990,
que entrou em vigor no Brasil em 2009.

1ª Edição — Outubro de 2024

COORDENAÇÃO GRÁFICA
Silvia Abolafio

PROJETO GRÁFICO E DIAGRAMAÇÃO
Sergio Salgado

Dados Internacionais de Catalogação na Publicação (CIP)
(Câmara Brasileira do Livro, SP, Brasil)

Fernandes, Fernando Augusto
    Prerrogativas dos advogados e sua defesa /
    Fernando Augusto Fernandes ; prefácio Daniela Teixeira ;
    apresentação José Roberto Batochio ;
    posfácio Lenio Luiz Streck. – São Paulo : Tristão Editora, 2024.

    ISBN 978-65-85622-70-7 (Impresso)
    ISBN 978-65-85622-71-4 (Digital)

    1. Advocacia - Leis e legislação – Brasil
    2. Advocacia como profissão 3. Estado democrático
    4. Garantia (Direito) 5. Prerrogativas I. Teixeira,
    Daniela. II. Batochio, José Roberto. III. Streck,
    Lenio Luiz. IV. Título.

24-226663   CDU-342.7(81)

Índices para catálogo sistemático:
1. Brasil : Garantias constitucionais : Direito 342.7(81)

Eliane de Freitas Leite - Bibliotecária - CRB 8/8415

Todos os direitos desta edição reservados
Tristão Editora Ltda
Rua Joaquim Floriano, 466 – Sala 2401
Itaim Bibi – SP – CEP: 04534-002
contato@editoratristaofernandes.com.br

DISTRIBUIÇÃO:
GERAÇÃO EDITORIAL
Rua João Pereira, 81 – Lapa
CEP: 05074-070 – São Paulo – SP
Telefone: (+ 55 11) 3256-4444
E-mail: geracaoeditorial@geracaoeditorial.com.br
www.geracaoeditorial.com.br
www.troiaeditora.com.br

Impresso no Brasil

Impressão e acabamento: Gráfica Plena Print

SUMÁRIO

PREFÁCIO – Daniela Teixeira IX

APRESENTAÇÃO – José Roberto Batochio XI

INTRODUÇÃO XIV

Capítulo 1 CONCEITO 1

Capítulo 2 PRERROGATIVAS E OAB NO STF 3

2.1 Imunidade dos advogados: art. 7º, 2º e 3º. 3

2.2 Salas para a advocacia em órgãos do Judiciário, delegacias
e presídios 14

2.3 Inviolabilidade do Escritório de Advocacia 15

2.3.1 Do Escritório de Advocacia 16

2.3.2 Sigilo de Comunicação 30

2.4 Prisão de Advogado 34

2.5 Sala de Estado Maior 35

2.5.1 Conceito 38

2.6 Sustentação oral do Advogado 71

2.7 Indispensabilidade de Advogado 77

2.8 Acesso aos autos 80

2.9 Honorários 87

Capítulo 3 PRERROGATIVAS DA LEI 8906/94 91

3.1 Ausência de Hierarquia, Subordinação e Liberdade
Profissional. 91

3.2 Procuração e Poderes. 92

3.3 Comunicação com cliente preso 93

3.4	Desagravo Público	93
3.5	Direito a se retirar do recinto	94
3.6	Despacho com Magistrado	94
3.7	Modificações da Lei 14.365/22	95
3.8	Lei 14.752/2023 – Modificação do art. 71 e do art. 265 do CPP	101

Capítulo 4 PRERROGATIVAS E ABUSO DE AUTORIDADE 102

Capítulo 5 PRERROGATIVA DA MULHER – A ADVOGADA 105

5.1 Inscrição de Defensor Público 106

Capítulo 6 PRERROGATIVAS NO STJ 108

6.1 Imunidade Judiciária 108

6.1.1 Expressões deselegantes 108

6.1.2 Em causa própria calunia o juiz. 116

6.1.3 Imunidade em Parecer 118

6.1.4 Dolo em Parecer Responsabilidade 119

6.1.5 Desacato por gravar testemunhas. 121

6.2 Sigilo 122

6.2.1 Depoimento como testemunha 122

6.2.2 Desnecessidade de testemunha em contrato de advogado. 123

6.2.3 Advogado viola sigilo grava cliente e realiza delação premiada. 123

6.2.4 Mitigado se o advogado é acusado de crime 129

6.2.5 A mitigação não é possível quando o advogado exerce a profissão 145

6.2.6 Sigilo profissional do advogado em relação ao exercício da função, sigilo de comunicações e de dados entre advogados e seus Clientes 147

6.3 Honorários 149

6.3.1 Honorários prescrição 149

6.3.2 Sucumbência pertence ao advogado 150

6.3.3 Sucumbência por sociedade de advogado 152

6.3.4 Sucumbência por associação de advogados
empregados 153

6.3.5 Art. 24 A Liberação de até 20 % de bens bloqueados
para Honorários 154

6.4 Desnecessidade de reconhecimento de firma em procuração 156

6.5 Impedimento 157

6.5.1 Dispensa de licitação 159

6.6 Sustentação Oral 160

6.6.1 Pedido Expresso e Nulidade de Julgamento 160

6.6.2 Necessidade de antecedência mínima de 48 horas ... 161

6.6.3 Intimação válida a um dos advogados exceto se
pedido expresso 162

6.6.4 Preclusão necessidade de manifestação na primeira
oportunidade 162

6.6.5 Negativa de sustentação em agravo interno 165

6.6.6 Negativa em Julgamento Virtual 166

6.7 Substituição de advogado pelo juiz sem intimação ao réu .. 167

6.8 Determinação de substituição de advogado por colidência . 169

6.9 Manifestação no interrogatório do desejo de responder
perguntas somente do advogado. 170

6.9.1 Inexistência de advogado 171

6.10 Ingresso Livre em Repartição Judicial – STJ. 172

6.11 Incompatibilidade da Advocacia com exercício de
cargo na Administração Pública – no STJ 174

6.12 Intervenção da OAB – no STJ 178

6.13 Vedação de proibição do exercício da advocacia –
atribuição exclusiva da OAB 183

Capítulo 7 **INVESTIGAÇÃO DEFENSIVA E PRERROGATIVAS** 186

POSFÁCIO – Lenio Luiz Streck. 190

ANEXO Lei 8906/94 195

Lei 13.363/16. 204

REGULAMENTO GERAL DO ESTATUTO DA ADVOCACIA
E DA OAB*. 207

PREFÁCIO

Em 9 de maio de 2024, a página do Conselho Federal da Ordem dos Advogados do Brasil exibia 1.394.862 inscritos. No Brasil, uma em cada 194 pessoas faz parte dessa lista. Entre os 30 países mais populosos do mundo, o nosso é o que tem mais advogados *per capita* – em segundo lugar, vem a Itália (1/201); e, em terceiro, os EUA (1/256). O bacharelado em Direito no Brasil abre portas para algo em torno de 200 carreiras. A advocacia, em si mesma, hoje é exercida perante os três Poderes – está ultrapassada a ideia de que advogar é somente peticionar perante o Judiciário. Profissionais especializam-se em áreas inexistentes no século 20, como Políticas Públicas (estruturação da ação do Poder Público para realizar direitos); Relações Governamentais (colaboração na criação da norma jurídica perante o Legislativo e o Executivo); Marco Civil da Internet e Plataformas Digitais (constituição, estruturação e gestão jurídica de temas surgidos com a revolução tecnológica); Compliance (adequação de organizações a normas de integridade). Entre essas e outras novidades, está em pauta nada menos do que a Defesa do Estado Democrático contra-ataques à Ordem Constitucional; a defesa da sociedade e do Estado contra organizações criminosas crescentemente sofisticadas – inclusive em sua capacidade de defesa judicial.

Em meio a tudo isso, o advogado, a advogada. O Estado brasileiro tem a advocacia como constitutiva de sua organização, e o papel dessa verdadeira Instituição é o de defender posições e interesses usualmente contramajoritários perante as autoridades constituídas: o aparato de repressão, o de investigação, o de acusação e o de julgamento – quando não contra a opinião pública. Não é possível avaliar a conjuntura brasileira da perspectiva da advocacia sem registrar o impacto da guerra contra as drogas, esse fenômeno equivocado que alimenta conflituosidade, encarcera gerações às centenas de milhares, abarrota o Judiciário e arregimenta advogados proporcionalmente.

Tudo considerado, temos que advogar é expor-se a autoridades em lugar de alguém que quer seu direito preservado e defendido num ambiente adverso. Advogar é ter de lidar com a indisposição cultural, histórica e política contra a conduta ou o interesse de seu cliente. É aqui que entra a defesa das prerrogativas da profissão.

Uma grande advogada trabalhista de Brasília, acostumada com a violência que sofria por ser negra, maranhense, atarracada, miúda, e defender trabalhadores e trabalhadoras em conflito com patrões, dizia que toda manhã saía de casa disposta a perder sua primariedade. Sabia que seria, em alguma medida, desrespeitada no exercício do *múnus público*.

Bem por isso, o desforço de lideranças pelo Brasil inteiro tem gerado estruturas de defesa de prerrogativas cada vez mais robustas e sofisticadas. O surgimento recente de diretorias de prerrogativas no topo da administração de seccionais e de subseções da Ordem dos Advogados do Brasil, assim como de diretorias para mulheres e para igualdade racial, demonstram o complexo momento que vivemos. Momento decisivo de avanço ou retrocesso civilizacional.

É nessa moldura que se encaixa a iniciativa de Fernando Fernandes, ao criar esta cartilha detalhada e proveitosa, viático do advogado e da advogada. Esses quase milhão e meio de profissionais precisam sair de casa preparados para defender suas prerrogativas no exercício da sua profissão, sabedores da estrutura montada para socorrê-los – tanto legal como institucionalmente – sem que precisem considerar o sacrifício de sua primariedade.

Não saiam de casa sem ele.

Ministra Daniela Teixeira
do Superior Tribunal de Justiça

APRESENTAÇÃO

Das chamadas profissões de ajuda, é de se especular sobre qual nasceu primeiro, ainda no tempo das cavernas, se a assistência para a cura de um espécime de *homo erectus* ferido na caçada ou a assunção da defesa de um terceiro acusado de se apropriar do fogo ou da caça alheios. Se persistem dúvidas quanto à primazia, certo é que há muito mais de um milhão de anos surgiu entre os hominídeos que forjaram a Humanidade um que no clã pré-histórico era sempre instado a defender outro, e o paladino ganharia muito tempo depois a designação de *advogado – aquele que é chamado para junto.*

A sabedoria que o Homem foi acumulando na construção de seu processo civilizatório emprestou a essa figura singularidades que atravessaram os tempos, entre elas a noção de que o defensor não se confunde jamais com as ações atribuídas ao defendido. E, não menos importante, agregou o senso de que a única hipótese de haver um julgamento legítimo e justo seria aquele em que a defesa pudesse ser exercida com independência, garantias de atuação e liberdade, para caracterizar-se como dado elementar da legitimidade dos veredictos e dos direitos fundamentais do acusado.

Transplantando tais conceitos para nossos dias, Fernando Augusto Fernandes nos oferece neste livro uma pesquisa exemplar, ao colher no *corpus* jurídico extenso repertório da legislação e jurisprudência acerca da função e prerrogativas do advogado. Doutor em Ciência Política e mestre em Criminologia e Direito Penal, o eixo axiológico de sua obra é o artigo 133 da Constituição de 1988, que de forma cristalina e taxativa enuncia que "O advogado é indispensável à administração da justiça, sendo inviolável por seus atos e manifestações no exercício da profissão, nos limites da lei."

Roma locuta, causa finita – nada mais precisaria ser dito, mas, no país em que pululam desvios de finalidade e exegeses *contra legem,* em suas formas as mais sorrateiras, fazia-se necessário reafirmar e minudenciar o cânone constitucional em lei ordinária. Nesse particular, o autor desta *Apresentação* pode dar um testemunho histórico, pois tomou parte na iniciativa, a partir da Associação dos Advogados de São Paulo e depois da Ordem dos Advogados do Brasil (OAB), para que a Assembleia Constituinte que preparava a Carta Política de 1988 debatesse a essencialidade e a inviolabilidade da Advocacia. Deputados como Amaral Neto e Roberto Campos questionavam a distinção específica aos advogados:

"Por que não a Medicina, a Arquitetura, a Engenharia?" E respondíamos: "Porque sem engenheiros não teremos estradas, sem arquitetos não teremos o esplendor destas formas, sem os dentistas não teremos o sorriso brejeiro lindo das nossas moças, mas sem todos eles ainda podemos ter democracia. Agora, sem advogados não poderemos ter Estado de Direito e muito menos democracia."

Conquistado o artigo 133, o passo seguinte foi instituir o Estatuto do Advogado, muito além de um código deontológico, uma lei federal, hoje trintenária, imposta a todos os cidadãos, a de n.º 8.906, de 1994, tão *sui generis* quanto a criação da própria OAB por decreto do presidente Getúlio Vargas em 1930. O Estatuto reafirmou que o profissional da postulação em juízo é indispensável à administração da justiça e que no "seu ministério privado o advogado presta serviço público e exerce função social." Para prevenir desvios de finalidade e desalojar da cena vocações autoritárias, arrogâncias e distorções históricas, o artigo 6º deixou positivado: "Não há hierarquia nem subordinação entre advogados, magistrados e membros do Ministério Público, devendo todos tratar-se com consideração e respeito recíprocos."

Este livro de Fernando Augusto Fernandes materializa uma rica e fecunda abordagem desses princípios legais, necessária e oportuna, para orientação dos que operam o Direito, de juristas a estagiários. Nem sempre, porém, a figura do advogado é respeitada na plenitude de sua relevância à sociedade e à administração da Justiça, quando atua na defesa intransigente, antes de seu constituinte, mas também das garantias fundamentais dos indivíduos como viga-mestra do Estado Democrático de Direito. A tensão permanente entre autoridade e liberdade, o situa, necessariamente e sempre, na posição de defensor das liberdades... Por isso, mais do que ninguém, o advogado merece, sim, por direito e justiça, o epíteto de *homem da lei e das liberdades*.

José Roberto Batochio

INTRODUÇÃO

Escrevo essa introdução em um dia chuvoso de julho de 2024. O livro está praticamente pronto com o prefácio da advogada, hoje Ministra do STJ, Daniela Teixeira, e de nosso maior *bâtonnier*, José Roberto Batochio. Mas, para a publicação, algumas palavras do "autor" se fazem necessárias.

Por que a opção de escrever um livro de prerrogativas? E por que fazer esse livro embasado nas decisões judiciais sobre as prerrogativas profissionais?

Para responder essas perguntas, é necessário afirmar algo fundamental. O direito não é o que os juízes dizem, ele nasce muito antes dos juízes o dizerem. É fundamental assimilar a crítica que tem constantemente feito o amigo e jurista Lenio Streck sobre o abandono da ciência do direito para um empoderamento da palavra dos juízes.

Na data de ontem houve uma importante homenagem aos juristas Geraldo Prado, um dos mais importantes processualistas penais, e Juarez Tavares, um dos maiores penalistas do mundo, na Universidade Federal do Rio de Janeiro. No dia anterior ao argentino Eugenio Raúl Zaffaroni, certamente um dos maiores criminólogos do mundo.

Em seu discurso, Juarez apontou o caminho do empobrecimento na dogmática penal e da profunda análise da ciência penal, em especial daquela que consegue inverter a lógica de legitimação do poder de punir em favor da contenção do poder punitivo do estado, passando a ciência penal a corresponder à análise do que os tribunais dizem que é o direito.

É importante compreender que, a opção de buscar e sistematizar o que a jurisprudência afirma, que são as prerrogativas dos advogados, não termina com a análise desses importantes direitos.

As prerrogativas não decorrem do que os tribunais dizem, mas decorrem da lei, da constituição, e, mesmo antes dessas, da essência da função do advogado no sistema de justiça, independente do que os juízes digam.

É fundamental que, para defender essas prerrogativas, tenhamos instrumentos de destaque dos precedentes judiciais favoráveis a essas, em especial do Supremo Tribunal Federal e Superior Tribunal de Justiça.

Vejamos um ponto relevante. O Supremo Tribunal Federal prestou relevante papel na defesa recente da democracia brasileira. Foi intensa e recorrentemente atacado com ofensas à instituição democrática e aos seus ministros, campanhas de notícias falsas e disseminação de ódio. Nós nos colocamos em defesa do STF e assim devemos como profissionais do sistema de justiça.

Mas isso não pode nos tirar da possibilidade e do dever de criticar, com inteligência, decisões e direcionamentos do judiciário e demais componentes do Estado Democrático de Direito para os fins de melhorar as instituições. O Supremo também criou as bases para que o abismo fosse cavado quando, de certa forma, olhou para a "voz das ruas" e escutou as intrigas golpistas palacianas que geraram um *impeachment* sem crime de responsabilidade, quando deixou uma operação que ofendeu o princípio do juiz natural se instaurar com a figura de um super juiz universal, quando em razão da revogação da Súmula 394 do STF, em 1999, e piorou o entendimento acerca da aplicação do foro de prerrogativa, em 2018, restringindo-se a atos no mandato vigente e possibilitaram que dois presidentes da República fossem presos por juízes de primeira instância depois do exercício da função – ambos absolvidos depois. Um absolvido porque as gravações ambientais ilegais foram editadas, Temer, e outro porque o juiz foi parcial, Lula, pelo trancamento.

Esse tema é relevante para demonstrar que, ao mesmo tempo em que o Ministro Alexandre de Moraes realizou e continua um papel fundamental na defesa da democracia e tem sido vítima de ataques de ódio injustos, isso não pode tirar nossa possibilidade de claramente, ao defendê-lo dos injustos ataques, apontar e protestar contra uma interpretação que restrinja a prerrogativa dos advogados, como é o entendimento que obsta a ampla realização de sustentações orais.

No ponto, recordamos que a Lei 14.365/22 incluiu entre as prerrogativas dos advogados a garantia de "sustentar oralmente, durante as sessões de julgamento, as razões de qualquer recurso ou processo presencial ou tele-presencial, em tempo real e concomitante ao julgamento" (art. 7º, IX A Lei 8906/94), ao mesmo tempo que garantiu o uso da palavra "em qualquer tribunal judicial ou administrativo" ou "Comissão Parlamentar de Inquérito".

Recentemente, em julgamento no Tribunal Superior Eleitoral, o Ministro Alexandre de Moraes indeferiu a palavra de advogado em agravo de instrumento sob o entendimento de que o Regimento Interno da Corte não previa a sustentação oral, defendendo, assim, que o regimento estaria acima da lei.

Evidente que, se espera que o Supremo Tribunal Federal, seus ministros, todos os componentes do judiciário, compreendam que a defesa intransigente que fazemos, os advogados, da democracia e do respeito às instituições, exigem harmonia entre os poderes. E essa harmonia exige que se estenda à advocacia!

Não podemos admitir julgamentos que, após pedido da defesa, os advogados sejam obrigados a remeter "sustentações orais gravadas" para julgamentos virtuais. Isso fere a lei, mas também a Constituição, na medida que não permitem a participação dos advogados em julgamentos públicos (art. 93, IX, e art. 133, CF). Acima de tudo, ferem o ideal de justiça.

A notória frase de que "não existe justiça sem advogado" não pode ser vazio e precisa se tornar realidade.

As prerrogativas são decorrentes das garantias individuais constitucionais, e não meramente corporativas (como defendemos no livro a seguir), mas também anterior a essa, frutos da essência da Justiça, da própria existência do judiciário. Portanto, ao ser ferida toda a legitimidade do sistema de justiça, se esvai.

Aos advogados é preciso compreender que, além de usarmos a jurisprudência a favor da advocacia, usamos a ciência jurídica para que os juízes sigam o que a academia se dedica no dizer o que é o direito. Fazer com que as decisões dos tribunais apliquem a ciência, a dogmática, é parte da construção de um judiciário que não cria direito, mas respeita o existente.

É neste contexto que defendemos, junto a Lenio Streck, a prática do chamado constrangimento epistemológico, sendo tarefa da doutrina assumir um papel prescritivo, conferindo ferramentas que permitam na prática o exercício de um constrangimento capaz de direcionar o intérprete à realização do direito em conformidade com os fundamentos do Estado Democrático de Direito e objetivos da República expostos na Constituição Federal de 1988.

Os problemas que vivemos das ofensas às prerrogativas não são novos. São relatados, por exemplo, no clássico livro "O advogado", de 1931, do advogado francês Henri Robert, defensor de Calas, no qual se registrou que Napoleão queria cortar a língua dos advogados que usassem as palavras contra o governo e, em 1811, viu-se obrigado a readmitir a Ordem dos Advogados.

O olhar à resistência da advocacia e a imprescindibilidade de prerrogativas podem nos levar, inclusive, à obra de Shakespeare, que, na peça Henry VI, relata a sugestão de um grupo de revoltosos, prontos à insurreição, de que a primeira coisa que deve ser feita ao tomar o poder é matar todo os advogados. O grande dramaturgo inglês revelou naquela passagem a função da advocacia na imposição de obstáculos à tirania, e à nós confere um nítido retrato da razão de ser das prerrogativas que permitem que os advogados possam exercer a vocação de defender o direito.

O advogado deve ser conhecedor dos clássicos, deve beber na fonte do rio, como em "Eles, os juízes, vistos por nós, os advogados", livro de Piero Calamandrei. Nele, podemos nos abeberar nos conhecimentos históricos.

O advogado deve acreditar na Justiça. Calamandrei destaca: "Para encontrar a Justiça, é preciso ser-lhe fiel. Como todas as divindades, só se manifesta àqueles que nela creem".

A escolha da advogada Daniela Teixeira, hoje Ministra pelo Quinto Constitucional no Superior Tribunal de Justiça, e de José Roberto Batochio para a elaboração de prefácio e apresentação tem todo um simbolismo.

Daniela tem uma carreira de 27 anos de advocacia antes de alçar a Magistratura, e parte dela dedicada à luta corporativa, foi conselheira federal e vice-presidente da OAB do Distrito Federal. Uma mulher corajosa na luta pela Justiça também se notabilizou ao exigir no Congresso Nacional a punição de agressores de mulheres, entre os quais, à época, o deputado Bolsonaro que havia agredido verbalmente a deputada Maria do Rosário. Dizia Sobral Pinto que a advocacia não é lugar para covardes.

José Roberto Batochio, certamente, é o mais significativo e relevante presidente da Ordem dos Advogados Federal depois de Raymundo Faoro, portanto, o mais importante presidente da OAB na democracia. O regulamento geral da advocacia, editado após à Lei 8.906/94, foi elaborado na sua gestão e por ele assinada. Trajetória ímpar na defesa de presos políticos, na dedicação a questão corporativa, além de presidente da OAB Federal foi presidente anteriormente da OAB-SP e da Associação dos Advogados de São Paulo, e Deputado. A vida de Batochio, seu domínio e elegância no português, sua coragem, independência, o torna um dos maiores exemplos da advocacia.

Não poderia terminar essa introdução sem homenagear e citar o grande amor e exemplo de vida e de advocacia que é Fernando Tristão Fernandes. Advogado brilhante, defensor de presos políticos e que se marcou, ele também, como preso político, tendo carregado marcas profundas de um atentado a tiros que quase ceifou sua vida, em 1979, aos 50 anos, e que viveu aos 94 anos, deixando o mundo terreno com mais de 60 anos de advocacia.

A Tristão Fernandes, na advocacia, devo tudo. Ensinamento, coragem, destemor e elegância, que jamais alcançarei. Registro minha eterna gratidão a tudo. Pouco antes de desencarnar, seu magnânimo coração me disse: "Meu filho, agradeço por tudo". Como? Do que ele agradecia? Eu respondi que eu que devo tudo a ele. Devo esse amor! O amor de filho, de pai, mas também o amor por essa profissão, pela justiça, pela luta pela justiça social, pela igualdade e pela liberdade.

Espero que essa obra possa contribuir com a luta pela dignidade da profissão. O trabalho desta obra é constante, e, por isso, agradeço que ajudem a colhermos decisões no país inteiro, para que ele esteja sempre atualizado, com envio para: prerrogativas@institutotristaofernandes.org.br.

Fernando Augusto Fernandes

Nas palavras do Ministro Carlos Brito quando do julgamento da ADI 1127:

"[...] E por isso que o advogado, no seu **munus** privado – todos nós dizemos isso –, presta uma função pública. Se a jurisdição é função pública genuína, virginal e depuradamente pública, e o advogado é essencial à prestação dessa atividade estatal, é porque ele coexerce uma função pública. E a dignidade da advocacia está exatamente nessa adjutória coparticipação. Daí por que a Constituição fala quatorze vezes de advogado, parece que três vezes de advocacia, numerosas vezes de Conselho Federal da Ordem. Nenhum outro conselho federal mereceu, da Constituição, uma única menção".

O ministro Eros Grau, em seu voto, afirmou o seguinte:

"Estamos tratando isso como se fosse uma prerrogativa, um privilégio do advogado. Não é nada disso. Não voltarei ao artigo 133 porque o Ministro Carlos Britto já o mencionou. Essa é uma garantia da cidadania. O advogado é um mero instrumento. Perdoem-me, fiquei em silencio até agora, mas estou me lembrando de uma coisa que aprendi no início da minha vida: dizia-se em Latim de minimis non curat praetor. Estamos entrando em detalhes que, data vênia, não tem sentido. Não podemos tomar isso como um privilégio do advogado. Isso é uma garantia da cidadania".

1

CONCEITO

As prerrogativas profissionais dos advogados não são direitos corporativos, mas são decorrentes do "serviço público" e "função social" (art. 2º, § 1º, Lei 8906/94)[1] que exerce a advocacia em seu "múnus público" (§ 2º)[2]. Mesmo já estando previsto no art. 5º, da mesma lei,[3] que o advogado "postula, em juízo ou fora dele". A lei aperfeiçoou-se a fim de deixar claro que, seja no processo judicial, seja em processo administrativo (Art. 2º-A)[4] ou no "processo legislativo e com a elaboração de normas jurídicas, no âmbito dos Poderes da República" (incluído pela Lei 14.365/22)[5]. Sendo seus atos e manifestações invioláveis, nos limites do Estatuto (§ 3º)[6].

Da mesma forma, apesar do art. 7º da lei já prever entre as prerrogativas a desnecessidade de procuração para o exercício de prerrogativa (Art. 7º, Inciso III), a lei de 2022 incluiu no art. 5º, § 4º, que atividades de consultoria e assessoria jurídicas podem ser exercidas de modo verbal ou por escrito, a critério do advogado e do cliente, e independem de outorga de mandato ou de formalização por contrato de honorários".

---

1   Art. 2º O advogado é indispensável à administração da justiça.
    § 1º No seu ministério privado, o advogado presta serviço público e exerce função social.
2   § 2º No processo judicial, o advogado contribui, na postulação de decisão favorável ao seu constituinte, ao convencimento do julgador, e seus atos constituem múnus público.
3   Lei 8906/94, Art. 5º. O advogado postula, em juízo ou fora dele, fazendo prova do mandato.
4   § 2º-A. No processo administrativo, o advogado contribui com a postulação de decisão favorável ao seu constituinte, e os seus atos constituem múnus público.
5   Art. 2º-A. O advogado pode contribuir com o processo legislativo e com a elaboração de normas jurídicas, no âmbito dos Poderes da República.
6   § 3º No exercício da profissão, o advogado é inviolável por seus atos e manifestações, nos limites desta lei.

O advogado, portanto, não está adstrito à atuação no judiciário na forma do art. 133 da CF/88, indo além a exercer função essencial ao Estado de direito democrático. Assim, suas prerrogativas são extensão das garantias individuais do art. 5º, mas também dos direitos sociais incluídos no art. 7º, ambos da Carta Magna.

A independência profissional, reconhecida a OAB como entidade *sui generis*[7] e a falta de hierarquia "entre advogados, magistrados e membros do Ministério Público" (art. 6º da Lei 8906/94) tem como possibilitar ao advogado defender com destemor essas garantias e direitos que não lhe pertencem, mas dele é defensor.

Por isso há uma sintonia entre as prerrogativas dos magistrados na lei (LOMAN) complementar nº 35/79, dos membros do Ministério Público LC nº 75/93 e LONMP, Lei nº 8.625/93.

---

7   OAB. ENTIDADE PRESTADORA DE SERVIÇO PÚBLICO INDEPENDENTE. CATEGORIA ÍMPAR NO ELENCO DAS PERSONALIDADES JURÍDICAS EXISTENTES NO DIREITO BRASILEIRO. AUTONOMIA E INDEPENDÊNCIA DA ENTIDADE.(RECURSO EXTRAORDINÁRIO 1.182.189 / BA, STF, Relator Min. Marco Aurélio, 04/23) A Ordem é um serviço público independente, categoria ímpar no elenco das personalidades jurídicas existentes no direito brasileiro. 4. A OAB não está incluída na categoria na qual se inserem essas que se tem referido como "autarquias especiais" ADI 3026 / DF – DISTRITO FEDERAL
AÇÃO DIRETA DE INCONSTITUCIONALIDADE
Relator(a): Min. EROS GRAU
Julgamento: 08/06/2006

2

PRERROGATIVAS E OAB NO STF

Quando foi editada a Lei 8906/94 que substituiu e revogou a lei anterior de 4215/63, a Associação dos Magistrados Brasileiros ingressou com uma Ação Direta de Inconstitucionalidade (ADI) para ver dispositivos da lei que regulou a profissão da advocacia inconstitucional.

Essa ação é a primeira e mais profunda análise do plenário do STF quanto a lei que regula a profissão da advocacia. A decisão, portanto, passa a balizar o entendimento da mais alta corte do país quanto a advocacia.

Quanto às prerrogativas essa ADI tratou das seguintes questões e artigos:

- Imunidade dos advogados: art. 7º, 2º e 3º;
- Salas para a advocacia em órgãos do Judiciário, delegacias e presídios;
- Inviolabilidade do escritório de Advocacia;
- Prisão de Advogado;
- Sala de Estado Maior;
- Sustentação Oral do Advogado.

2.1 Imunidade dos advogados: art. 7º, 2º e 3º

O STF julgou improcedente a ADI da AMB, mantendo como constitucional o § 3º do art. 2º da Lei 8906/94: "§ 3º "No exercício da profissão, o advogado é inviolável por seus atos e manifestações, nos limites desta lei".

Por maioria, julgou parcialmente competente a ação para declarar a inconstitucionalidade afastando a expressão "ou desacato", contida no § 2º do art. 7º da lei, vencido os Ministros Relatores e Ricardo Lewandowski.

Voto do Ministro Marco Aurélio:

> Colho do artigo 133 da Constituição Federal, como **regra, a inviolabilidade opor atos e manifestações no exercício da profissão de advogado**. A exceção corre à conta da lei, no que o texto constitucional contém a cláusula "nos limites da lei". Pois bem, estes vieram à baila com a Lei n° 8.906/94, com o Estatuto dos Advogados. Então, considerado até mesmo o poder de polícia exercido pelo juiz, a possibilidade de haver o corte da palavra e a riscadura de expressões que sejam tidas como injuriosas em seu sentido largo – artigo 15 do Código de Processo Civil –, na lei em comento dispôs-se sobre a imunidade – buscando, acima de tudo, afastar o cerceio ao exercício da profissão, deixando os profissionais da advocacia, em primeiro passo, como senhores da atividade a ser desenvolvida – e previram-se sanções disciplinares por excessos. Não vejo como concluir, tendo em vista o artigo 133 da Constituição Federal, pela pecha de inconstitucionalidade. Julgo improcedente o pedido formulado. (grifos nossos).

Portanto, da redação original do § 2° do art. 7° da Lei do Estatuto da Advocacia, a imunidade é absoluta quando se trata de injúria ou difamação no exercício da profissão, seja proferida em juízo ou fora dele. Mas essa imunidade penal não exime de punição na esfera do tribunal de ética.

Corporativamente se retirou dessa imunidade a possibilidade de desacato. O artigo, então, ficaria assim redigido com a supressão do desacato. Vejamos:

> § 2° O advogado tem imunidade profissional, não constituindo injúria, difamação ~~ou desacato~~ puníveis qualquer manifestação de sua parte, no exercício de sua atividade, em juízo ou fora dele, sem prejuízo das sanções disciplinares perante a OAB, pelos excessos que cometer.

Nesse momento é importante fazer uma observação que merece melhor aprofundamento posterior sobre o que é desacato e quanto à possibilidade de prisão de advogado por desacato.

No crime de desacato, o sujeito passivo é o Estado e, em segundo plano, o funcionário público. Isso porque, o bem jurídico precipuamente tutelado é o prestígio da função pública[8].

A jurisprudência não compreende enquanto desacato a palavra, ou ato ofensivo, a reclamação ou crítica à atuação funcional do funcionário (RHC 9.615/RS, Rel. Min. Edson Vidigal, quinta turma, julgado em 0808/2000, DJ 25/09/2000). Contudo, tem-se que o "esforço intelectual de discernir censura de insulto à dignidade da função exercida em nome do Estado é por demais complexo, abrindo espaço para a imposição abusiva do poder punitivo estatal".[9]

O Supremo Tribunal Federal (STF) também apreciou o tema na Arguição de Descumprimento de Preceito Fundamental (ADPF) 496, apresentada pelo Conselho Federal da Ordem dos Advogados do Brasil (OAB) em relação ao art. 331 do Código Penal.

A ação foi proposta, em 2017, na gestão de Claudio Lamachia[10] e pretendia a declaração da não recepção do crime de desacato pela CF/88, ante o reconhecimento da violação aos preceitos fundamentais da liberdade de expressão (art. 5º, incs. IV, IX e art. 220, da CF/88), republicano (art. 1º, parágrafo único), da legalidade (art. 5º, inc. XXXIX), da igualdade (art. 5º, caput, da CF/88) e do Estado Democrático de Direito (art. 1º, da CF/88). Sustentava que delito viola o princípio da igualdade (art. 5º, caput, da CF/88), ao estabelecer uma distinção entre os funcionários públicos e os cidadãos comuns.

Entre a argumentação da inicial colhe-se que o Estado brasileiro assumiu o compromisso ao aderir a Convenção Americana, nos arts. 2º e 29 de adotar "medidas legislativas ou de outra natureza", visando a solução de antinomias normativas limitadoras visando tornar efetivos tais direitos e liberdades. A inicial da ADPF 496 cita: a) caso Verbitsky v. Argentina, em que o jornalista Horácio Verbitsky foi condenado na justiça argentina por desacato, por ter chamado de "asqueroso" o Ministro Augusto César Belluscio, da Suprema

---

8   NUCCI, Guilherme de Souza. **Código Penal Comentado**. 15. ed. Rio de Janeiro. Forense, 2015, p. 1.380.

9   STJ. **Recurso Especial n. 1.640.084-SP**. Relator: Min. Ribeiro Dantas.

10   Conta na inicial como presidente da comissão de prerrogativas Jarbas do Carmo, Cassio Telles como vice presidente de prerrogativas, Roberto Dias como procurador de prerrogativas e as advogadas internas Bruna Aaral e Lizadra Vicente

Corte da Justiça da Argentina; b) caso Palamara Iribarne v. Chile, em que a Corte considerou que o Chile violou o art. 13 da Convenção Americana, ao imputar o crime de desacato ao escritor Humberto Antônio Palamara Iribarne; e c) caso Herrera Ulloa v. Costa Rica , em que a Corte considerou que a condenação de um jornalista costarriquenho por difamação, em virtude de artigos publicados em periódico nacional, contrariou a liberdade de expressão garantida pela Convenção.

O Art. 331 do CP tipifica: "desacatar funcionário público no exercício da função ou em razão dela" e determina detenção de seis meses a dois anos ou multa como pena pelo delito. A OAB alegou que a tipificação de crime coloca os servidores públicos em condição de superioridade em relação aos outros cidadãos. Por 9 votos a 2, por meio da sessão virtual da Corte, vencidos os Ministros Edson Fachin e Rosa Weber, entendeu o STF que havendo desprezo a função púbica, há o crime.

O Ministro Barroso sustentou que a Corte Interamericana de Direitos Humanos (CIDH) tem destacado que a liberdade de expressão não é um direito absoluto e que em casos de grave abuso:

> A jurisprudência desta Suprema Corte é extremamente ampla em matéria de liberdade de expressão, aí incluído o direito à crítica veemente. Desse modo, o precedente invocado não guarda relação com a alegação de inconstitucionalidade, total e em abstrato, do tipo penal do art. 331 do Código Penal.

O Ministro destaca que:

> Um caso paradigmático a respeito dos limites da liberdade de expressão diante de agentes públicos no exercício de seu dever foi examinado pela Corte Europeia de Direitos Humanos em Janowski v. Polônia (Grand Chamber, j. 21.01.1999). No referido caso, analisou-se a condenação, pelo Poder Judiciário polonês, de um cidadão que, ao protestar contra a determinação de dois guardas municipais para que vendedores deixassem de expor suas

mercadorias em uma praça pública, ofendeu-os, chamando-os de imbecis e burros.

O Ministro destaca como precedente que:

a. No julgamento da ADI 4.815 (Rel. Min. Cármen Lúcia, Tribunal Pleno, j. 10.06.2015), o Tribunal conferiu interpretação conforme aos arts. 20 e 21 do Código Civil, para afastar a possibilidade de "censura prévia particular.

b. Na ADPF 187, conferiu-se ao art. 287 do Código Penal interpretação conforme a Constituição, para que não fossem obstadas manifestações públicas em defesa da legalização das drogas (Rel. Min. Celso de Mello, Tribunal Pleno, j. 15.06.2011).

c. Na ADPF 130 (Rel. Min. Carlos Britto, Tribunal Pleno, j. 30.04.2009), consignou-se que "a crítica jornalística, pela sua relação de inerência com o interesse público, não é aprioristicamente suscetível de censura, mesmo que legislativa ou judicialmente intentada".

d. ADI 4451, Rel. Min. Alexandre de Moraes, Tribunal Pleno, j. 21.06.2018. O Tribunal declarou a inconstitucionalidade de normas que vedavam às emissoras de rádio e televisão a transmissão de programas que satirizassem candidatos, partidos ou coligações políticas.

Mas a liberdade de expressão encontra limite nos precedentes:

a. O Tribunal denegou *habeas corpus* ao autor de um livro que propagava ideologia de ódio contra os judeus, consignando que "as liberdades públicas não são incondicionais, por isso devem ser exercidas de maneira harmônica, observados os limites definidos na própria Constituição Federal", bem como que "um direito individual não pode constituir-se em salvaguarda de condutas ilícitas, como sucede com os delitos contra a honra" (HC 82.424, Rel. p/ Acórdão Min. Maurício Corrêa, Tribunal Pleno, j. 17.09.2003).

b. O Tribunal, por unanimidade, também refutou o argumento da liberdade de expressão como justificativa para discursos odiosos fundados na diferença de orientação sexual: "o discurso de ódio, assim entendidas aquelas exteriorizações e manifestações que incitem a discriminação, que estimulem a hostilidade ou que provoquem a violência (física ou moral) contra pessoas em razão de sua orientação sexual ou de sua identidade de gênero, não encontra amparo na liberdade constitucional de expressão nem na Convenção Americana de Direitos Humanos (art. 13, § 5º), que expressamente o repele" (Rel. Min. Celso de Mello, Tribunal Pleno, j. 13.06.2019).

c. Nem mesmo a liberdade de expressão política dos parlamentares é absoluta. Como decidido pela Primeira Turma em julgado recente, ainda que exercida de maneira vigorosa, a manifestação deve se manter nos limites da civilidade, já que ninguém pode se escudar na inviolabilidade parlamentar para, sem vinculação com a função, agredir a dignidade alheia ou difundir discursos de ódio, violência e discriminação (PET 7.174, Rel. p/ Acórdão Min. Marco Aurélio, j. 10.03.2020).

Mas o voto condutor também traz limitações à aplicação do tipo do desacato:

> Para que efetivamente tenha **potencial de interferir no exercício da função pública, o crime deve ser praticado na presença do funcionário público. O tipo penal não abrange, portanto, eventuais ofensas perpetradas por meio da imprensa ou de redes sociais, resguardando-se a liberdade de expressão.** Somente por essa razão os precedentes examinados pela Corte Interamericana de Direitos Humanos não se enquadrariam na tipificação brasileira.
> 56. **Não basta, ademais, que o funcionário se veja ofendido em sua honra. Não há crime se a ofensa não tiver relação com o**

exercício da função. É preciso um menosprezo da própria função pública exercida pelo agente. E, mais, é necessário que o ato perturbe ou obstrua a execução das funções do funcionário público 57. Além disso, a jurisprudência do Supremo Tribunal Federal reconhece **a atipicidade de reclamações, censuras ou críticas, ainda que veementes, à atuação funcional do funcionário** (Inq 3215, Rel. Min. Dias Toffoli, Tribunal Pleno, j. 04.04.2013; HC 83233, Rel. Min. Nelson Jobim, Segunda Turma, j. 04.11.2003).

[...]

59. Assim, o tipo penal do art. 331 do Código Penal deve ser interpretado restritivamente, a fim de evitar a aplicação de punições injustas e desarrazoadas. (grifos nossos).

Por fim o voto vencedor ainda faz uma observação fundamental para ser cotejada com a lei 8906/94:

> 61. Destaco, ainda, que o tipo penal do **desacato possui pena mínima de seis meses e máxima de dois anos**, de modo que admite a aplicação da transação penal e da suspensão condicional do processo (Lei no 9.099/1995, arts. 74 e 89) e **sua prática não autoriza a decretação de prisão.** Em caso de condenação, em regra, o regime inicial de cumprimento de pena será o aberto e a pena restritiva de liberdade será convertida em restritiva de direitos (CP, arts. 33, § 2o, "c"; e 44). (grifos nossos).

Tal passagem do voto vencedor do Ministro Barroso precisa ser cotejado com o § 3º do art. 7º da Lei 8906/94, que determina que "O advogado somente poderá ser preso em flagrante, por motivo de exercício da profissão, **em caso de crime inafiançável**, observado o disposto no inciso IV deste artigo".

Portanto, as conhecidas ordens de prisão por desacato de advogado em audiência são ilegais e constituem abuso de autoridade e violação de prerrogativa. Em que pese no debate no STF ter aventado pelo Ministro Sepúlveda Pertence "a possibilidade de prisão por desacato são fundamentais para coibir eficazmente, em circunstância que o exijam o *"contempt of court"* segundo toda a prática judiciária universal", o inciso IV do art. 7º da Lei 8906/94, veda prisão em flagrante por crime afiançável, constituindo-o abuso de autoridade:

> Art. 7º-B Constitui crime violar direito ou prerrogativa de advogado previstos nos incisos II, III, IV e V do **caput** do art. 7º desta Lei:
> Pena – detenção, de 2 (dois) a 4 (quatro) anos, e multa. (Redação dada pela Lei nº 14.365, de 2022).

O Ministro Fachin, na ADPF 496, afirmou que "não se invocam direitos fundamentais para descumprir direitos humanos. Direitos humanos são direitos fundamentais".

O Ministro afirma que o tipo de desacato é demasiadamente aberto e não permite distinguir críticas de ofensas.

> Ainda que se adote a interpretação defendida pelo Relator, no sentido de não se admitirem ofensas praticadas na imprensa, nem as que sejam feitas longe da presença do funcionário público ou quando fora do exercício de suas atribuições, a abertura do tipo não esclarece se ação não se sobrepõe a outras condutas, como a de resistência ou a de desobediência.

A ação se embasou em decisão do Superior Tribunal de Justiça (STJ – Recurso Especial 1.640.084/SP) reconhecendo, por meio de controle de convencionalidade, a incompatibilidade do crime de desacato com as disposições da Convenção Americana sobre Direitos Humanos.

> DIREITO PENAL E PROCESSUAL PENAL. RECURSO ESPECIAL. ROUBO, DESACATO E RESISTÊNCIA. APELAÇÃO CRIMINAL. EFEITO DEVOLUTIVO AMPLO. SUPRESSÃO DE INSTÂNCIA. NÃO OCORRÊNCIA. ROUBO. PRINCÍPIO DA INSIGNIFICÂNCIA. INAPLICABILIDADE. DESCLASSIFICAÇÃO

DO CRIME DE ROUBO PARA O DE CONSTRANGIMENTO ILEGAL. AUSÊNCIA DE FUNDAMENTAÇÃO. SÚMULA 284/ STF. TEMA NÃO PREQUESTIONADO. SÚMULAS 282 E 356 DO STF. DESACATO. INCOMPATIBILIDADE DO TIPO PENAL COM A CONVENÇÃO AMERICANA DE DIREITOS HUMANOS. CONTROLE DE CONVENCIONALIDADE. (...) 4. O art. 2o, c/c o art. 29, da Convenção Americana de Direitos Humanos (Pacto de São José da Costa Rica) prevê a adoção, pelos Estados Partes, de "medidas legislativas ou de outra natureza" visando à solução de antinomias normativas que possam suprimir ou limitar o efetivo exercício de direitos e liberdades fundamentais. (...)A Comissão Interamericana de Direitos Humanos – CIDH já se manifestou no sentido de que as leis de desacato se prestam ao abuso, como meio para silenciar ideias e opiniões consideradas incômodas pelo establishment , bem assim proporcionam maior nível de proteção aos agentes do Estado do que aos particulares, em contravenção aos princípios democrático e igualitário. 11. A adesão ao Pacto de São José significa a transposição, para a ordem jurídica interna, de critérios recíprocos de interpretação, sob pena de negação da universalidade dos valores insertos nos direitos fundamentais internacionalmente reconhecidos. Assim, o método hermenêutico mais adequado à concretização da liberdade de expressão reside no postulado pro homine , composto de dois princípios de proteção de direitos: a dignidade dapessoa humana e a prevalência dos direitos humanos. 12. A criminalização do desacato está na contramão do humanismo, porque ressalta a preponderância do Estado – personificado em seus agentes – sobre o indivíduo. 13. A existência de tal normativo em nosso ordenamento jurídico é anacrônica, pois traduz desigualdade entre funcionários e particulares, o que é inaceitável no Estado Democrático de Direito. (...). 15. O afastamento da tipificação criminal do desacato não impede a responsabilidade ulterior, civil ou até mesmo de outra figura típica penal (calúnia, injúria, difamação etc.), pela ocorrência de abuso

na expressão verbal ou gestual utilizada perante o funcionário público. 16. Recurso especial conhecido em parte, e nessa extensão, parcialmente provido para afastar a condenação do recorrente pelo crime de desacato (art. 331 do CP).
(AgRg no AREsp 458.626/RJ, Rel. Ministro NEFI CORDEIRO, SEXTA TURMA, julgado em 01/06/2017, DJe 09/06/2017)

A terceira seção do mesmo STJ definiu, em sede de apreciação do HC 379269-MS, que o crime de desacato continua sendo crime e Pacto de São José da Costa Rica, elaborado pela Comissão Interamericana de Direitos Humanos, não tem caráter vinculante. Tal entendimento foi publicado na edição 607 do Informativo de jurisprudência da corte.

> HABEAS CORPUS. RECEBIMENTO DA DENÚNCIA. VIOLAÇÃO DO ART. 306 DO CÓDIGO DE TRÂNSITO E DOS ARTS. 330 E 331 DO CÓDIGO PENAL. PRINCÍPIO DA CONSUNÇÃO. IMPOSSIBILIDADE. MANUTENÇÃO DA TIPIFICAÇÃO DO CRIME DE DESACATO NO ORDENAMENTO JURÍDICO. DIREITOS HUMANOS. PACTO DE SÃO JOSÉ DA COSTA RICA (PSJCR). DIREITO À LIBERDADE DE EXPRESSÃO QUE NÃO SE REVELA ABSOLUTO. CONTROLE DE CONVENCIONALIDADE. INEXISTÊNCIA DE DECISÃO PROFERIDA PELA CORTE (IDH). ATOS EXPEDIDOS PELA COMISSÃO INTERAMERICANA DE DIREITOS HUMANOS (CIDH). AUSÊNCIA DE FORÇA VINCULANTE. TESTE TRIPARTITE. VETORES DE HERMENÊUTICA DOS DIREITOS TUTELADOS NA CONVENÇÃO AMERICANA DE DIREITOS HUMANOS. POSSIBILIDADE DE RESTRIÇÃO. PREENCHIMENTO DAS CONDIÇÕES ANTEVISTAS NO ART. 13.2. DO PSJCR. SOBERANIA DO ESTADO. TEORIA DA MARGEM DE APRECIAÇÃO NACIONAL (MARGIN OF APPRECIATION). INCOLUMIDADE DO CRIME DE DESACATO PELO ORDENAMENTO JURÍDICO PÁTRIO, NOS TERMOS EM QUE ENTALHADO NO ART. 331 DO CÓDIGO PENAL. INAPLICABILIDADE, IN CASU, DO PRINCÍPIO

DA CONSUNÇÃO TÃO LOGO QUANDO DO RECEBIMENTO DA DENÚNCIA. WRIT NÃO CONHECIDO. (...) 7. Embora a Comissão Interamericana de Direitos Humanos já tenha se pronunciado sobre o tema "leis de desacato", não há precedente da Corte relacionada ao crime de desacato atrelado ao Brasil. (...) Sob o prisma de ambos os instrumentos de interpretação, não se vislumbra qualquer transgressão do Direito à Liberdade de Expressão pelo teor do art. 331 do Código Penal. 11. Norma que incorpora o preenchimento de todos os requisitos exigidos para que se admita a restrição ao direito de liberdade de expressão, tendo em vista que, além ser objeto de previsão legal com acepção precisa e clara, revela-se essencial, proporcional e idônea a resguardar a moral pública e, por conseguinte, a própria ordem pública. (...) 13. Controle de convencionalidade, que, na espécie, revela-se difuso, tendo por finalidade, de acordo com a doutrina, "compatibilizar verticalmente as normas domésticas (as espécies de leis, lato sensu, vigentes no país) com os tratados internacionais de direitos humanos ratificados pelo Estado e em vigor no território nacional." 14. Para que a produção normativa doméstica possa ter validade e, por conseguinte, eficácia, exige-se uma dupla compatibilidade vertical material. 15. Ainda que existisse decisão da Corte (IDH) sobre a preservação dos direitos humanos, essa circunstância, por si só, não seria suficiente a elidir a deliberação do Brasil acerca da aplicação de eventual julgado no seu âmbito doméstico, tudo isso por força da soberania que é inerente ao Estado. Aplicação da Teoria da Margem de Apreciação Nacional (margin of appreciation). 16. O desacato é especial forma de injúria, caracterizado como uma ofensa à honra e ao prestígio dos órgãos que integram a Administração Pública. Apontamentos da doutrina alienígena. 17. O processo de circunspeção evolutiva da norma penal teve por fim seu efetivo e concreto ajuste à proteção da condição de funcionário público e, por via reflexa, em seu maior espectro, a honra lato sensu da Administração Pública. 18. Preenchimento das condições antevistas no art. 13.2. do Pacto de São José da Costa Rica, de modo a acolher, de forma patente e em sua plenitude, a incolumidade do crime de desacato pelo ordenamento jurídico pátrio, nos termos em que entalhado no art. 331 do Código Penal. 19. Voltando-se às nuances que deram ensejo à impetração, deve ser mantido o acórdão vergastado em sua integralidade, visto que inaplicável o princípio da consunção tão logo quando do recebimento da denúncia, considerando que os delitos apontados foram, primo ictu oculi, violadores de tipos penais distintos e originários de condutas autônomas. 20. Habeas Corpus não conhecido. (HC 379269/MS. Rel. Ministro REYNALDO SOARES DA FONSECA. Rel. p/ Acórdão Ministro ANTONIO SALDANHA PALHEIRO, TERCEIRA SEÇÃO, julgado em 24/05/2017, DJe 30/06/2017).

Ocorre que um erro legislativo fez com que o § 2º do art. 7º da Lei 8906/94 tenha sido revogado com a promulgação da Lei nº 14.365, de 2022. A vigência do artigo que garante a imunidade do advogado desapareceu.

A OAB ingressou com a ADI 7231, em 22/08/22, tendo sido negada a liminar pelo Ministro Barroso. O parecer da PGR foi pelo provimento da ação para que seja declarada inconstitucional a revogação da imunidade dos advogados, já que o dispositivo não constou na votação e acabo incluído na redação final. A Advocacia Geral da União (AGU) nomeada pelo governo Bolsonaro, representada por Bruno Bianco Leal, proferiu parecer pela improcedência da ação da Ordem dos Advogados.

No entanto, a inviolabilidade do advogado decorre do próprio texto constitucional: "Art. 133. O advogado é indispensável à administração da justiça, **sendo inviolável por seus atos e manifestações no exercício da profissão, nos limites da lei**".

2.2 Salas para a advocacia em órgãos do Judiciário, delegacias e presídios

Por maioria, o STF, na ADIN 1127-8/DF, deu parcial procedência à ação para afastar o termo "e controle" vencidos o relator, Ricardo Lewandowski, Carlos

Brito e Sepúlveda, sendo que Sepúlveda declarava inconstitucional a expressão "e presídios".

> § 4º O Poder Judiciário e o Poder Executivo devem instalar, em todos os juizados, fóruns, tribunais, delegacias de polícia e presídios, salas especiais permanentes para os advogados, com uso assegurados à OAB.

2.3 Inviolabilidade do Escritório de Advocacia

A ação julgou improcedente a ADI da AMB ,quanto à inviolabilidade do escritório de advocacia.

À época da edição da lei, em 1994, o inciso exigia a presença de um representante da OAB no caso de busca em escritórios.

> II – ter respeitada, em nome da liberdade de defesa e do sigilo profissional, a inviolabilidade de seu escritório ou local de trabalho, de seus arquivos e dados, de sua correspondência e de suas comunicações, inclusive telefônicas ou afins, salvo caso de busca ou apreensão determinada por magistrado **e acompanhada de representante da OAB**; (revogado) (grifos nossos).

Com a Lei 11.767 de 2008, a mudança dispensou por completo a presença de representante da OAB, e também limitou a inviolabilidade ao conteúdo relativo ao exercício da advocacia:

> II – a inviolabilidade de seu escritório ou local de trabalho, bem como de seus instrumentos de trabalho, de sua correspondência escrita, eletrônica, telefônica e telemática, **desde que relativas ao exercício da advocacia**; (grifos nossos).

Esse é um dos dispositivos que, se violados, constituem abuso de autoridade pela modificação da Lei 13.869 de 2019, cuja pena original era de 3 meses a 1 ano, e foi majorada pela Lei 14.365 de 2022 para de 2 a 4 anos.

Art. 7º-B   Constitui crime violar direito ou prerrogativa de advogado previstos nos incisos II, III, IV e V do **caput** do art. 7º desta Lei:

Pena – detenção, de 2 (dois) a 4 (quatro) anos, e multa. (Redação dada pela Lei nº 14.365, de 2022)

Quando do julgamento da medida liminar da ADIN 1.127-AMB, o Ministro Marco Aurélio afirmou o seguinte:

> Senhor Presidente, entendo que o inciso II do artigo 7º concerne à própria inviolabilidade da atuação do profissional da advocacia. Não vejo, neste exame preliminar, como se possa ter a exigência de que o oficial seja acompanhado do representante da Ordem dos Advogados do Brasil como contrária à Carta. A presença do representante daquele Órgão está ligada – repito – à inviolabilidade no exercício da profissão.
>
> Peço vênia ao nobre Ministro-Relator para, no tocante ao inciso II do artigo 7º, indeferir a liminar.

2.3.1 Do Escritório de Advocacia

Como se relatou acima, a Lei 11.767 de 2008 modificou o inciso II do art. 7º, retirando o termo **"e acompanhada de representante da OAB"** quando em mandado de busca e apreensão em escritório. A ADI 1.127/DF não suprimiu o termo da lei, mas deu interpretação de que não seria condição de validade da ordem. Na prática a maioria das buscas cumpria essa gentileza.

Em 16 de março de 2023, o Ministro Alexandre de Moraes deferiu medida cautelar suspendendo a ordem de busca nas caixas de e-mails da Lojas Americanas pedida pelo Banco Bradesco por ferimento do art. 7º , II, da Lei 8906/94, tendo em vista conter dois funcionários do jurídico da empresa na Rcl 57996 MC/SP.

A 5ª Turma deste STJ proferiu uma das mais importantes decisões sobre o tema, declarando a ilicitude de material obtido em busca e apreensão (em departamento jurídico de banco) com desrespeito às formalidades legalmente previstas:

> RECURSO ORDINÁRIO EM MANDADO DE SEGURANÇA. INQUÉRITO POLICIAL PARA APURAÇÃO DE ESTELIONATO E FALSIDADE DE DOCUMENTO PARTICULAR. **BUSCA E APREENSÃO DE DOCUMENTOS RELATIVOS À OPERAÇÃO FINANCEIRA EM PODER DO DEPARTAMENTO JURÍDICO DO BANCO DO BRASIL.** INDEFERIMENTO DO WRIT PELO TRIBUNAL DE ALÇADA CRIMINAL DE SÃO PAULO. POSTERIOR DECISÃO PELA PREJUDICIALIDADE DO MANDAMUS, EM RAZÃO DO ARQUIVAMENTO DO INQUÉRITO. PERDA DE OBJETO NÃO EVIDENCIADA. FALTA DE MOTIVAÇÃO DA DECISÃO QUE DETERMINOU A BUSCA E APREENSÃO. AUSÊNCIA DE DEMONSTRAÇÃO DA IMPRESCINDIBILIDADE DA MEDIDA CAUTELAR E DE QUE OS DOCUMENTOS REFERIDOS NO MANDADO FOSSEM RELEVANTES PARA A APURAÇÃO DOS CRIMES SOB INVESTIGAÇÃO. **VIOLAÇÃO DE SIGILO PROFISSIONAL.** PARECER DO MPF PELA PREJUDICIALIDADE DO RECURSO. **RECURSO PROVIDO, PORÉM, PARA RECONHECER A NULIDADE DA DECISÃO QUE DETERMINOU A BUSCA E APREENSÃO.**

> 1. Não perde o objeto o mandamus em que se pretendia o reconhecimento da ilegalidade da ordem judicial de busca e apreensão de documentos no DEJUR do Banco do Brasil, exarada em Inquérito Policial, em razão do posterior pedido de arquivamento deste, pois o arquivamento diz respeito à ausência de elementos suficientes para a instauração da Ação Penal por estelionato e à impossibilidade de identificação daquele que teria falsificado a assinatura da avalista, apesar de todas as diligências e perícias realizadas.

2. Segundo a anterior redação do art. 7o., II da Lei 8.906/94, bem como do disposto no art. 243, § 2o. do CPP, a inviolabilidade do escritório de Advocacia é relativa, prevista a possibilidade de nele se ingressar para cumprimento de mandado de busca e apreensão determinado por Magistrado, desde que a referida apreensão verse sobre objeto capaz de constituir elemento do corpo de delito e que a decisão que a ordena esteja fundamentada.

3. Na hipótese dos autos, vê-se que as decisões proferidas no procedimento investigativo são pálidas de fundamentação; a primeira, que quebrou o sigilo bancário, não teceu qualquer consideração sobre a necessidade da medida; a segunda, que determinou a busca e apreensão, também não especificou a relevância dos documentos listados na representação da Autoridade Policial para a apuração dos ilícitos sob investigação, principalmente as correspondências internas do Departamento Jurídico referentes à auditoria feita nas operações de empréstimo com a DETASA e pareceres técnicos sobre a regularidade dos contratos com o BANCO DO BRASIL.

4. Preserva-se o sigilo profissional do Advogado em respeito ao papel essencial que desempenha para a administração da Justiça (arts. 5o., XIV, e 133 da CF) e a confiança depositada pelos clientes, vedando-se ao Juiz ou a Autoridade Policial determinar a apreensão ou apreender documentos acobertados por aquele sigilo, ou seja, todos os que possam, de qualquer forma, comprometer o cliente ou a sua defesa, seja na esfera cível seja na esfera penal, tudo em homenagem ao princípio que garante o exercício do amplo direito de defesa.

5. Recurso Ordinário provido, para **reconhecer a nulidade da decisão que determinou a medida de busca e apreensão contra o DEJUR do Banco do Brasil em SP**, nos autos do Inquérito Policial 1.743/97 do 3o. Distrito Policial/SP.

6. Recurso Ordinário de DETASA S/A, D. T. S. e C. F. D. S. prejudicado".
(STJ – 5ª T. – RMS 27419/SP – Min. Napoleão Nunes Maia Filho – j. 14.4.2009 – DJ 22.6.2009) (grifos nossos).

Outra decisão relevante quanto à proteção de escritório de advocacia ocorre na Reclamação 36.542 de relatoria do Ministro Gilmar Mendes em relação à tentativa de criminalização da advocacia pela 13ª Vara Criminal de Curitiba, ocupada à época pelo juiz Sérgio Moro, que deferiu diversas buscas e apreensões na 64ª fase da operação Lava Jato em escritório de advocacia vinculando advogados a uma imaginária obstrução de justiça, entre as quais, o registro de entrada e saída de um escritório de advocacia, mesmo com oposição do próprio Ministério Público.

O Ministro Gilmar Mendes deferiu, a pedido da OAB Federal representada, por Lenio Streck e Fernando Augusto Fernandes, *habeas corpus* de ofício, cujo trecho da decisão em segredo de justiça relevante quanto a prerrogativas. Segue abaixo transcrito:

> **Com base nisso, o requerente reforça o argumento de que é ilegal e arbitrária a ordem que determinou a apreensão de todos os registros de pessoas e veículos ao edifício mencionado, sem estabelecer quaisquer limites.** Tal conduta atentaria não somente contra a privacidade dos advogados e o sigilo profissional em relação aos investigados, mas também contra a confidência de décadas de toda a sua clientela. Acrescenta, ainda, que a ordem ofende a privacidade de todos os outros estabelecimentos que exercem suas práticas profissionais no pavimento térreo do edifício comercial como, por exemplo, lojas, casas de câmbio e turismo, pequenos negócios, além de, porventura, outros escritórios de advocacia. (grifos nossos).

Neste ponto, é pertinente destacar que a advocacia é uma das funções essenciais à justiça brasileira, como estabelece a CF/88 em seu art. 133: "O advogado é indispensável à administração da justiça, sendo inviolável por seus atos e manifestações no exercício da profissão, nos limites da lei".

Sobre o papel essencial da advocacia no Estado Democrático de Direito, pontua a doutrina:

> Na atualidade o sentido nacional do termo advogado/advocacia se fixou na garantia de representação argumentativa capaz de comprovar fatos, atos ou posições que permitam o exercício de direitos ou que impeçam o Estado de impor força contra o indivíduo representado, no caso brasileiro, em regra, quando em juízo, representado por um advogado habilitado.
>
> No Brasil, a advocacia, a figura do advogado e sua instituição de representação se misturam como função essencial administração da justiça, seja como garantia da democracia consubstanciada na liberdade e igualdade por intermédio da máxima amplitude do contraditório e da ampla defesa ou do acesso ao judiciário, seja como ente fiscalizador dos concursos de ingresso na magistratura e no Ministério Público ou ainda como agente oxigenador dos tribunais por intermédio das vagas reservadas aos advogados em sua para a composição dos tribunais, ou como entre legitimado universal para a participação do controle de constitucionalidade no Brasil (CANOTILHO, J.J. Gomes; MENDES, Gilmar F.; SARLET, Ingo W.; STRECK, Lenio L. (Coords.). Comentários à Constituição do Brasil. São Paulo: Saraiva/Almedina, 2. ed. 2018).

A advocacia representa, portanto, um munus público, uma função que deve ser respeitada em todas as suas prerrogativas.
Cito, ainda, acerca do status de que goza a advocacia o art. 6o do Estatuto da Advocacia e a Ordem dos Advogados do Brasil (OAB) – Lei 8.906/1994: "Art. 6o Não há hierarquia nem subordinação entre advogados, magistrados e membros do Ministério Público, devendo todos tratar-se com consideração e respeito recíprocos".

Nessa mesma linha argumentativa, sobre a inviolabilidade do advogado e seus limites, é esclarecedora, novamente, a doutrina:

"A Lei 11.767/2008 deu nova configuração a esta prerrogativa estendendo a inviolabilidade ao seu escritório ou local de trabalho, bem como se seus instrumentos de trabalho, se sua correspondência escrita, eletrônica, telefônica e temática, desde que relativas ao exercício da advocacia, mantendo a necessidade da determinação judicial para a realização da referida busca e apreensão.

[...]

Relevante ainda frisar que a extensão da inviolabilidade encontra limite apenas quando o próprio advogado é partícipe do crime investigado, fato que deve ser demonstrado pormenorizadamente. Nesta linha o STF por maioria, ressalvas aos Ministro Eros Grau, Celso de Mello e Maro Aurélio, entende que não afronta o disposto no art. 5o, XI da CF, a escuta ambiental com fundamento na Lei 10.217/2001, inclusive sua instalação no período noturno, pois se trata de meio de investigação especial (STF – Inq. 2424/ RJ)". (CANOTILHO, J.J. Gomes; MENDES, Gilmar F.; SARLET, Ingo W.; STRECK, Lenio L. (Coords.). Comentários à Constituição do Brasil. São Paulo: Saraiva/Almedina, 2. ed. 2018).

Da análise dos autos, percebe-se que a decisão reclamada ultrapassou os limites da legalidade ao deferir a medida cautelar em desfavor de J.R. B. Além de não restarem devidamente demonstrados, de forma pormenorizada, os crimes cometidos pelo advogado no decreto autorizador da medida, este extrapola qualquer juízo de razoabilidade ao se estender a clientela de J.R.B e a outros profissionais.

Pelo exposto, **julgo improcedente o presente pedido de extensão na reclamação. No entanto, concedo parcialmente a ordem, de ofício, para revogar a medida de busca e apreensão nos endereços profissionais, atuais ou antigos, de J. R. B.** (grifos nossos).

A busca fora feita em relação aos registros de entrada e saída do escritório. Nesse caso não houve busca física no escritório, mas dos registros da portaria de um prédio onde funcionou o escritório de advocacia, e inúmeros outros. O que violava a prerrogativa diversos escritórios de advocacia.

Nos mesmos autos, o Ministro Gilmar Mendes concedeu Ordem de *Habeas Corpus* de ofício, com os mesmos fundamentos, a pedido da OAB federal representado pelos mesmos advogados, em face de Advogado que passou a ser investigado por suposta obstrução de justiça, por ter impetrado um mandado de segurança representando o GRUPO ODEBRECHT.

Em 2005, o Ministério da Justiça editou portaria regulando as buscas em escritório de advocacia. Veja art. 4º da Portaria 1.288/2005:

> Art. 4º Salvo expressa determinação judicial em contrário, **não serão objeto de busca e apreensão em escritório de advocacia**: I. documentos relativos a outros clientes do advogado ou da sociedade de advogados, que não tenham relação com os fatos investigados; II. documentos preparados com o concurso do advogado ou da sociedade de advogados, no exercício regular de sua atividade profissional, ainda que para o investigado ou réu; III. contratos, inclusive na forma epistolar, celebrados entre o cliente e o advogado ou sociedade de advogados, relativos à atuação profissional destes; IV. objetos, dados ou documentos em poder de outros profissionais que não o(s) indicado(s) no mandado de busca e apreensão, exceto quando se referirem diretamente ao objeto da diligência; e V. cartas, fac-símiles, correspondência eletrônica (e-mail) ou outras formas de comunicação entre advogado e cliente protegidas pelo sigilo profissional.

A respeito do tema:

> A busca em escritório de advocacia, além das ressalvas aludidas, necessita de maior cautela. A garantia constitucional da ampla defesa – auto defesa e defesa técnica – ganha concretude, também, com o exercício da advocacia (art. 5º, inc. LV, c/c o art. 243, § 3º, do CPP)

[...]

A busca em escritório de advogado, porém, deve preservar o sigilo profissional. Não se devassa lugar, para além da ordem judicial legal" (PITOMBO, Cleunice Valentim Bastos. Da busca e apreensão no processo penal. 2. ed. São Paulo: Revista dos Tribunais, 2005, p. 172/173).

Outro importante julgado sobre a matéria foi proferido pela 8ª Turma do Tribunal Regional federa da 4ª Região (TRF-4), quando foi rechaçado o varejamento indiscriminado do escritório de advocacia:

Acontece que, embora legítima, a diligência questionada pode ter alcançado, na sua execução – e, aí, de forma ilegítima – arquivos que pertenceriam, exclusivamente, ao escritório de advocacia, sem nenhuma relação com os fatos delituosos investigados. Acreditando na veracidade da declaração prestada a este Juízo pelos Advogados Dr. E. D. A. e Dr. G. L. C., sob a fé de seus graus, de que os dados contidos nos dois CDs extraídos do computador que serve o seu escritório de advocacia contém apenas e tão-somente o registro de "processos, petições e recursos", além de "dados sigilosos de clientes, como, por exemplo, matéria de Direito de Família, com suas peculiaridades" e convencido de que **qualquer vazamento em tais registros – além de nada contribuir para a investigação policial – realmente não só poderia causar danos gravíssimos e talvez irreparáveis a pessoas que nada têm a ver com os fins da busca e apreensão hostilizada neste mandado de segurança, como também acarretar violação irreversível à inviolabilidade dos arquivos do advogado**, determinei que fossem sustadas quaisquer providências no sentido da leitura daqueles dois CDs, até ulterior deliberação deste Juízo e não vejo nenhum motivo para modificar essa decisão. A inviolabilidade do escritório ou local de trabalho do advogado, repito, não é absoluta, podendo ser afastada por ordem judicial devidamente fundamentada – mas **nunca para quebrar o**

sigilo profissional, com invasão da privacidade inerente ao legítimo exercício da advocacia, que exige respeito, aí sim, irrestrito, às relações confidenciais estabelecidas entre o advogado e os seus clientes" (TRF4 – 8ª T. – MS 2001.04.01.070250-0/RS – Des. Amir Sarti – j. 3.12.2001 – DJ 16.1.2002). (grifos nossos).

Um dos mais importantes precedentes quanto à nulidade de busca em escritório de advocacia é o HC 149008/PR no STJ. No caso se decidiu pela absoluta limitação no cumprimento de mandados de busca em escritório de advocacia

HABEAS CORPUS Nº 149.008 – PR (2009/0190819-0)
RELATOR : MINISTRO ARNALDO ESTEVES LIMA
R.P/ACÓRDÃO : MINISTRO NAPOLEÃO NUNES MAIA FILHO
IMPETRANTE : FERNANDO AUGUSTO FERNANDES E OUTROS
IMPETRADO : TRIBUNAL REGIONAL FEDERAL DA 4A REGIÃO
PACIENTE : P. C. F.
EMENTA
HABEAS CORPUS . INQUÉRITO POLICIAL. POSSIBILIDADE DE, EM TESE, REALIZAR-SE BUSCA E APREENSÃO EM ESCRITÓRIO DE ADVOCACIA. MEDIDA QUE, TODAVIA, NÃO PODE SER UTILIZADA COMO INÍCIO DAS INVESTIGAÇÕES POLICIAIS. ILEGALIDADE. ORDEM PARCIALMENTE CONCEDIDA, TÃO-SOMENTE PARA DECLARAR IMPRESTÁVEIS OS ELEMENTOS COLHIDOS NA BUSCA E APREENSÃO REALIZADA, SEM PREJUÍZO DE QUE SE INSTAURE O DEVIDO INQUÉRITO POLICIAL E, SE FOR O CASO, PROCEDA-SE AO INDICIAMENTO DO PACIENTE, BEM COMO SEJAM TOMADAS TODAS AS MEDIDAS LEGAIS CABÍVEIS.
1. Os escritórios de advocacia, como também os de outros profissionais, não são impenetráveis à investigação de crimes.
2. Contudo, trata-se de evidente excesso a instauração de investigações ou Ações Penais com base apenas em elementos recolhidos durante a execução de medidas judiciais cautelares,

relativamente a investigados que não eram, inicialmente, objeto da ação policial.

3. Se a autoridade policial tem os elementos de suspeita, deve instaurar o devido Inquérito Policial; mas autorizar ou homologar a posteriori provas colhidas durante medida de busca e apreensão, se cria uma enorme insegurança para a sociedade.

4. Ordem parcialmente concedida, tão-somente para declarar imprestáveis os elementos de prova colhidos na busca e apreensão realizada, sem prejuízo que se instaure o devido Inquérito Policial e, se for o caso, proceda-se ao indiciamento do paciente, bem como sejam tomadas todas as medidas legais cabíveis.

No caso do HC acima, após voto contrário do Ministro Arnaldo Esteves Lima, pediu vista o Ministro Napoleão Nunes Maia, votando favoravelmente e acompanhado por Jorge Mussi. Segue voto do Ministro Napoleão:

[...] 5. Que se podia instaurar um inquérito contra ele, repito que podia.

Até se devia, se a autoridade policial tem os elementos de suspeita contra o indivíduo, tem de abrir inquérito contra ele. Mas, penso que autorizar, ou homologar, ou abonar, esse tipo de busca e apreensão, Senhor Ministro Arnaldo, com a devida vênia de Vossa Excelência, penso que se cria uma insegurança desbragada para a sociedade. Fazer investigação de uma pessoa contra a qual se tem indícios e se vai ao escritório de advocacia e se arrecada tudo ali, e faz um inquérito com base naqueles elementos que foram arrecadados desse modo, contra pessoas que não estavam indiciadas?

6. Sei que isso facilita o exercício da atividade policial. Mas, a busca e apreensão tem um procedimento previsto nos dispositivos legais que Vossa Excelência, muito oportunamente, lembrou. Tem que haver pedido e ditas as fundadas razões. Não se pode fazer busca e apreensão sem fundadas razões. Está no art. 241 do

Código de Processo Penal. Porque, do contrário, todos os nossos domicílios e escritórios ficam ao alcance de uma autoridade policial que acha que pode fazer a chamada busca e apreensão exploratória. Fazer a busca e apreensão para ver se há alguma coisa incriminadora. Penso que isso deve ser refreado. Se não se refrear, isso, dentro de pouco tempo, vai se transformar num gigante, num leviatã, que vai engolir todas as liberdades e então não haverá mais como se fazer oposição.

7. A polícia é muito eficiente, muito arrojada, muito impetuosa e muito frequentemente atilada para descobrir coisas sem instaurar inquérito. Por que não instaura inquérito contra o paciente Paulo Cezar Felipe? Instaura-se um inquérito contra ele e em seguida se pede ao Juiz a quebra   sigilo, busca e apreensão, prisão temporária   prisão preventiva e tudo o mais. Mas, sem o inquérito? Sem nada contra ele? Sem nada contra o cidadão, pode-se fazer isso? Arrecadar num escritório de advocacia, elementos relativos à vida pessoal dele e ele não estava indiciado em nada antes?

8. Vou pedir vênia a Vossa Excelência, Senhor Ministro Arnaldo Esteves Lima, para conceder parcialmente a Ordem de Habeas Corpus , não para trancar o inquérito, o qual deve prosseguir. E o delegado, ou o Ministério Público, que represente ao Juiz ou adote o procedimento legal para obter autorização de fazer busca e apreensão com relação às coisas do paciente, onde quer que estejam, inclusive no escritório do seu advogado.

9. Mas que na minha avaliação é necessário, mais do que disciplinar, refrear essa sanha de busca e apreensão, que está disseminada na sociedade com uma violência assombrosa. Na minha percepção. Vejo isso em Fortaleza, vejo isso em Recife, uma atividade completamente desimpedida. Vou repetir para encerrar, Senhor Ministro Arnaldo Esteves Lima: faz-se busca e apreensão em um endereço e lá, sem que nada se tenha contra quem se recolhem esses elementos, acha-se qualquer coisa ou não se acha nada contra aquela pessoa, traz-se aquilo e instaura-se um processo contra

aquela pessoa, com base em elementos que foram colhidos, a meu ver, de forma ilegal ou até inconstitucional.

10. Vou pedir vênia a Vossa Excelência para considerar imprestáveis, para instaurar o inquérito, elementos conseguidos dessa maneira, sem prejuízo, evidentemente, de que se instaure o inquérito policial e, através do controle do Ministério Público e do Poder Judiciário, se autorize contra o indiciado no inquérito tudo que for necessário, inclusive a prisão preventiva. Peça-se a preventiva, peça-se a temporária, faça-se a busca e apreensão, arrecadem-se bens, faça-se tudo. Mas desde que existindo o inquérito, a meu ver.

11. Então, peço vênia a Vossa Excelência, não para trancar o inquérito, pois concedo apenas parcialmente a Ordem de Habeas Corpus , Senhor Ministro Arnaldo, para declarar imprestáveis esses elementos colhidos por esse procedimento que, a meu ver, é inconstitucional e ilegal, sem prejuízo de que se instaure o devido inquérito policial e no bojo desse inquérito policial, devidamente instaurado, se indicie o paciente, se for o caso, requeira-se a sua prisão temporária, se for o caso, ou a preventiva, se for o caso. E faça a busca e apreensão em qualquer lugar onde se possa demonstrar que há fundadas suspeitas de existir alguma coisa que interesse à investigação.

12. Voto pedindo vênia, louvando o voto de Vossa Excelência, como sempre muito bem equilibrado e posto.

Em 2021 do Ministro Gilmar Mendes se debruçou sobre a RCL 43479 / RJ, quanto a uma ordem violadora de prerrogativas de vários advogados que tiveram escritórios invadidos e bens bloqueados pelo juiz Marcelo Bretas. A conclusão foi a anulação dos atos por incompetência e desfundamentação:

▶ **Inviolabilidade de Escritório**

> **Ementa. Reclamação**. Penal e Processo Penal. Pedido de adiamento formulado pela PGR. Indeferimento. Preliminar de ilegitimidade

ativa dos Conselhos Seccionais da OAB. Art. 44, I e II, c/c art. 49 e art. 57, do Estatuto da OAB. Legitimidade das Seccionais da OAB para ajuizar **reclamação** em defesa dos interesses concretos e das **prerrogativas** de seus associados. Alegação de violação à competência do STF. Ausência de demonstração. Pedido de declaração da incompetência do juízo reclamado. Supostos crimes envolvendo entidades do "sistema S". Competência da Justiça Estadual. Súmula 516 do STF. Ausência de competência por conexão. Ilegalidade de busca e apreensão. Decisão genérica que autorizou a diligência contra setenta escritórios/**advogados** após o oferecimento de denúncia. Violação às normas do art. 240, §1º e 243, §2º, do CPP, bem como do art. 7º, II, §6º, do Estatuto da OAB. Evidente situação de fishing probatório. Nulidade da ordem de bloqueio de bens e valores expedida por autoridade incompetente. Improcedência da **reclamação** e concessão de habeas corpus de ofício para reconhecer a incompetência da autoridade reclamada, declarar a nulidade dos atos decisórios (arts. 564 e 567) e determinar a liberação integral dos bens e valores constritos.

Decisão

Após o voto do Ministro Gilmar Mendes (Relator), que julgava parcialmente procedente a **reclamação** e negava provimento ao agravo interposto pela PGR, pediu vista o Ministro Nunes Marques. Presidência do Ministro Gilmar Mendes. 2ª Turma, 27.4.2021. Decisão: A Turma, por maioria, conheceu da **reclamação** e, no mérito, julgou-a improcedente, vencido o Ministro Edson Fachin. Prosseguindo, também por maioria, concedeu ordem de habeas corpus, de ofício, para decretar a incompetência absoluta da Justiça Federal, determinar a nulidade de todos os atos decisórios proferidos pelo Juízo da 7ª Vara (Segunda Turma, Relator(a): Min. GILMAR MENDES, Julgamento: 10/08/2021, Publicação: 03/11/2021).

O Ministro Eros Grau na oportunidade do julgamento do AgRgHC 89.025/SP também teve a oportunidade de abordar a questão da inviolabilidade do local de trabalho do advogado e realizou uma advertência quanto ao risco da violação dessa prerrogativa:

> Quanto à violação do computador do advogado para averiguação do conteúdo de mensagens eletrônicas, é de enorme gravidade. O preceito veiculado pelo art. 7º, II, do EAOB afirma a inviolabilidade do escritório ou local de trabalho do advogado, de seus arquivos e dados, de sua correspondência e de suas comunicações. A violação do computador utilizado pelo advogado, violação das mensagens trocadas entre ele e o paciente, é ilícita. A prisão preventiva não pode ser decretada com esteio em prova cuja licitude é questionada. Essa escalada de invasão de privacidade poderá nos levar, todos nós, a um triste destino. Triste e doloroso destino. Os próximos seremos nós. (STF – AgRgHC 89.025/SP – Min. Joaquim Barbosa, rel. para acórdão Min. Eros Grau – j. 22.8.2006 – DJe 9.11.2007).

O STJ também já se debruçou inúmeras vezes sobre o tema, contanto com decisões também limitadoras as prerrogativas à atividade da advocacia[11].

---

11 AGRAVO REGIMENTAL NO RECURSO EM HABEAS CORPUS. BUSCA E APREENSÃO. INDÍCIOS SUFICIENTES DE PRÁTICA DE TRÁFICO DE DROGAS. MANDADO GENÉRICO. NULIDADE NÃO RECONHECIDA. INVIOLABILIDADE DO ART. 7º, II e § 6º, do **ESTATUTO** DA OAB. ALEGADA NULIDADE DA BUSCA E APREENSÃO PORQUE EFETUADA SEM A PRESENÇA DE REPRESENTANTE DA OAB. **INEXISTÊNCIA DE RELAÇÃO COM A ATIVIDADE DE ADVOCACIA EXERCIDA PELO AGRAVANTE. CONSTRANGIMENTO ILEGAL NÃO DEMONSTRADO.** IMPOSSIBILIDADE DE REVOLVIMENTO FÁTICO-PROBATÓRIO. AGRAVO REGIMENTAL IMPROVIDO.
1. Extrai-se dos autos que as autoridades policiais estavam investigando o envolvimento do recorrente com o tráfico ilícito de entorpecentes, sendo então autorizada judicialmente a busca e apreensão nos imóveis descritos.
...
4. **A proteção do art. 7º, II e § 6º, da Lei nº 8.906/94 deve ser entendida em favor da atividade da advocacia e do sigilo na relação com o cliente, não podendo ser interpretada como obstáculo à investigação de crimes pessoais, e que não dizem respeito à atividade profissional desenvolvida. Precedentes**.
5. O habeas corpus não permite a produção probatória, pois tem por objeto sanar ilegalidade verificada de plano. Assim, a pretensão de desconstituir as premissas fáticas do acórdão impugnado resta inviabilizada na via eleita.
6. Agravo regimental improvido. (AgRg no RHC 161536 / MG **RELATOR** Ministro OLINDO MENEZES (DESEMBARGADOR CONVOCADO DO TRF 1ª REGIÃO) T6 DJe 21/10/2022)

2.3.2 Sigilo de Comunicação

Um dos mais relevantes acórdãos que trata da inviolabilidade das comunicações de advogado é o HC 164.493/PR[12] que julgou o ex-juiz Sérgio Moro parcial e anulou o processo do ex-presidente da República, Lula. Um dos motivos para a consideração de parcialidade do magistrado foi exatamente o monitoramento dos advogados do ex-presidente e seu histórico anterior, também de monitoramento de advogados:

> 4. **Antecedentes da biografia de um Juiz acusador**. O STF já avaliou, em diversas ocasiões, alegações de que o ex-magistrado Sergio Fernando Moro teria ultrapassado os limites do sistema acusatório. No julgamento do Habeas Corpus 95.518/PR, no qual se questionava a atuação do Juiz na chamada Operação Banestado, a Segunda Turma determinou o encaminhamento das denúncias à Corregedoria do Conselho Nacional de Justiça (CNJ), diante da constatação de que o juiz havia reiteradamente proferido decisões contrárias a ordens de instâncias superiores, **bem como adotado**

PROCESSUAL CIVIL. VIOLAÇÃO DOS ARTS. 489 E 1.022 DO CPC/2015 NÃO CONFIGURADA. PRODUÇÃO ANTECIPADA DE PROVAS. QUEBRA DE SIGILO BANCÁRIO E BUSCA E APREENSÃO. **PRERROGATIVAS DA ADVOCACIA. INVIOLABILIDADE DO LOCAL DE TRABALHO. INVESTIGAÇÃO DE ATIVIDADE ILÍCITA QUE NÃO SE RELACIONA COM A FUNÇÃO DE ADVOGADO. POSSIBILIDADE**. (Ministro HERMAN BENJAMIN T2 DJe 01/07/2021).
RECURSO ESPECIAL DE MARCUS VINÍCIUS COSTA. VIOLAÇÃO DO ART. 41 DO CPP. IMPROCEDÊNCIA. INDÍCIOS E DESCRIÇÃO SUFICIENTE PARA DEFLAGRAR AÇÃO. ADVENTO DE SENTENÇA CONDENATÓRIA. TESE ESVAÍDA. VIOLAÇÃO DOS ARTS. 2º E 10, DA LEI N. 9.296/1996; ART. 7º, II, DA LEI N. 8.906/1994, BEM COMO DOS ARTS. 155, 157, 239 E 563 DO CPP. USO DA PROVA CONTRA RÉU QUE NÃO FIGURAVA NA INVESTIGAÇÃO. POSSIBILIDADE. ENCONTRO FORTUITO DE PROVA. REPRESENTAÇÃO LASTREADA EM INFORMAÇÕES FALSAS. ACÓRDÃO QUE FIRMA O CONTRÁRIO. REEXAME. INADMISSIBILIDADE. SÚMULA 7/STJ. REPRESENTAÇÃO. AUSÊNCIA DE FUNDAMENTAÇÃO. IMPROCEDÊNCIA. REQUERIMENTO QUE, EMBORA SUCINTO, ESTÁ CALCADO EM FUNDAMENTO CONCRETO. PROVA QUE PODERIA SER OBTIDA POR OUTRO MEIO. IMPROCEDÊNCIA. ENCONTRO FORTUITO DE PROVA. **VIOLAÇÃO DE SIGILO PROFISSIONAL. IMPROCEDÊNCIA. INEXISTÊNCIA DE PROPÓSITO DELIBERADO DE VIGIAR A ATIVIDADE PROFISSIONAL. GARANTIA QUE NÃO É ABSOLUTA, POIS NÃO CONFERE IMUNIDADE PARA A PRÁTICA DE CRIMES NO EXERCÍCIO DA ADVOCACIA** (REsp 1465966 / PE Ministro SEBASTIÃO REIS JÚNIOR (1148) 6 – SEXTA DJe 19/10/2017).

12 "Admissibilidade do exame da parcialidade do magistrado, cito vários precedentes desta Corte: RHC 127.256 e RHC 119.892, Relator o Ministro Gilmar Mendes; HC 77.622, Relator o Ministro Nelson Jobim; HC 102.964, Relator o Ministro Celso de Mello; HC 94.641, Relator para o acórdão o Ministro Joaquim Barbosa; HC 86.963, Relator o Ministro Joaquim Barbosa; e HC 63.627, Relator o Ministro Sydney Sanches". Parte do voto do Min. Ricardo Lewandosky.

estratégias de monitoramento de advogados dos réus. Na ocasião, reconheceu o Min. Celso de Mello que "o interesse pessoal que o magistrado revela em determinado procedimento persecutório, adotando medidas que fogem à ortodoxia dos meios que o ordenamento positivo coloca à disposição do poder público, transforma a atividade do magistrado numa atividade de verdadeira investigação penal. É o magistrado investigador". (HC 95.518, Redator do acórdão Min. Gilmar Mendes, Segunda Turma, julgado em 28.5.2013, DJe 19.3.2014). (grifos nossos).

O antecedente de monitoramento de advogado foi Dr. C. R. B. e discutido no HC 95.518, tendo como conclusão que os atos feriam o *"fair trial"* e a ideia de imparcialidade compõe a noção mesma inerente à garantia constitucional do *"due process of law"*. No entanto, na oportunidade o STF não chegou a declarar a parcialidade.

O relato dos abusos do juiz é alarmante no caso do presidente Lula, de que: "O ex-juiz realizou a quebra de sigilos telefônicos do paciente, de seus familiares **e até mesmo de seus advogados**, com o intuito de monitorar e antecipar as estratégias defensivas". Os trechos da decisão do STF dão conta do abuso:

> Destaca-se, portanto, que, no dia 23.2.2016, o Juízo tomou conhecimento – ou pelo menos poderia ter se cientificado – de que o terminal telefônico interceptado correspondia, na realidade, à sede do escritório de advocacia que patrocinava o paciente, então investigado na Operação Lava Jato.
>
> A autoridade judicial, no entanto, não tomou nenhuma providência quanto à comunicação da operadora de telefonia. (trecho do voto de Gilmar Mendes).

Referindo-se, o voto do Ministro Gilmar, a um grupo do Telegram de Procuradores da República com um agente da Polícia Federal, se dá conta de um monitoramento em tempo real dos advogados:

O grupo era utilizado para combinar a conclusão de fases do procedimento inquisitorial e para o compartilhamento, em tempo real, de informações colhidas pela autoridade policial. **O vínculo estreito entre os procuradores e os agentes da PF permitiu que a Lava Jato instalasse verdadeiro sistema soviético de monitoramento das estratégias utilizadas pela defesa do reclamante.** As informações eram repassadas fora dos autos em tempo real pelo agente da Polícia Federal aos Procuradores de Curitiba.

Em **25 de fevereiro de 2016**, por exemplo, um interlocutor indicado como Prado APF, provavelmente vinculado à Polícia Federal, compartilhou com os membros da força-tarefa os passos do advogado R. T. – isso já foi apontado aqui na sustentação do Dr.C. Z. –, colocando-se à disposição da força-tarefa para, aparentemente sem a necessária autorização judicial, ampliar os grampos para quem fosse desejado": [...]. (grifos nossos).

O Ministro Lewandosky, em seu voto, destaca ser inaceitável a violação da prerrogativa dos advogados:

> Cuida-se, a toda evidência, de **inaceitável violação de prerrogativas constitucionais e legais dos advogados que atuavam na ação penal**, com nítido propósito de monitorar e antever as estratégias defensivas e impedir ou dificultar o exercício do direito à ampla defesa, caracterizando repudiável e odioso arbítrio estatal. Nesse aspecto, aliás, houve frontal desrespeito ao art. 7, II, da Lei 8.906/1994, que dispõe sobre o Estatuto da Advocacia e da Ordem dos Advogados do Brasil. (grifos nossos).

O monitoramento dos advogados foi um dos atos de abuso listado para a concessão da ordem de *habeas corpus* em relação à declaração da parcialidade do juiz:

> Não há, portanto, nenhuma dúvida de que os passos do paciente e suas discussões de estratégias processuais eram friamente

monitorados pelo magistrado, o que subverte totalmente a sua posição de isenção quanto às teses defensivas.

Assim, há clareza na conclusão de que a **arbitrária quebra do sigilo telefônico dos advogados do paciente macula a imparcialidade** do excepto para julgamento da ação penal em que o ex-Presidente Lula figurava como réu. (grifos nossos).

O sigilo de comunicação do cliente com advogado não é uma prerrogativa somente, mas um dever profissional e decorre da garantia do cidadão que não será obrigado a se autoincriminar. Portanto, não pode o advogado gravar sua comunicação reservada. O STJ se dedicou ao tema anulando delação premiada realizada por advogado com gravação de diálogos. Cabe destacar que a vedação de delação de advogado ingressou na alteração da Lei 14.365/22:

RECURSO EM HABEAS CORPUS. TRANCAMENTO DA AÇÃO PENAL POR HABEAS CORPUS. EXCEPCIONALIDADE. LEI N. 12.850/2013. **COLABORAÇÃO PREMIADA FEITA POR ADVOGADO. NATUREZA JURÍDICA DE MEIO DE OBTENÇÃO DE PROVA. POSSIBILIDADE DE ANULAÇÃO. VIOLAÇÃO DE SIGILO PROFISSIONAL. ART. 34, VII, DA LEI N. 8.906/1994. AUSÊNCIA DE JUSTA CAUSA. MÁ-FÉ CARACTERIZADA. NULIDADE DO ACORDO DE COLABORAÇÃO PREMIADA. PRECEDENTES DO STF. RECURSO PROVIDO.** 1. O trancamento da ação penal por habeas corpus é medida excepcional, admissível quando comprovada a atipicidade da conduta, a incidência de causas de extinção da punibilidade ou a falta de provas de materialidade e indícios de autoria. 2. Nos termos da Lei n. 12.850/2013, o acordo de colaboração premiada é um meio de obtenção de provas, no qual o poder estatal compromete-se a conceder benefícios ao investigado/acusado sob condição de cooperar com a persecução penal, em especial, na colheita de provas contra os outros investigados/acusados. 3. É possível a anulação e a declaração de ineficácia probatória de acordos de colaboração premiada firmados em desrespeito às normas legais e constitucionais. **4. O dever de sigilo profissional imposto ao advogado e as prerrogativas profissionais a ele asseguradas não têm em vista assegurar privilégios pessoais, mas sim os direitos dos cidadãos e o sistema democrático. 5. É ilícita a conduta do advogado que, sem justa causa, independentemente de provocação e na vigência de mandato, grava clandestinamente suas comunicações com seus clientes com objetivo de delatá-los,** entregando às autoridades investigativas documentos de que dispõe em razão da profissão, em violação ao dever de sigilo profissional imposto no art. 34, VII, da Lei n. 8.906/1994. 6. O sigilo profissional do advogado é premissa fundamental para exercício efetivo do direito de defesa e para a relação de confiança entre defensor técnico e cliente. 7. O Poder Judiciário não deve reconhecer a validade de atos negociais firmados em desrespeito à lei e em ofensa ao princípio da boa-fé objetiva. 8. A conduta do advogado que, sem justa causa e em má-fé, delata seu cliente, ocasiona a desconfiança sistêmica na advocacia, cuja indispensabilidade para administração da justiça é reconhecida no art. 133 da Constituição Federal. 9. Ausente material probatório residual suficiente para embasar a ação penal, não contaminado pela ilicitude, inafastável o acolhimento do pedido de trancamento da ação penal. 10. Recurso provido para determinar o trancamento da ação penal. (RHC 164616 / GO 2022/0135260-8 Ministro JOÃO OTÁVIO DE NORONHA T5 – QUINTA TURMA DJe 30/09/2022).

2.4 **Prisão de Advogado**

O STF julgou improcedente por unanimidade a Ação de Inconstitucionalidade ADIN 1127-8 quanto ao inciso IV e o § 3º do art. 7º, afastando tão somente o termo "sob pena de nulidade".

IV – ter a presença de representante da OAB, quando preso em flagrante, por motivo ligado ao exercício da advocacia, para lavratura do auto respectivo, ~~sob pena de nulidade~~ e, nos demais casos, a comunicação expressa à seccional da OAB;

Vale lembrar que, no exercício da profissão o advogado somente pode ser preso por crime inafiançável: "§ 3º O advogado somente poderá ser preso em flagrante, por motivo de exercício da profissão, em caso de crime inafiançável, observado o disposto no inciso IV deste artigo".

Prerrogativa semelhante tem a magistratura na lei complementar 35[13] e na lei complementar 75/93[14].

A Lei 13.826 de 2019 incluiu como crime a ofensa a esse inciso:

Art. 7º-B Constitui crime violar direito ou prerrogativa de advogado previstos nos incisos II, III, IV e V do **caput** do art. 7º desta Lei: (Incluído pela Lei nº 13.869. de 2019)

~~Pena – detenção, de 3 (três) meses a 1 (um) ano, e multa. (Incluído pela Lei nº 13.869. de 2019)~~

Pena – detenção, de 2 (dois) a 4 (quatro) anos, e multa. (Redação dada pela Lei nº 14.365, de 2022).

2.5 Sala de Estado Maior

O STF julgou inconstitucional, vencidos os Ministros Joaquim Barbosa e Cezar Peluso, a expressão "assim reconhecidas pela OAB" no inciso V: "não ser recolhido preso, antes de sentença transitada em julgado, senão em Sala de

---

13 Art. 33 – São prerrogativas do magistrado: [...] II – não ser preso senão por ordem escrita do Tribunal ou do Órgão Especial competente para o julgamento, **salvo em flagrante de crime inafiançável**, caso em que a autoridade fará imediata comunicação e apresentação do magistrado ao Presidente do Tribunal a que esteja vinculado (VETADO); O texto original exigia que o flagrante fosse realizado na presença do presidente do tribunal e nessa parte foi vetado pelo presidente Ernesto Geisel em 14 de março de 1979

14 Art. 18. São prerrogativas dos membros do Ministério Público da União: II – processuais: [...] d) ser preso ou detido somente por ordem escrita do tribunal competente ou **em razão de flagrante de crime inafiançável**, caso em que a autoridade fará imediata comunicação àquele tribunal e ao Procurador-Geral da República, sob pena de responsabilidade;

Estado Maior, com instalações e comodidades condignas, assim reconhecidas pela OAB, e, na sua falta, em prisão domiciliar"; (Vide ADIN 1.127-8).

Mas manteve a garantia de Sala de Estado Maior ao advogado preso antes de trânsito em julgado. Primeiramente, é importante destacar que tal prerrogativa também é prerrogativa da magistratura, se encontra na lei complementar 35/79[15], art. 33, II, assim como dos membros do Ministério Público, constando na Lei complementar 75/93 art. 17, II, e.[16]

A definição da Sala de Estado Maior também foi definida pelo STF na Reclamação 4535/ES, de relatoria do Ministro Sepulveda Pertence:

> No Supremo Tribunal Federal, não encontrei nenhuma solução explícita da questão, senão em voto do em. Ministro Nelsom Jobim no HC 81.632 (2ª T., 20.08.02, Velloso, RTJ 184/640).
>
> Concluira então S. Exa. que, por sala de Estado-Maior, se entende qualquer sala dentre as exigências em todas as dependências de comando da Forças Armadas (Exército, Marinha e Aeronáutica) ou Auxiliares (Polícia Militar ou Corpo de Bombeiros), com a ressalva de que, eventualmente, pode não existir "uma sala específica para o cumprimento de prisão" e, se for o caso, "o Comandante escolhe uma, nas dependências do pavilhão de comando, e a destina para tal fim.
>
> De fato, se por Estado-Maior se entende o grupo de oficiais que assessoram o Comandante de uma unidade militar (Exército, Marinha, Aeronáutica. Corpo de Bombeiros e Polícia Militar), "sala de Estado-Maior" é o compartimento de qualquer unidade

---

15 Art. 33 – São prerrogativas do magistrado:
I – ser ouvido como testemunha em dia, hora e local previamente ajustados com a autoridade ou Juiz de instância igual ou inferior;
II – não ser preso senão por ordem escrita do Tribunal ou do Órgão Especial competente para o julgamento, salvo em flagrante de crime inafiançável, caso em que a autoridade fará imediata comunicação e apresentação do magistrado ao Presidente do Tribunal a que esteja vinculado (VETADO);
III – **ser recolhido a prisão especial, ou a sala especial de Estado-Maior**, por ordem e à disposição do Tribunal ou do órgão especial competente, quando sujeito a prisão antes do julgamento final; [...]. (grifos nossos).

16 e) ser recolhido à prisão especial ou à sala especial de Estado-Maior, com direito a privacidade e à disposição do tribunal competente para o julgamento, quando sujeito a prisão antes da decisão final; e a dependência separada no estabelecimento em que tiver de ser cumprida a pena;

militar que, ainda que potencialmente, possa por eles ser utilizado para exercer suas funções.

A distinção que se deve fazer é que, enquanto uma "cela" tem como finalidade típica o aprisionamento de alguém – e, por isso, de regra contém grades –, uma "sala" apenas ocasionalmente é destinada para esse fim.

De outro lado, deve o local oferecer "instalações e comodidades condignas", ou seja. Condições adequadas de higiene, segurança. Este o quadro, julgo procedente a reclamação para que o Reclamante seja recolhido pelo Juízo reclamado –, salvo eventual transferências para sala de Estado-Maior, como antes caracterizada.

O ministro Celso de Mello assim votou:

> **Torna-se relevante observar**, neste ponto, **consoante assinalei** no julgamento **do mencionado HC 88.702/SP**, Rel. Min. Celso de Mello, que a expressão "sala de Estado-Maior", **constante** de diversos diplomas legislativos, como o Estatuto da Advocacia, **tem por finalidade** um só objetivo, **tal como enfatizado** pelo E. Superior Tribunal de Justiça, **quando do exame do HC 2.200/SP**, Rel. Min. José Dantas (**RSTJ** 65/95), **ocasião** em que essa Alta Corte judiciária, **ao pronunciar-se** sobre o alcance de tal cláusula normativa, **advertiu que outro não era o fim visado pelo legislador** "senão o de assegurar custódia condigna, em acomodações castrenses distintas das instalações destinadas aos presos temporários comuns, nas cadeias públicas". (grifos no original).

Outro precedente de 2007 quanto ao cabimento de reclamação ao Supremo:

> Nesse sentido, o Ministro Sepúlveda Pertence decidiu o Habeas Corpus 90.707/SP:
>
> "EMENTA: I. Habeas corpus: inviabilidade: incidência da Súmula 691 ('Não compete ao Supremo Tribunal Federal conhecer de

'habeas corpus' impetrado contra decisão do Relator que, em 'habeas corpus' requerido a Tribunal Superior, indefere a liminar').
II. Advogado: direito ao recolhimento em Sala de Estado Maior (L. 8.906/94, art. 7º, V), conforme caracterizada na Rcl. 4535, Pl. 7.05.07, Pertence. III. Habeas corpus deferido, de ofício, para que o Paciente seja recolhido em prisão domiciliar – cujo local deverá ser especificado pelo Juízo de primeiro grau –, salvo eventual transferência para sala de Estado-Maior" (DJ 22.6.2007).

2.5.1 Conceito

Na Reclamação 5826 do Paraná, foi amplamente debatido o conceito da Sala de Estado Maior. Nesse caso, o STF passou a estabelecer que o *habeas corpus* é mais adequado para a apreciação da prerrogativa da Sala de Estado Maior, em razão das limitações da reclamação. O debate também enfrentou a inexistência de Salas de Estado Maior no país, assim como o conceito nos tempos modernos no país continental.

RECLAMAÇÃO 5.826 PARANÁ
V O T O
A SENHORA MINISTRA CÁRMEN LÚCIA – (Relatora):
1. Ao julgar a Reclamação 4.535/ES, o Plenário do Supremo Tribunal Federal consignou:
"EMENTA: I. Reclamação: alegação de afronta à autoridade da decisão plenária da ADIn 1127, 17.05.06, red. p/acórdão Ministro Ricardo Lewandowski: procedência. (...)
2. A decisão reclamada, fundada na inconstitucionalidade do art. 7, V, do Estatuto dos Advogados, indeferiu a transferência do reclamante – Advogado, preso preventivamente em cela da Polícia Federal, para sala de Estado Maior e, na falta desta, a concessão de prisão domiciliar.
3. No ponto, dissentiu do entendimento firmado pelo Supremo Tribunal Federal na ADIn 1127 (17.05.06, red.p/acórdão Ricardo

Lewandowski), quando se julgou constitucional o art. 7, V, do Estatuto dos Advogados, na parte em que determina o recolhimento dos advogados em sala de Estado Maior e, na sua falta, em prisão domiciliar.

4. Reclamação julgada procedente para que o reclamante seja recolhido em prisão domiciliar – cujo local deverá ser especificado pelo Juízo reclamado –, salvo eventual transferência para sala de Estado Maior. II. "Sala de Estado- Maior" (L. 8.906, art. 7º, V): caracterização. Precedente: HC 81.632 (2ª T., 20.08.02, Velloso, RTJ 184/640). (...)" (Rel. Min. Sepúlveda Pertence, DJ 15.6.2007).

Conforme salientado no voto do Ministro Sepúlveda Pertence, na Reclamação 4.535/ES, tem-se: "**II. 'Sala de Estado-Maior' (L. 8.906, art. 7º, V): caracterização.** Precedente: HC 81.632 (2ª T., 20.08.02, Velloso, RTJ 184/640).

1. Por Estado-Maior se entende o grupo de oficiais que assessoram o Comandante de uma organização militar (Exército, Marinha, Aeronáutica, Corpo de Bombeiros e Polícia Militar); assim sendo, **'sala de Estado-Maior' é o compartimento de qualquer unidade militar que, ainda que potencialmente, possa por eles ser utilizado para exercer suas funções.**

2. **A distinção que se deve fazer é que, enquanto uma 'cela' tem como finalidade típica o aprisionamento de alguém – e, por isso, de regra contém grades –, uma 'sala' apenas ocasionalmente é destinada para esse fim.**

3. De outro lado, **deve o local oferecer 'instalações e comodidades condignas', ou seja, condições adequadas de higiene e segurança".**

Na espécie vertente, cuidando-se de uma cela – ainda que dotada de condições dignas, como, aliás, seria desejável fossem todas as celas –, é certo que não se cuida de uma sala, com as características e finalidades buscadas pela legislação vigente e acentuadas pela jurisprudência do Supremo Tribunal Federal. (grifos nossos).

O julgamento foi longo e contou com vários votos e observações:

> **O SENHOR MINISTRO AYRES BRITTO** – Não, foi em **habeas corpus.**
> Cela especial é uma coisa, sala de Estado-Maior é outra coisa.
> Dissemos:
> "A prerrogativa de prisão em Sala de Estado-Maior (...)". É até um aparente paradoxo: se é sala, como é prisão? **Sala não é cela, cela é prisão; sala não é prisão.** Mas é uma prisão, é uma sala heterodoxamente serviente desse fim prisional. **É uma sala porque não tem grades, não tem trancas.** Pode haver grades e trancas, lógico, no estabelecimento militar, mas não na sala em que se encontre "aprisionado" o condenado ou réu.
> "A prerrogativa de prisão em Sala de Estado-Maior tem o escopo (...)".
> E aí vem a razão de ser da prerrogativa. A razão de ser da prerrogativa é esta: **tem o escopo de mais garantidamente preservar a incolumidade física dos advogados.** (grifos nossos).

Na reclamação acima houve do Ministro pedido de vista de Toffoli que retornou definindo a mesma concepção de que a Sala de Estado Maior, em que pese hoje não ser mais usada no mundo militar, consiste como interpretação em local reservado tanto aos membros da magistratura, como do Ministério Público e advocacia, como local que não contém grades, podendo ser em ambiente civil:

> [...] Assim, penso, em conformidade com o que igualmente expôs o ilustre Procurador-Geral da República, **que tal como se dá em relação aos Magistrados e Membros do Ministério Público, na hipótese de prisão provisória, devem ser assegurados aos advogados instalações condignas com o seu grau, sejam elas em estabelecimento castrense ou não,** dotadas de conforto mínimo e instalações sanitárias adequadas, **em ambiente que não seja guarnecido com grades e outros dispositivos ostensivos de contenção** que,

eventualmente, se equiparem a uma cela. Com isso, certamente, estará atendida a **ratio** da lei e assegurado aos integrantes da advocacia, se provisoriamente presos, dignidade idêntica àquela desfrutada pelas mais altas autoridades da República. (grifos nossos).

O voto o Ministro Gilmar Mendes também é fundamental para compreender a aplicação da Sala de Estado Maior:

> [...] Apenas para recordar, esse tema tem sido objeto de uma série de discussões, como não poderia deixar de ser, no âmbito do Tribunal. Eu já tinha até sustentado, na Segunda Turma, mas depois fui advertido de que, com **o advento da Lei nº 10.258**, que alterou o 295 do Código de Processo Penal, era de se entender – portanto, **disciplinou a chamada prisão especial** – que se teria revogado essa norma. Porém, **o Supremo entendeu que essa lei não teria abrangido o Estatuto da Ordem dos Advogados.**
> Eu continuo a entender que **não há razão para tratamento distinto das prisões especiais de magistrados, promotores e advogados**, em respeito ao artigo 6º do Estatuto da OAB, que prevê **ausência de hierarquia e subordinação entre advogados, magistrados e membros do Ministério Público.** Também, como resultou do debate já colocado a partir do voto do ministro Toffoli, é notório que essas chamadas "casas" ou "salas de estado -maior", se é que já não desapareceram, estão caminhando para o desuso, o que retira consistência para decisão normativa tomada pelo legislador. Não há mais em organizações militares, muito menos também no âmbito da própria polícia. E vejam que tampouco se justifica a tutela dos senhores advogados pelos militares, quando presos cautelarmente, principalmente considerando que, também, os oficiais das Forças Armadas submetem-se hoje ao regime da prisão especial, prevista no artigo 295, V, do texto constitucional.
>
> ...

O ministro Toffoli já fez inclusive essa pesquisa, pedindo informações ao Ministério da Defesa.

"A distinção que se deve fazer" – dizia, então, o ministro Sepúlveda Pertence – **"é que, enquanto uma "cela" tem como finalidade típica o aprisionamento de alguém, e por isso, de regra, contém grades, uma "sala" apenas ocasionalmente é destinada a esse fim.** De outro lado, **deve o local oferecer instalações e comodidades condignas, ou seja, condições adequadas de higiene, segurança."** Preocupação que já se manifestava nessa legislação, na alteração que se fez no CPP, dizendo das condições para essa chamada prisão especial.

"§ 1º A prisão especial, prevista neste Código ou em outras leis, consiste exclusivamente no recolhimento em local distinto da prisão comum.

§ 2o Não havendo estabelecimento específico para o preso especial, este será recolhido em cela distinta do mesmo estabelecimento.

§ 3o A cela especial poderá consistir em alojamento coletivo, atendidos os requisitos de salubridade do ambiente, pela concorrência dos fatores de aeração, insolação e condicionamento térmico adequados

§ 3o A cela especial poderá consistir em alojamento coletivo, atendidos os requisitos de salubridade do ambiente, pela concorrência dos fatores de aeração, insolação e condicionamento térmico adequados à existência humana.

§ 4o O preso especial não será transportado juntamente com o preso comum."

São disciplinas que estão aqui nesta legislação, já introduzida no Código de Processo Penal.

Seguindo essa orientação – estou me referindo ao voto do ministro Pertence –, cito outros precedentes da relatoria do saudoso ministro Menezes Direito.

...

Por esse motivo, esta Corte, também, vem entendo que a elas equivale qualquer espaço, pelo menos, o último entendimento em unidade estatal de segregação provisória que atenda, não mais unidade estatal de caráter militar, mas qualquer entidade estatal de segregação provisória que atenda aos atributos de instalação e comodidade condignas, independentemente da existência de grades. E, aí, há precedentes vários da relatoria do ministro Celso de Mello, Reclamação nº 16.419, do ministro Barroso, Reclamação nº 15.969, no HC nº 116.384 da relatoria da ministra Rosa Weber; portanto, já no contexto dessa última leitura. (grifos nossos).

A transcrição do debate entre os Ministros é fundamental para fortalecer o entendimento comum. O Ministro Celso de Mello também se manifestou:

Observo que o Supremo Tribunal Federal, **tendo em vista** a ausência de sala de Estado-Maior, **passou a considerar** como dado juridicamente relevante **a existência**, nos estabelecimentos prisionais, de "recinto com instalações e comodidades condignas", **de tal modo** que, em sendo constatada tal situação, **reputar-se-á não transgredida** a autoridade da decisão que esta Suprema Corte proferiu no julgamento **da ADI** 1.127/DF (**HC 116.384/SP**, Rel. Min. ROSA WEBER – **HC 119.477/SP**, Rel. Min. LUIZ FUX – **Rcl 14.267/SP**, Rel. Min. GILMAR MENDES – **Rcl 15.969-MC/SC**, Rel. Min. ROBERTO BARROSO, v.g.). (grifos nossos).

Há inúmeros precedentes de reclamação deferida para garantir prisão domiciliar na ausência de Sala de Estado Maior no STF:

EMENTA: HABEAS CORPUS. PROCESSUAL PENAL. IMPETRAÇÃO CONTRA DECISÃO QUE INDEFERIU LIMINAR NO SUPERIOR TRIBUNAL DE JUSTIÇA: SUPRESSÃO DE INSTÂNCIA:

INCIDÊNCIA DA SÚMULA 691 DO SUPREMO TRIBUNAL FEDERAL. HABEAS CORPUS NÃO CONHECIDO. **ADVOGADO**. **PRERROGATIVA** PROFISSIONAL DE RECOLHIMENTO EM SALA DE ESTADO-MAIOR. PRECEDENTES. ORDEM CONCEDIDA DE OFÍCIO APENAS PARA O RESGUARDO DA **PRERROGATIVA** PROFISSIONAL. 1. A decisão questionada nesta ação é monocrática e tem natureza precária, desprovida, portanto, de conteúdo definitivo. Incide, portanto, na espécie, a Súmula 691 do Supremo Tribunal ("Não compete ao Supremo Tribunal Federal conhecer de habeas corpus impetrado contra decisão do Relator que, em habeas corpus requerido a tribunal superior, indefere a liminar"). Precedentes. 2. Habeas corpus não conhecido. 3. No julgamento da Ação Direta de Inconstitucionalidade n. 1.127, o Supremo Tribunal reconheceu a constitucionalidade do art. 7º, inc. V, da Lei n. 8.906/94 (Estatuto da Advocacia), declarando, apenas, a inconstitucionalidade da expressão "assim reconhecidas pela OAB". 4. É firme a jurisprudência do Supremo Tribunal Federal no sentido de que há de ser deferida a prisão domiciliar aos **advogados** onde não exista na localidade sala com as características daquela prevista no art. 7º, inc. V, da Lei n. 8.906/94, enquanto não transitada em julgado a sentença penal condenatória. Precedentes. 5. Concessão de ofício para assegurar o cumprimento da norma prevista no art. 7º, inc. V, da Lei n. 8.906/94 (Estatuto da Advocacia), assim como interpretada pelo Supremo Tribunal Federal, devendo a Paciente ser transferida para uma sala como tal definida aquela que se tenha na forma interpretada na Ação Direta de Inconstitucionalidade n. 1.127 e na **Reclamação** n. 4.535, ou, na inexistência desta, para prisão domiciliar, cujo local e condições, incluídas as de vigilância, deverão ser especificados pelo Juízo local.

Por ausência de sala (HC 95332, Primeira Turma, Relator(a): Min. CÁRMEN LÚCIA, Julgamento: 31/03/2009, Publicação: 30/04/2009).

▶ Falta de Sala do Estado Maior e Prisão Domiciliar no STJ

EMENTA. PROCESSUAL PENAL E PENAL. HABEAS CORPUS. PRISÃO PREVENTIVA. HOMICÍDIO QUALIFICADO. NEGATIVA DE AUTORIA. INVIABILIDADE DE ANÁLISE. FUNDAMENTAÇÃO CONCRETA. APLICAÇÃO DE MEDIDAS ALTERNATIVAS À PRISÃO. INSUFICIÊNCIA À GARANTIA DA ORDEM PÚBLICA. CONVERSÃO EM PRISÃO DOMICILIAR. VIOLAÇÃO AO ART. 7°, V, DA LEI 8906/94. CELA COMUM. ILEGALIDADE. HABEAS CORPUS PARCIALMENTE CONCEDIDO.

1. Não se presta a via eleita à análise de alegações concernentes à negativa de autoria, inexistência do crime de homicídio entre outras alegações concernentes ao mérito da ação penal, onde deverão ser alegadas e comprovadas uma vez que possui ampla cognição, ao passo que o remédio heroico destina-se a sanar ilegalidade aferível de plano. 2. Apresentada fundamentação concreta para a decretação da prisão preventiva, em face da conveniência da instrução criminal, pela admitida tentativa de dissimular o crime praticado, com coação de testemunha relevante para o processo, pois, como bem asseverado pelo magistrado de piso, há fundados elementos de que Sandra esteja sofrendo coação. Também, a recente descoberta de telefone celular em poder de Marcelo no interior do Presídio Estadual de Itaqui, aparentemente com intensa utilização, demonstra a tentativa de influenciar na instrução criminal o que reforça ainda mais a necessidade da prisão processual em face da escorreita colheita de provas, que seria prejudicada em caso de concessão de liberdade provisória ao paciente, não há que se falar em ilegalidade a justificar a concessão da ordem de habeas corpus.

3. Havendo a indicação de fundamentos concretos para justificar a custódia cautelar, não se revela cabível a aplicação de medidas cautelares alternativas à prisão, visto que insuficientes para resguardar a ordem pública. Precedentes.

4. Cela que sequer separa o advogado dos demais presos criminais não pode ser admitida como equivalente a sala de estado-maior. 5. Habeas corpus conhecido em parte e, nesta extensão, concedida parcialmente a ordem para fixar a prisão domiciliar ao paciente, enquanto não providenciada sala de estado-maior para o cumprimento da prisão processual, ao par de cautelar ora estabelecida de impedimento de contato com as testemunhas nominadas no processo. (HC 425066 / RS 2017/0296951-2, Ministro NEFI CORDEIRO (1159), T6 – SEXTA TURMA, j. 10/04/2018, DJe 27/04/2018).

Após a decisão HC 425066 / RS inicia no STJ a admissão de prisão especial como se Sala de Estado Maior fosse e negando em determinados casos a prisão domiciliar:

EMENTA. PEDIDO DE RECONSIDERAÇÃO RECEBIDO COMO AGRAVO REGIMENTAL. INVIABILIADE DE DEFERIMENTO DA MEDIDA URGENTE. CONVERSÃO DA PRISÃO PREVENTIVA EM DOMICILIAR. AUSÊNCIA DE SALA DE ESTADO MAIOR. NECESSIDADE DE APROFUNDAMENTO NO EXAME DOS AUTOS. PEDIDO DE RECONSIDERAÇÃO RECEBIDO COMO AGRAVO REGIMENTAL AO QUAL SE NEGA CONHECIMENTO. 1. No presente caso, ao contrário do pretendido pela defesa, os documentos acostados as fls. 249/250 dos autos não tem o condão de, em juízo de pré-delibação, autorizar a conversão da prisão preventiva em domiciliar com fulcro no art. 7º, V da **Lei** n. **8906/94** na medida em que não especifica as condições individuais em que custodiado, mas se resume a atestar aquilo que já consta do acórdão objurgado, de onde se colhe que a ausência de sala de Estado Maior não autoriza, necessariamente, o recolhimento em regime domiciliar, principalmente quando determinado pela autoridade judiciária a segregação em cela individual, separado o paciente dos outros presos, observadas as condições mínimas de salubridade e dignidade humana, asseguradas as prerrogativas legalmente estabelecidas, não restando configurado constrangimento ilegal (fls. 221/222). 2. A jurisprudência desta Corte é pacífica no sentido de que não cabe recurso contra a decisão do relator que, em habeas corpus, defere ou indefere a liminar, de forma motivada. Precedente. 3. Pedido de reconsideração recebido como agravo regimental, ao qual se nega conhecimento. (RCD no HC 421904 / GO. PEDIDO DE RECONSIDERAÇÃO NO HABEAS CORPUS, 2017/0276651-5, Ministro NEFI CORDEIRO (1159), T6 – SEXTA TURMA, j. 05/12/2017, DJe 12/12/2017).

EMENTA. PENAL E PROCESSUAL PENAL. AGRAVO REGIMENTAL NO RECURSO ORDINÁRIO EM **HABEAS CORPUS.** TRÁFICO DE DROGAS, LAVAGEM DE DINHEIRO E CORRUPÇAO ATIVA. PRISAO PREVENTIVA. SUBSTITUIÇAO POR PRISAO DOMICILIAR. **ADVOGADO** INSCRITO NOS QUADROS DA OAB/MG. AUSENCIA DE SALA DE ESTADO-MAIOR. INOCORRENCIA. INSTÂNCIAS ORDINÁRIAS AFIRMAM A COMPATIBILIDADE DAS INSTALAÇÕES. CONSTRANGIMENTO ILEGAL INEXISTENTE. AGRAVO REGIMENTAL DESPROVIDO.
1. Ao **advogado** inscrito nos quadros da OAB e comprovadamente ativo é garantido o cumprimento de prisão cautelar em sala de Estado Maior, ou, na sua inexistência, em prisão domiciliar, até o trânsito em julgado de eventual sentença condenatória, nos termos do art. 7º, V, da Lei n. 8.906/1994.
2. O Supremo Tribunal Federal firmou o entendimento no sentido de que "a existência de vaga especial na unidade penitenciária, desde que provida de instalações condignas e localizada em área separada dos demais detentos, atende à exigência da Lei n. 8.906/1994 (art. 7º, V, in fine)" (STF, Rcl 19.286 AgR, rel. Ministro CELSO DE MELLO, SEGUNDA TURMA, julgado em 24/3/2015, DJe de 2/6/2015).
3. Nesse contexto, tendo as instâncias ordinárias afirmado a compatibilidade das instalações do presídio de Uberlândia – Professor Jacy

de Assis – com o conceito legal de sala de Estado-Maior, previsto na Lei n. 8.906/1994, infirmar tal evidência demandaria amplo revolvimento do acervo fático-probatório, inviável na via estreita mandamental, uma vez que, nessa sede, descabe a dilação probatória. 4. Agravo regimental desprovido. (AgRg no RHC 172137 / MG. AGRAVO REGIMENTAL NO RECURSO ORDINÁRIO EM HABEAS CORPUS, 2022/0326693-0, Ministro RIBEIRO DANTAS (1181), T5 – QUINTA TURMA, j. 28/11/2022, DJe 06/12/2022).

EMENTA. CONSTITUCIONAL. HABEAS CORPUS. PRISÃO CIVIL. DEVEDOR DE ALIMENTOS. ADVOGADO. RECOLHIMENTO EM SALA DE ESTADO MAIOR. INEXISTÊNCIA. RECOLHIMENTO EM DEPENDÊNCIA ESPECIAL, APARTADO DOS DEMAIS DETENTOS. ORDEM DENEGADA. LIMINAR REVOGADA. 1. O **Estatuto da Advocacia** (Lei 8.906/94, art. 7º, V) prevê ser direito do advogado não ser recolhido preso, antes de sentença transitada em julgado, senão em sala de Estado Maior, com instalações e comodidades condignas, e, na sua falta, em prisão domiciliar. 2. Ocorre que o eg. Supremo Tribunal Federal firmou jurisprudência no sentido de que a existência de cela especial em unidade penitenciária, com instalações condignas e separada dos demais detentos, supre a exigência de sala de Estado Maior para o advogado. 3. Na mesma senda, a Segunda Seção desta Corte adotou o recente entendimento de que a prerrogativa **da** sala de Estado Maior não pode incidir na prisão civil do advogado devedor alimentar, desde que lhe seja garantido em estabelecimento penal um local apropriado, devidamente segregado dos presos comuns. Nesse sentido: HC 740.531/ SP, Relator Ministro LUIS FELIPE SALOMÃO, j. em 26/10/2022. 4. Ressalva de entendimento pessoal deste Relator. 5. Ordem denegada e, por consequência, revogada a liminar anteriormente concedida. (HC 759953 / SP, 2022/0235967-3, Ministro RAUL ARAÚJO (1143), T4 – QUARTA TURMA, j. 06/12/2022, DJe 15/12/2022).

EMENTA. AGRAVO REGIMENTAL NO **HABEAS CORPUS.** PROCESSUAL PENAL. TRÁFICO ILÍCITO DE ENTORPECENTES. ASSOCIAÇÃO PARA O TRÁFICO. RÉU **ADVOGADO.** AUSÊNCIA OU INEXISTÊNCIA DE SALA DE ESTADO-MAIOR. POSSIBILIDADE DE RECOLHIMENTO EM DEPENDÊNCIA ESPECIAL. CONFORMIDADE COM A JURISPRUDÊNCIA DO STF E DO STJ. RECINTO COMPARTILHADO COM OUTRAS PESSOAS. POSSIBILIDADE. DETENTOS COM PRERROGATIVA DA PRISÃO ESPECIAL. AGRAVO REGIMENTAL DESPROVIDO.

1. O Supremo Tribunal Federal estabelece que "'sala de Estado-Maior' é o compartimento de qualquer unidade militar que, ainda que potencialmente, possa por eles ser utilizado para exercer suas funções" (Rcl 4535, Rel. Ministro SEPÚLVEDA PERTENCE, TRIBUNAL PLENO, julgado em 07/05/2007, DJe 15/06/2007).
2. Não se verifica a ilegalidade apontada pela Parte Impetrante, tendo em vista que, em razão da ausência de Sala de Estado-Maior na unidade prisional, o Agravante encontra-se alojado em cela especial, localizada no Quartel da Polícia Militar. A propósito, nos termos da jurisprudência desta Corte, "[n]ão caracteriza constrangimento ilegal quando, ante a inexistência de sala de Estado-Maior, é possibilitado o cumprimento da medida cautelar em cela que cumpre a mesma função [...]" (RHC 95.991/SP, Rel. Ministro ROGERIO SCHIETTI CRUZ, SEXTA TURMA, julgado em 05/02/2019, DJe 18/02/2019).
3. Os fundamentos do acórdão impugnado e as imagens que instruem a impetração revelam que o local apresenta condições condignas e salubres. Nesse sentido, verifica-se que há chuveiro elétrico, cama individual, banheiro individual, cozinha e um aparelho de televisão.
4. A segregação cautelar em sala de Estado-Maior não se reveste de privilégio ou exclusividade. Dessa forma, o fato de o custodiado compartilhar o recinto com pessoas que não estão inscritas nos quadros

da Ordem dos Advogados do Brasil, mas, por algum motivo possuem a prerrogativa legal da prisão especial, não representa ilegalidade. 5. Agravo regimental desprovido.

ACÓRDÃO

Vistos e relatados estes autos em que são partes as acima indicadas, acordam os Ministros da SEXTA TURMA do Superior Tribunal de Justiça, em sessão virtual de 13/12/2022 a 19/12/2022, por unanimidade, negar provimento ao recurso, nos termos do voto da Sra. Ministra Relatora. Os Srs. Ministros Sebastião Reis Júnior, Rogerio Schietti Cruz, Antonio Saldanha Palheiro e Jesuíno Rissato (Desembargador Convocado do TJDFT) votaram com a Sra. Ministra Relatora. Presidiu o julgamento a Sra. Ministra Laurita Vaz. (AgRg no HC 776493 / ES 2022/0321190-8, Relatora Ministra LAURITA VAZ (1120), T6 – SEXTA TURMA, j. 19/12/2022, DJe 02/02/2023).

EMENTA. AGRAVO REGIMENTAL NO RECURSO EM **HABEAS CORPUS.** HOMICÍDIO QUALIFICADO. OFENSA AO PRINCÍPIO DA COLEGIALIDADE NÃO CONFIGURADA. PRISÃO PREVENTIVA. FUNDAMENTAÇÃO IDÔNEA. NECESSIDADE DE GARANTIA DA ORDEM PÚBLICA. PERICULOSIDADE DO AGENTE. MODUS OPERANDI. MEDIDAS CAUTELARES DIVERSAS. INAPLICABILIDADE. AGRAVANTE **ADVOGADO** SALA DE ESTADO MAIOR OU PRISÃO DOMICILIAR. ACOMODAÇÃO ADEQUADA E SALUBRE. SEPARAÇÃO DOS PRESOS COMUNS. AUSÊNCIA DE CONSTRANGIMENTO ILEGAL. AGRAVO DESPROVIDO. 1. A "decisão monocrática proferida por Relator não afronta o princípio da colegialidade e tampouco configura cerceamento de defesa, ainda que não viabilizada a sustentação oral das teses apresentadas, sendo certo que a possibilidade de interposição de agravo regimental contra a respectiva decisão [...] permite que a matéria seja apreciada pela Turma, o que afasta absolutamente o vício suscitado pelo agravante" (AgRg no HC 485.393/SC, Rel. Ministro FELIX FISCHER, QUINTA TURMA, DJe 28/3/2019). 2. É "plenamente possível, desta forma, que seja proferida decisão monocrática por Relator, sem qualquer afronta ao princípio da colegialidade ou cerceamento de defesa, quando todas as questões são amplamente debatidas, havendo jurisprudência dominante sobre o tema, ainda que haja pedido de sustentação oral" (AgRg no HC 607.055/SP, Rel. Ministro FELIX FISCHER, QUINTA TURMA, julgado em 9/12/2020, DJe 16/12/2020).

3. Havendo prova da existência do crime e indícios suficientes de autoria e de perigo gerado pela liberdade do imputado, a prisão preventiva, nos termos do art. 312 do Código de Processo Penal, poderá ser decretada para garantia da ordem pública, da ordem econômica, por conveniência da instrução criminal ou para assegurar a aplicação da lei penal.

4. Conforme se verifica a prisão preventiva está devidamente fundamentada, considerando a conduta do recorrente responde por ser o suposto mandante do homicídio cometido contra sua ex--companheira, em plena via pública, mediante os disparos de 14 tiros de arma de fogo. Dessa forma, a custódia preventiva está adequadamente motivada em elementos concretos extraídos dos autos, que indicam a necessidade de se resguardar a ordem pública, pois a periculosidade social do paciente está evidenciada no modus operandi do ato criminoso.

5. Tem-se por inviável a aplicação de medidas cautelares diversas da prisão, quando a gravidade concreta da conduta delituosa e a periculosidade do paciente indicam que a ordem pública não estaria acautelada com sua soltura.

6. Vale lembrar que as condições pessoais favoráveis do agente não têm o condão de, isoladamente, garantir a liberdade ao acusado, quando há, nos autos, elementos hábeis que autorizam a manutenção da medida extrema nos termos do art. 312 do CPP.

7. Com efeito, ao **advogado** inscrito nos quadros da OAB e comprovadamente ativo é garantido o cumprimento de prisão cautelar em sala do Estado Maior, ou, na sua inexistência, em prisão domiciliar, até o trânsito em julgado de eventual sentença

condenatória, nos termos do art. 7, V, da Lei n. 8.906/1994. 8. A respeito do tema, o Supremo Tribunal Federal firmou o entendimento no sentido de que "a existência de vaga especial na unidade penitenciária, desde que provida de instalações condignas e localizada em área separada dos demais detentos, atende à exigência da Lei n. 8.906/1994 (art. 7º, V, in fine)" (STF, Rcl 19.286 AgR, rel. Ministro CELSO DE MELLO, SEGUNDA TURMA, julgado em 24/3/2015, DJe de 2/6/2015).
9. Na hipótese, o Tribunal de origem consignou que o **advogado** encontra-se em acomodação adequada e salubre e devidamente separado dos presos comuns, razão pela qual não se verifica o alegado constrangimento ilegal.
10. Agravo regimental desprovido. (AgRg no RHC 157511 / PR 2021/0375792-8, Relator Ministro RIBEIRO DANTAS (1181), T5 – QUINTA TURMA, j. 14/12/2021, DJe 17/12/2021).

EMENTA. HABEAS CORPUS. PRISÃO CIVIL. OBRIGAÇÃO ALIMENTAR. DÉBITO OSTENTADO POR ADVOGADO. PEDIDO DE SUBSTITUIÇÃO DA PRISÃO POR RECOLHIMENTO DOMICILIAR. INADMISSIBILIDADE. NECESSIDADE DO RESGUARDO DA VIS COMPULSIVA PRÓPRIA DO MEIO EXECUTÓRIO. RELEVÂNCIA DOS DIREITOS CORRELATOS À OBRIGAÇÃO.
1. A norma do art. 7º da **Lei 8906/94,** relativa à prisão do advogado, antes de sua condenação definitiva, em sala de Estado Maior, ou, na sua ausência, no seu domicílio, restringe-se à prisão penal, de índole punitiva.
2. Inaplicabilidade à prisão civil, pois, enquanto meio executivo por coerção pessoal, sua natureza já é de prisão especial, pois o devedor de alimentos detido não será segregado com presos comuns.
3. O regime de cumprimento da prisão civil deve imprimir máxima coerção sobre o devedor para estimulá-lo ao célere cumprimento da obrigação alimentar,

diretamente ligada à subsistência do credor de alimentos. 4. Doutrina e jurisprudência desta Corte sobre a questão. 5. HABEAS CORPUS DENEGADO. (HC 305805 / GO 2014/0253586-3, Relator Ministro PAULO DE TARSO SANSEVERINO (1144), T3 – TERCEIRA TURMA, j. 23/10/2014 DJe 31/10/2014. REVPRO vol. 242 p. 658. RMDPPP vol. 62 p. 110).

EMENTA. HABEAS CORPUS. IMPETRAÇÃO SUBSTITUTIVA DE RECURSO ORDINÁRIO. IMPROPRIEDADE DA VIA ELEITA. ADVOGADO PRESO PREVENTIVAMENTE. AUSÊNCIA DE SALA DO ESTADO MAIOR. PRISÃO DOMICILIAR. DESCABIMENTO. PACIENTE ENCARCERADO EM CELA SEPARADA DO CONVÍVIO PRISIONAL. BANHEIRO PRIVATIVO. CONDIÇÕES DIGNAS. AUSÊNCIA DE ILEGALIDADE PATENTE. NÃO CONHECIMENTO. 1. É imperiosa a necessidade de racionalização do emprego do habeas corpus, em prestígio ao âmbito de cognição da garantia constitucional, e, em louvor à lógica do sistema recursal. In casu, foi impetrada indevidamente a ordem como substitutiva de recurso ordinário. 2. A ausência, simplesmente, de sala do Estado Maior não autoriza seja deferida prisão domiciliar ao paciente, advogado, preso preventivamente, dado que encontra-se segregado em cela separada do convívio prisional, em condições dignas de higiene e salubridade, inclusive com banheiro privativo. Precedentes desta Corte. 3. Inexistência de flagrante ilegalidade, apta a fazer relevar a impropriedade da via eleita. 4. Writ não conhecido. (HABEAS CORPUS 2013/0142560-8, Relatora Ministra MARIA THEREZA DE ASSIS MOURA (1131), T6 – SEXTA TURMA, j. 12/8/2014, DJe 25/08/2014).

EMENTA. PROCESSUAL PENAL. ADVOGADA. SALA DE ESTADO MAIOR OU, NA SUA FALTA, PRISÃO DOMICILIAR. CONSTRANGIMENTO ILEGAL. INEXISTÊNCIA. I – O inciso V do art. 7º da Lei nº 8.906/1941, que teve sua constitucionalidade confirmada em julgamento realizado pelo Pretório Excelso, assegura aos advogados presos provisoriamente o recolhimento em sala de Estado Maior ou, na sua falta, em prisão domiciliar (Precedentes). II – No entanto, encontrando-se a paciente em cela especial individual, com instalações e comodidades condignas, que cumpre a mesma função da sala de Estado Maior, não resta configurado qualquer constrangimento ilegal na segregação cautelar (Precedentes do STF e desta Corte). Habeas corpus denegado. (HC 149056 / SP, 2009/0191008-0, Relator Ministro FELIX FISCHER (1109), T5 – QUINTA TURMA, j. 27/5/2010, DJe 30/08/2010).

EMENTA. PROCESSUAL PENAL. HABEAS CORPUS SUBSTITUTIVO DE RECURSO ORDINÁRIO. DESCABIMENTO. RECENTE ORIENTAÇÃO DO SUPREMO TRIBUNAL FEDERAL. PACIENTE ADVOGADO. SALA DE ESTADO MAIOR. RECOLHIMENTO EM BATALHÃO DA POLÍCIA MILITAR CONDIÇÕES LEGAIS SATISFEITAS. CONSTRANGIMENTO ILEGAL NÃO CONFIGURADO. HABEAS CORPUS NÃO CONHECIDO. 1. Buscando dar efetividade às normas previstas no artigo 102, inciso II, alínea "a", da Constituição Federal, e aos artigos 30 a 32, ambos da Lei nº 8.038/90, a mais recente jurisprudência do Supremo Tribunal Federal passou a não mais admitir o manejo do habeas corpus em substituição a recursos ordinários (apelação, agravo em execução, recurso especial), tampouco como sucedâneo de revisão criminal. 2. O Superior Tribunal de Justiça, alinhando-se à nova jurisprudência da Colenda Corte, passou também a restringir as hipóteses de cabimento do habeas corpus, não admitindo que o remédio constitucional seja utilizado em substituição do recurso cabível. 3. A Lei n. 8.906/1994 (Estatuto da Ordem dos Advogados do Brasil), garante a todos os Advogados, enquanto inscritos em seus quadros, o direito de serem cautelarmente constritos em sala de Estado-Maior ou, em sua falta, em prisão domiciliar. 4. Constatado que o local em que se encontra o paciente, Batalhão da Polícia Militar, atende, aparentemente os requisitos legais, não há falar em configuração de constrangimento ilegal. 5. Habeas corpus não conhecido, por ser substitutivo do recurso cabível. (HC 247648 / RS 2012/0137633-5, Relator Ministro CAMPOS MARQUES (DESEMBARGADOR CONVOCADO DO TJ/PR) (8250), T5 – QUINTA TURMA, j. 11/12/2012, DJe 17/12/2012).

EMENTA. HABEAS CORPUS. ATENTADO VIOLENTO AO PUDOR. VIOLÊNCIA PRESUMIDA. VÍTIMA MENOR DE SEIS ANOS DE IDADE. ADVOGADO. PRISÃO ESPECIAL. INEXISTÊNCIA DE SALA DE ESTADO-MAIOR. DESCABIMENTO DA PRISÃO DOMICILIAR. APLICAÇÃO DAS REGRAS DO ART. 295 DO CPP. 1. O direito do Advogado, ou de qualquer outro preso especial, deve circunscrever-se à garantia de recolhimento em local distinto da prisão comum (art. 295, § 1º, do CPP). Não havendo estabelecimento específico, poderá o preso ser recolhido à cela distinta do mesmo estabelecimento (art. 295, § 2º, do CPP), observadas as condições mínimas de salubridade e dignidade da pessoa humana. 2. Encontrando-se o paciente – advogado – preso na enfermaria do Centro de Detenção Provisória, com instalações condignas e separado dos demais detentos, não há falar em constrangimento ilegal, sendo descabido o deferimento da prisão domiciliar, sob o argumento de inexistência de Sala do Estado Maior das Forças Armadas. (HC 62867 / SP 2006/0154400-3, Relatora Ministra LAURITA VAZ (1120), T5 – QUINTA TURMA, j. 20/11/2007, DJe 17/03/2008).

EMENTA. HABEAS CORPUS – ADVOGADO – FURTO E FORMAÇÃO DE QUADRILHA – PRISÃO EM CELA ESPECIAL – INEXISTÊNCIA DE SALA DE ESTADO-MAIOR – PACIENTE QUE SE ENCONTRA EM CELA ESPECIAL, SEPARADO DOS DEMAIS PRESOS – PRISÃO DOMICILIAR DESCABIDA. – O direito do Advogado, ou de qualquer outro preso especial, deve circunscrever-se à garantia de recolhimento em local distinto da prisão comum (art. 295, § 1º do CPP). Não havendo estabelecimento específico, poderá o preso ser recolhido à cela distinta da prisão comum (art. 295, § 2º do CPP), observadas as condições mínimas de salubridade e dignidade da pessoa humana. – Verificado que o local em que se encontra a paciente atende, aparentemente, aos requisitos legais exigidos, não há que se falar, a princípio, em ocorrência de constrangimento ilegal. – Ordem denegada. HC 28203 / SP 2003/0067533-1, Relator Ministro JORGE SCARTEZZINI (1113), T5 – QUINTA TURMA, j. 04/11/2003, DJe 19/12/2003).

EMENTA. PROCESSUAL PENAL. AGRAVOS REGIMENTAIS. PEDIDO DE REVOGAÇÃO DA PRISÃO PREVENTIVA E DE SUBSTITUIÇÃO DA PRISÃO PREVENTIVA POR DOMICILIAR. PRESSUPOSTOS E REQUISITOS DA PRISÃO PREVENTIVA PRESENTES. "FUMUS COMISSI DELICTI" E "PERICULUM LIBERTATIS". LAVAGEM DE CAPITAIS MAJORADA E CORRUPÇÃO ATIVA MAJORADA. ESTADO DE LIBERDADE QUE COLOCA EM RISCO A ORDEM PÚBLICA E A CONVENÊNCIA DA INSTRUÇÃO CRIMINAL. CONTEMPORANEIRDADE. MEDIDAS CAUTELARES PESSOAIS DIVERSAS DA PRISÃO INADEQUADAS E INSUFICIENTES. REVOGAÇÃO INADMITIDA. PRISÃO DOMICILIAR. ART. 318, VI, DO CPP. NÃO COMPROVAÇÃO DE RESPONSABILIDADE ÚNICA POR FILHO MENOR DE 12 ANOS DE IDADE INCOMPLETOS. ADVOGADO. RECOMENDAÇÃO N. 62/2020 DO CNJ. IMPOSSIBILIDADE DE SUBSTITUIÇÃO AUTOMÁTICA. SALA DE ESTADO-MAIOR. VAGA ESPECIAL NA UNIDADE PRISIONAL. INSTALAÇÕES CONDIGNAS. ÁREA SEPARADA DOS PRESOS COMUNS. EXIGÊNCIA SUPRIDA. CONVERSÃO REJEITADA.

1. Presentes o "fumus comissi delicti", isto é, da materialidade e de indícios suficientes de autoria dos crimes de lavagem de capitais

majorada (Lei n. 9.613/1998, art. 1º, § 4º) e corrupção ativa majorada (CP, art. 333, parágrafo único), e o "periculum libertatis", consistente na necessidade de garantir a ordem pública e a instrução criminal, bem ainda o pressuposto da contemporaneidade e a inadequação e insuficiência das medidas cautelares pessoais diversas da prisão previstas no art. 319 do Código de Processo Penal, rejeita-se o pedido de revogação da prisão preventiva.

2. Não havendo prova idônea do requisito estabelecido no art. 318, VI, do CPP, qual seja, de que o agravante é o único responsável pelos cuidados do filho de até 12 (doze) anos de idade incompletos, tampouco de que a cela em que se encontra não atende aos parâmetros necessários aos cuidados básicos da saúde e de sua situação pessoal, descabe a substituição da prisão preventiva pela prisão domiciliar.

3. O Superior Tribunal de Justiça tem jurisprudência no sentido "A recomendação contida na Resolução n. 62, de 18 de março de 2020, do CNJ não implica automática substituição da prisão cautelar pela domiciliar. É necessário que o eventual beneficiário do instituto demonstre: a) sua inequívoca adequação no chamado grupo de vulneráveis da COVID-19; b) a impossibilidade de receber tratamento no estabelecimento prisional em que se encontra; e c) risco real de que o estabelecimento em que se encontra, e que o segrega do convívio social, cause mais risco do que o ambiente em que a sociedade está inserida, inocorrente na espécie" (HC 617.545/SP, Rel. Ministro REYNALDO SOARES DA FONSECA, QUINTA TURMA, julgado em 03/11/2020, DJe 16/11/2020).

4. A existência de vaga especial na unidade prisional, provida de instalações condignas à situação e localizada em área separada dos presos comuns, supre a exigência de sala de Estado-Maior para o advogado.

5. Agravos regimentais não providos. (STJ – AgRg no PePrPr: 2 DF 2020/0281527-2, Relator: Ministro BENEDITO GONÇALVES, j. 07/04/2021, CE – CORTE ESPECIAL, DJe 16/04/2021).

EMENTA. HABEAS CORPUS. HOMICÍDIO QUALIFICADO. PRISÃO PREVENTIVA. EXCESSO DE PRAZO NO JULGAMENTO DO WRIT ORIGINÁRIO. PERDA DO OBJETO NESSE PONTO. PRISÃO DOMICILIAR. RECOLHIMENTO EM SALA DE ESTADO-MAIOR. ART. 7º, INCISO V, DA LEI N. 8.906/1994. PRERROGATIVA OBSERVADA. AUSÊNCIA DE CONSTRANGIMENTO ILEGAL. PARECER ACOLHIDO.

1. A alegação de excesso de prazo no julgamento do habeas corpus originário perdeu o objeto, tendo em vista que, em 22/7/2020, foi ele julgado pela Câmara Criminal do Tribunal de Justiça de Alagoas.

2. Constatada demora irrazoável no julgamento de embargos de declaração opostos à decisão impugnada pelo presente writ, recomenda-se celeridade no seu julgamento.

3. O fato de inexistir, por si só, sala de Estado-Maior para a segregação de advogado não torna a prisão ilegal, tampouco autoriza, automaticamente, a concessão da prisão domiciliar, sendo imprescindível a demonstração de que o local não possui instalações e comodidades condignas.

4. Considerando a existência de documentação nos autos que indicam dúvidas quanto ao cumprimento do previsto no art. 7, V, do EOAB, é necessário que o Juiz do feito vistorie o local onde o paciente se encontra custodiado de modo a verificar pessoalmente o atendimento do dispositivo legal em questão.

5. Writ parcialmente prejudicado e, no mais, ordem denegada. Ordem concedida de ofício, para determinar que o Tribunal local examine os embargos de declaração opostos, em agosto deste ano, ao acórdão aqui impugnado, o mais rápido possível, bem como para determinar que o J uiz da 8ª Vara Criminal de Maceió/AL verifique pessoalmente se as instalações onde o paciente se encontra custodiado atendem as condições impostas pelo art. 7, inciso V, do EOAB. (HC n. 588.131/AL, relator Ministro Sebastião Reis Júnior, Sexta Turma, j. 15/12/2020, DJe de 18/12/2020).

STJ – RHC 13165-SP

O STJ tem restringido a prerrogativa a casos criminais excluindo a prisão civil:

> EMENTA. AGRAVO REGIMENTAL EM **HABEAS CORPUS** SUBSTITUTIVO DE RECURSO. CRIME DE ESTELIONATO. PRISÃO PREVENTIVA. PACIENTE **ADVOGADO** RECOLHIDO EM CELA INDIVIDUAL, SEPARADO DOS DEMAIS PRESOS. SALA DE ESTADO MAIOR. CONDIÇÕES EQUIVALENTES RESPEITADAS. AUSÊNCIA DE CONSTRANGIMENTO ILEGAL.
> 1. O **habeas corpus** não pode ser utilizado como substitutivo de recurso próprio, a fim de que não se desvirtue a finalidade dessa garantia constitucional, com a exceção de quando a ilegalidade apontada é flagrante, hipótese em que se concede a ordem de ofício.
> 2. Nos termos da jurisprudência das Turmas integrantes da Terceira Seção desta Corte "a ausência, simplesmente, de sala do Estado Maior não autoriza seja deferida prisão domiciliar ao paciente, **advogado,** preso preventivamente, dado que encontra-se segregado em cela separada do convívio prisional, em condições dignas de higiene e salubridade, inclusive com banheiro privativo" (HC n. 270.161/GO, Rel. Min. MARIA THEREZA DE ASSIS MOURA, Sexta Turma, DJe 25/8/2014).
> 3. No caso, consta da decisão de primeiro grau: "Conforme ofício de fls. 2682, o acusado C. Z. encontra-se em cela distinta dos demais presos, uma vez que ostenta a condição de **advogado**. Observa-se que não há qualquer violação das prerrogativas que lhe são próprias, conforme pacífica jurisprudência do STJ". O Tribunal estadual, ao denegar a ordem anotou que "no Ofício de fl. 2.682 dos autos de origem, a direção da unidade prisional onde o impetrante/paciente está custodiado (Penitenciária de Canoas I, no Estado do Rio Grande do Sul) informa que ele "encontra-se em cela distinta dos demais integrantes da massa carcerária, vez que ostenta a condição de **advogado** e, portanto, possui as prerrogativas que lhe são próprias". Portanto, embora não esteja recolhido,

propriamente, em "Sala de Estado Maior", condições que lhe são equivalentes estão sendo respeitadas". Assim, estando o **advogado** em cela individual, sem registro de eventual inobservância das condições mínimas de salubridade e dignidade humanas, separado dos outros presos e sem o rigor e a insalubridade do cárcere comum, não há falar em constrangimento ilegal em razão das instalações em que ele se encontra recolhido. Julgados do STJ.
4. Agravo regimental desprovido. (HC 740531 / SP 2022/0134598-2, AgRg no HC 765212 / SP 2022/0261030-4, Relator Ministro REYNALDO SOARES DA FONSECA (1170), T5 – QUINTA TURMA, j. 27/09/2022, DJe 04/10/2022).

EMENTA. **HABEAS CORPUS.** ALIMENTOS. ALIMENTANTE **ADVOGADO.** INADIMPLEMENTO INVOLUNTÁRIO E INESCUSÁVEL DA OBRIGAÇÃO ALIMENTAR. PRISÃO CIVIL. POSSIBILIDADE. PRERROGATIVA DE SER RECOLHIDO EM SALA DE ESTADO-MAIOR (ART. 7º, V, DA LEI N. 8.906/1994). AFASTAMENTO. INSTALAÇÕES CONDIGNAS. CUMPRIMENTO DA PRISÃO CIVIL EM REGIME FECHADO.
1. No Brasil, a prisão civil está autorizada expressamente no texto da Constituição Federal. Trata-se de meio coercitivo típico ou, mais precisamente, de uma técnica processual executiva a ser usada em face do descumprimento de determinada obrigação por meio da pressão psicológica, com ameaça à restrição de sua liberdade.
2. A utilização do rito prisional é faculdade conferida ao credor, expressamente contemplada pelo CPC (art. 528, § 8º), podendo ele optar pelo regime de cumprimento de sentença que reconhece a exigibilidade de obrigação de pagar quantia certa (arts. 523 a 527).
3. O **advogado** é indispensável auxiliar da justiça, da sua administração, e, por isso, é inviolável por seus atos e manifestações no exercício da profissão, nos limites da lei (CF, art. 133), sendo imperativo o reconhecimento de sua imunidade profissional para que possa exercer amplamente o seu múnus público.

4. O Supremo Tribunal Federal declarou a constitucionalidade do art. 7°-B do Estatuto da OAB, que prevê o direito público subjetivo do **advogado** de ser recolhido preso em sala de estado-maior e, na sua falta, em prisão domiciliar enquanto não transitar em julgado a sentença penal que o condenou, definindo que "a prisão do **advogado** em sala de Estado Maior é garantia suficiente para que fique provisoriamente detido em condições compatíveis com o seu múnus público [...] O múnus constitucional exercido pelo **advogado** justifica a garantia de somente ser preso em flagrante e na hipótese de crime inafiançável" (ADI n. 1.127, relator para o acórdão Ministro Ricardo Lewandowski, Tribunal Pleno, DJ de 10/6/2010). 5. Mais recentemente, o próprio STF vem adotando uma nova orientação, passando a considerar que, na ausência de dependência que se qualifique como sala de estado-maior, atende à exigência da Lei n. 8.906/1994 (art. 7°, V, in fine) "o recolhimento prisional em vaga especial na unidade penitenciária, desde que provida de 'instalações e comodidades condignas' e localizada em área separada dos demais detentos" (Rcl n. 19.286 AgR, relator Ministro Celso de Mello, Segunda Turma, DJ de 1°/6/2015). 6. A prerrogativa da sala de estado-maior não pode incidir na prisão civil do **advogado** que for devedor alimentar, desde que lhe seja garantido, por óbvio, um local apropriado, devidamente segregado dos presos comuns, nos termos expressos do art. 528, §§ 4° e 5°, do CPC/2015. 7. Em uma ponderação entre direitos fundamentais – o direito à liberdade e à dignidade humana do devedor **advogado** inadimplente de obrigação alimentícia versus o direito à tutela jurisdicional efetiva, à sobrevivência, à subsistência e à dignidade humana do credor –, promoveu o legislador constituinte a sua opção política em dar prevalência ao direito deste último, sem fazer nenhuma ressalva. 8. A autorização da prisão civil do devedor de alimentos é endereçada a assegurar o mínimo existencial ao credor. Admitir o seu cumprimento em sala de estado-maior ou de forma domiciliar, em

nome da prerrogativa do profissional **advogado,** redundaria, no limite, em solapar todo o arcabouço erigido para preservar a dignidade humana do credor de alimentos. Assim, é cabível a prisão civil do **advogado** devedor de alimentos.

9. A prerrogativa estipulada no art. 7º, V, do Estatuto da OAB é voltada eminentemente à prisão penal, mais precisamente às prisões cautelares determinadas antes do trânsito em julgado da sentença penal condenatória. A aplicação dos regramentos da execução penal, como forma de abrandar a prisão civil, acabará por desvirtuar a técnica executiva e enfraquecer a política pública estatal, afetando a sua coercibilidade, justamente o móvel que induz a conduta do devedor alimentar.

10. Na hipótese, o magistrado de piso determinou a prisão civil do executado por dois meses em regime fechado, haja vista o usual acúmulo de pensões não pagas por parte do impetrante, tendo especificado que "a ordem deverá ser cumprida de forma cumulativa (Comunicado CG n.º 1145/2015), mantendo-se o executado separado dos presos comuns". Ressalvou, ainda, a situação epidemiológica da cidade de Franca, destacando que o **advogado,** ora paciente, "seguramente recebeu todas as doses da vacina" (fls. 30-31). Assim, não há como afastar a ordem de prisão para o seu cumprimento em regime domiciliar.

11. Ordem de **habeas corpus** denegada. (Relator Ministro LUIS FELIPE SALOMÃO (1140), S2 – SEGUNDA SEÇÃO, j. 26/10/2022, DJe 27/12/2022).

EMENTA. RECURSO ORDINÁRIO EM HABEAS CORPUS. DEPOSITÁRIO INFIEL. PRISÃO CIVIL. ARGÜIÇÃO DE ILEGALIDADE. INEXISTÊNCIA. REEXAME DE PROVA. IMPOSSIBILIDADE. REGIME DOMICILIAR. CIRCUNSTÂNCIAS EXCEPCIONAIS. POSSIBILIDADE.

1. A despeito de a Suprema Corte ter-se posicionado no sentido da inaplicabilidade dos benefícios da legislação penal para os

CAPÍTULO 2 – PRERROGATIVAS E OAB NO STF

63

encarcerados por ilícitos civis, o Superior Tribunal de Justiça, em alguns julgados, tem abrandado esse rigorismo para, examinando as peculiaridades de cada caso, e em situações excepcionais, conceder o benefício da prisão domiciliar.

2. Na hipótese dos autos, o Paciente, pessoa de sessenta anos de idade, é "portador de cardiopatia grave e diabetes de difícil controle. Já foi submetido a revascularização miocárdica há 3 anos. Necessita de tratamentos especializados contínuos", conforme laudo médico.

3. Nesse contexto, o caso presente se enquadra na excepcionalidade exigida para que esta Corte, que se tem mostrada sensível, admita o regime domiciliar para o cumprimento da prisão civil do depositário infiel.

4. Recurso conhecido em parte e, nessa parte, provido. (RHC n. 13.165/SP, relatora Ministra Laurita Vaz, Segunda Turma, j. 1/10/2002, DJ 14/4/2003, p. 205).

EMENTA. RECURSO EM HABEAS CORPUS. PRISÃO CIVIL POR DÍVIDA DE ALIMENTOS. CONVERSÃO EM PRISÃO DOMICILIAR. EXCEPCIONALIDADE DA MEDIDA. CIRCUNSTÂNCIAS QUE AUTORIZAM A SUBSTITUIÇÃO.

1- Ação distribuída em 12/07/2016. Recurso ordinário interposto em 24/05/2017 e atribuído à Relatora em 17/07/2017.

2- O propósito recursal é definir apenas se é cabível a substituição da prisão civil por dívida de alimentos em prisão domiciliar.

3- A prisão civil possui função essencialmente coativa, uma vez que busca, por meio de uma técnica de coerção, refrear a eventual renitência do devedor e compeli-lo a adimplir, tempestivamente, a obrigação alimentar.

4- A substituição da prisão civil por prisão domiciliar é admitida apenas em situações excepcionais, tal como na espécie, em que o paciente demonstra ter sido acometido por doenças graves – esclerose múltipla, diabetes e poliartrose – que inspiram cuidados médicos contínuos, sem quais há risco de morte ou de danos graves à sua saúde e integridade física.

5- Recurso em habeas corpus provido.

(STJ – RHC: 86842 SP 2017/0167233-0, Relator: Ministra NANCY ANDRIGHI, j. 17/10/2017, T3 – TERCEIRA TURMA, DJe 19/10/2017).

EMENTA. HABEAS CORPUS. SUBSTITUTIVO DE RECURSO ORDINÁRIO. EXECUÇÃO DE ALIMENTOS. ALIMENTANTE ADVOGADO. INADIMPLÊNCIA VOLUNTÁRIA E INESCUSÁVEL. PRISÃO CIVIL. PEDIDO DE REDUÇÃO DO TEMPO DE CUMPRIMENTO DA MEDIDA. IMPOSSIBILIDADE DE APRECIAÇÃO. SUPRESSÃO DE INSTÂNCIA. PRETENSÃO DE TRANSFERÊNCIA PARA SALA DE ESTADO MAIOR OU CASA DO ALBERGADO OU DE CONVERSÃO EM PRISÃO DOMICILIAR. INADMISSIBILIDADE. A SEGREGAÇÃO CIVIL JÁ É UMA PRISÃO ESPECIAL. DIFERENÇAS ENTRE PRISÃO CIVIL E PRISÃO CRIMINAL. WRIT CONHECIDO EM PARTE E, NESSA EXTENSÃO, DENEGADO.

1. O STJ, em princípio, não pode apreciar diretamente em habeas corpus questão não debatida no tribunal apontado como autoridade coatora, sob pena de incorrer em indevida supressão de instância. Inadmissibilidade de exame da pretensão de redução do tempo de cumprimento da medida privativa de liberdade.

2. A prisão civil e a prisão criminal possuem naturezas e fundamentos jurídicos distintos. Não é recomendável, portanto, o devedor de alimentos inadimplente cumprir a medida restritiva da liberdade em sala de Estado Maior ou Casa do Albergado ou, ainda, obter o benefício da prisão domiciliar.

3. Apesar do Supremo Tribunal Federal ter reconhecido a constitucionalidade do art. 7º, V, da Lei 8.906/94 (Estatuto dos Advogados), na parte em que determina o recolhimento à prisão de advogados, antes de sentença transitada em julgado, em sala de Estado

Maior e, na sua falta, em prisão domiciliar, tal norma somente se aplica às prisões cautelares penais, não se refletindo nas prisões civis, ainda mais se considerar a hipótese de execução de alimentos definitivos oriundos de decisão já transitada em julgado ou de acordo homologado judicialmente.

4. O instituto da prisão civil por inadimplemento voluntário e inescusável de obrigação alimentícia – permitido pelos arts. 5º, LXVII, da CF, 7º, 7, da Convenção Americana sobre Direitos Humanos (Pacto de São José da Costa Rica), 18 e 19 da Lei 5.478/68 e 733, § 1º, do CPC – não constitui sanção penal, não ostentando, portanto, índole punitiva ou retributiva, mas, ao revés, é uma medida coercitiva, imposta com a finalidade de compelir o devedor recalcitrante a cumprir a obrigação de manter o sustento dos alimentandos, de modo que são inaplicáveis as normas que regulam o Direito Penal e a Execução Criminal.

5. Em casos excepcionais, como o indivíduo ser portador de moléstia grave, de necessidades especiais ou de idade avançada e o estabelecimento prisional não puder suprir tais necessidades de caráter contínuo, a jurisprudência vem admitindo outras formas de execução da medida restritiva da liberdade, como a prisão domiciliar, mas, mesmo nesses casos, o fundamento utilizado é constitucional, qual seja, a preservação da dignidade da pessoa humana – e não normas de índole penal.

6. A aplicação dos regramentos da execução penal, como forma de abrandar a prisão civil, poderá causar o desvirtuamento do instituto, já que afetará, de modo negativo, sua finalidade coercitiva, esvaziando, por completo, a medida de execução indireta da dívida alimentar, em detrimento do direito fundamental dos alimentandos à uma sobrevivência digna.

7. A prisão civil já é uma forma de prisão especial, pois os presos civis devem ser recolhidos em "estabelecimento adequado" e, na falta deste, "em seção especial da Cadeia Pública" (art. 201 da LEP – Lei 7.210/84). É dizer, a privação da liberdade dos alimentantes

inadimplentes deverá ser efetivada em local próprio, diverso do destinado aos presos criminais, o que preserva o devedor dos efeitos deletérios da convivência carcerária. Observância de tal regramento na espécie, já que o paciente se encontra segregado em uma sala administrativa, reservada, da Penitenciária local, não havendo contato com os presos comuns (aqueles que respondem ou responderam por algum delito).

8. A expressão "sala de Estado Maior" é anacrônica, não devendo o conceito ser restringido a um recinto dentro de quartel. Ao contrário, deve ser entendido como uma sala sem grades, possuidora de adequadas condições de higiene e segurança (comodidades condignas), o que a distingue de cela, cuja finalidade típica é o aprisionamento de alguém.

9. Habeas corpus parcialmente conhecido e, nessa extensão, denegado. (STJ – HC: 181231 RO 2010/0143236-8, Relator: Ministro VASCO DELLA GIUSTINA (DESEMBARGADOR CONVOCADO DO TJ/RS), j. 05/04/2011, T3 – TERCEIRA TURMA, DJe 14/04/2011).

(PRISÃO CIVIL – PROGRESSÃO DE REGIME) STF – HC 77527 (PRISÃO CIVIL – REGRAS DA EXECUÇÃO PENAL – DESVIO DE FINALIDADE) STF – HC 146712, HC-MC 182608.

Mas, no caso de decretação de prisão civil de advogado, há jurisprudência impedimento por suspeição de atuar nos casos que advoga:

EMENTA. DIREITO DE FAMÍLIA. PROCESSUAL CIVIL. HABEAS CORPUS. CUMPRIMENTO DE SENTENÇA. PRISÃO CIVIL DO DEVEDOR DE ALIMENTOS. PRÉ-EXISTÊNCIA DE AÇÕES PENAIS QUE ENVOLVEM O MAGISTRADO QUE DECRETOU A PRISÃO E O SUPOSTO DEVEDOR DE ALIMENTOS. HIPÓTESE TÍPICA DE IMPEDIMENTO (ART. 144, IX, DO CPC/15). RECONHECIMENTO DA QUEBRA DE IMPARCIALIDADE APENAS EM PROCESSO

DISTINTO DA EXECUÇÃO DE ALIMENTOS. IRRELEVÂNCIA. RECONHECIMENTO DO IMPEDIMENTO QUE PRODUZ EFEITO EXPANSIVO PARA TODOS OS PROCESSOS QUE ENVOLVEM AS PARTES. PRESERVAÇÃO DA ISENÇÃO E DA NEUTRALIDADE DO JULGAMENTO DA CAUSA. MODIFICAÇÃO DO ENQUADRAMENTO SE SE TRATAR DE AÇÕES PENAIS PÚBLICAS CONDICIONADAS À REPRESENTAÇÃO OU INCONDICIONADAS. JUIZ QUE, TECNICAMENTE, NÃO SERÁ AUTOR DA AÇÃO PENAL. CONFIGURAÇÃO DE SUSPEIÇÃO (ART. 145, I, DO CPC/15), ESPECIALMENTE QUANDO EVIDENTE A INIMIZADE. RECONHECIMENTO DA SUSPEIÇÃO QUE, DE IGUAL MODO, TAMBÉM PRODUZ EFEITO EXPANSIVO PARA TODOS OS PROCESSOS QUE ENVOLVEM AS PARTES. PRISÃO CIVIL POR DÍVIDA DE NATUREZA ALIMENTAR DECRETADA APÓS O RECONHECIMENTO DO IMPEDIMENTO/ SUSPEIÇÃO EM OUTRO PROCESSO. NULIDADE DA DECISÃO CONFIGURADA. CONCESSÃO DA ORDEM DE OFÍCIO.

1- O propósito do presente **habeas corpus** é definir se o reconhecimento de impedimento ou de suspeição do juiz em relação à parte ou ao **advogado** em determinado processo torna nula a decisão, por ele proferida em momento posterior e em processo distinto, por meio da qual decretou a prisão civil do mesmo **advogado,** em razão de dívida de natureza alimentar.

2- Embora tanto o impedimento, quanto também a suspeição, representem a quebra de neutralidade e de imparcialidade do julgador, a pré-existência de ações penais envolvendo, de um lado, o juiz, e de outro lado, a parte ou o seu **advogado,** é causa típica de impedimento (art. 144, IX, do CPC/15) e não de suspeição (art. 145, I, do CPC/15).

3- O impedimento para que o juiz atue em processo no qual a parte ou o **advogado** seja também réu de uma ação judicial por ele proposta se justifica porque as desavenças pessoais do juiz com as referidas pessoas podem comprometer à indispensável isenção no julgamento da causa, bem como para evitar que exista a possibilidade de manipulação do resultado de modo a favorecer o julgador no processo que o envolve como parte.

4- Não é lícito ao juiz presidir nenhum processo que envolva a parte ou **advogado** com quem litiga, na medida em que se trata de impedimento absoluto, pois ligado às partes ou seus representantes, razão pela qual existe a real possibilidade de comprometimento da neutralidade e da imparcialidade em relação a quaisquer causas que porventura os envolvam.

5- Ainda que, nas ações penais públicas condicionadas à representação ou nas incondicionadas, o juiz não seja, tecnicamente, o autor de ação penal em face da parte ou de seu **advogado,** impõe-se o reconhecimento de sua suspeição com base no art. 145, I, do CPC/15, especialmente quando se depreende do contexto fático a existência de evidente inimizade.

6- O juiz que reconheceu sua suspeição com fundamento em inimizade com a parte ou **advogado** tem a sua neutralidade e imparcialidade comprometidas em relação a quaisquer processos que os envolvam, ainda que a suspeição apenas tenha sido reconhecida em um desses processos.

7- O reconhecimento do impedimento com base no art. 144, IX, e também da suspeição com base no art. 145, I, ambos do CPC/15, uma vez lançado em algum dos processos que envolvem as partes ou advogados em conflito com o julgador, produzem efeitos expansivos em relação aos demais processos, inviabilizando a atuação do juiz em quaisquer deles, independentemente de expressa manifestação em cada um dos processos individualmente.

8- Hipótese em que o juiz se declarou suspeito (conquanto, em verdade, estivesse declarando o seu impedimento) em 25/04/2022, em pedido de alvará judicial requerido pelo paciente, mas, ainda assim, decretou a sua prisão civil por dívida de alimentos, em outro processo, em 31/05/2022, vindo a reconhecer o seu impedimento, na execução de alimentos, apenas em 04/08/2022.

9- Não é lícito ao juiz que litiga contra a parte ou o **advogado** que reconhecidamente é seu inimigo decretar a sua prisão civil por dívida de alimentos, ainda que, por hipótese, estejam presentes os requisitos para adoção da medida coativa extrema, eis que a questão relativa à quebra de neutralidade e de imparcialidade é antecedente ao exame de mérito da questão, razão pela qual a decisão que decretou a prisão civil do paciente é nula.

10- Ordem concedida de ofício, confirmando-se a liminar anteriormente concedida; embargos de declaração opostos pelo impetrante em face da decisão liminar prejudicados. (HC 762105 / SP 2022/0245659-8, Relatora Ministra NANCY ANDRIGHI (1118), T3 – TERCEIRA TURMA, j. 25/10/2022, DJe 28/10/2022).

No TJSP há precedente de deferimento de *habeas corpus* concedendo prisão domiciliar a advogado por inexistência de Sala de Estado Maior (Relator Luis Augusto de Sampaio Arruda, *Habeas Corpus* Criminal 2143126-16.2019.8.26.0000 Impetrante: C. F. da O. dos A. do B. C. Paciente: C. L. A. A. B.).

EMENTA. PEDIDO DE RECONSIDERAÇÃO RECEBIDO COMO AGRAVO REGIMENTAL. INVIABILIADE DE DEFERIMENTO DA MEDIDA URGENTE. CONVERSÃO DA PRISÃO PREVENTIVA EM DOMICILIAR. AUSÊNCIA DE SALA DE ESTADO MAIOR. NECESSIDADE DE APROFUNDAMENTO NO EXAME DOS AUTOS. PEDIDO DE RECONSIDERAÇÃO RECEBIDO COMO AGRAVO REGIMENTAL AO QUAL SE NEGA CONHECIMENTO. 1. No presente caso, ao contrário do pretendido pela defesa, os documentos acostados as fls. 249/250 dos autos não tem o condão de, em juízo de pré-delibação, autorizar a conversão da prisão preventiva em domiciliar com fulcro no art. 7º, V da **Lei** n. **8906/94** na medida em que não especifica as condições individuais em que custodiado, mas se resume a atestar aquilo que já consta do acórdão objurgado, de onde se colhe que a ausência de sala de Estado Maior não autoriza, necessariamente, o recolhimento em regime domiciliar, principalmente quando determinado pela autoridade judiciária a segregação em cela individual, separado o paciente dos outros presos, observadas as condições mínimas de salubridade e dignidade humana, asseguradas as **prerrogativas** legalmente estabelecidas, não restando configurado constrangimento ilegal (fls. 221/222). 2. A jurisprudência desta Corte é pacífica no sentido de que não cabe recurso contra a decisão do relator que, em habeas corpus, defere ou indefere a liminar, de forma motivada. Precedente. 3. Pedido de reconsideração recebido como agravo regimental, ao qual se nega conhecimento.

ACÓRDÃO

Vistos, relatados e discutidos os autos em que são partes as acima indicadas, acordam os Ministros da Sexta Turma do Superior Tribunal de Justiça, na conformidade dos votos e das notas taquigráficas a seguir, por unanimidade, receber o pedido de reconsideração como agravo regimental, do qual não conhecer, nos termos do voto do Sr. Ministro Relator. Os Srs. Ministros Antonio Saldanha Palheiro, Maria Thereza de Assis Moura, Sebastião Reis Júnior e Rogerio Schietti Cruz votaram com o Sr. Ministro Relator.

INFORMAÇÕES COMPLEMENTARES À EMENTA

"[...] a jurisprudência desta Corte Superior é pacífica no sentido de que justifica a prisão preventiva o fato de o acusado integrar organização criminosa, em razão da garantia da ordem pública, quanto mais diante da complexidade dessa organização, evidenciada no número de integrantes (e/ou presença de diversas frentes de atuação; e/ou contatos no exterior)".

"[...] esta Corte tem entendido pela existência de fundamentos concretos quando a prisão se deu em razão das ameaças dirigidas às testemunhas, vítimas ou outras pessoas chamadas ao processo [...]". (RCD no HC 421904 / GO 2017/0276651-5, Relator Ministro NEFI CORDEIRO (1159), T6 – SEXTA TURMA, j. 05/12/2017, DJe 12/12/2017).

2.6 Sustentação oral do Advogado

Declarou inconstitucional o inciso IX[17], do art. 7º, que garantia o advogado falar depois do voto do relator, por maioria vencidos os Ministros Relatores e Sepúlveda Pertence.

O uso da palvra é garantido hoje pelo inciso X do art. 7º da Lei 8906/94 aperfeiçoado pela Lei 14.365/22:

> X – usar da palavra, pela ordem, em qualquer tribunal judicial ou administrativo, órgão de deliberação coletiva da administração pública ou comissão parlamentar de inquérito, mediante intervenção pontual e sumária, para esclarecer equívoco ou dúvida surgida em relação a fatos, a documentos ou a afirmações que influam na decisão; (Redação dada pela Lei nº 14.365, de 2022)

A nova redação fez com que o STJ alterasse a jurisprudência permitindo a sustentação em agravos regimentais contra decisões monocráticas:

> EMENTA. EMBARGOS DE DECLARAÇÃO NO AGRAVO REGIMENTAL NO AGRAVO EM RECURSO ESPECIAL. DENUNCIAÇÃO CALUNIOSA. OMISSÕES INEXISTENTES. SUSTENTAÇÃO ORAL NO JULGAMENTO DE AGRAVO REGIMENTAL. IMPOSSIBILIDADE. AGRAVO REGIMENTAL JULGADO PREVIAMENTE À EDIÇÃO **DA** LEI N. 14.365/22. CRIME IMPOSSÍVEL. OMISSÃO. NÃO OCORRÊNCIA. PLEITO QUE SE CONFUNDE COM A TESE RELATIVA AO MOMENTO CONSUMATIVO DO DELITO DE DENUNCIAÇÃO CALUNIOSA. AUSENTE O PREQUESTIONAMENTO. 1. Apenas se admitem os embargos de declaração quando evidenciada deficiência no acórdão recorrido com efetiva obscuridade,

---

17 A redação original era " IX – sustentar oralmente as razões de qualquer recurso ou processo, nas sessões de julgamento, após o voto do relator, em instância judicial ou administrativa, pelo prazo de quinze minutos, salvo se prazo maior for concedido;" (Vide ADIN 1.127-8) (Vide ADIN 1.105-7)

contradição, ambiguidade ou omissão, conforme o art. 619 do CPP.

2. No âmbito desta Corte, não se admitia sustentação oral no julgamento de agravo regimental, conforme disposto no art. 159, IV, do RISTJ. Referida disposição regimental, contudo, perdeu vigência em 3/6/2022, quando publicada a Lei n. 14.365/22, que alterando o **Estatuto da Advocacia** (Lei 8.906/94), acresceu ao art. 7º o § 2º-B, passando a admitir a realização de sustentação oral nos recursos interpostos contra decisão monocrática.

3. Não obstante, tal previsão legal é de natureza processual, possuindo efeitos "ex nunc", de modo que aplicável tão somente aos pedidos de sustentação oral realizados após a vigência da norma, o que não contempla a hipótese dos autos. Ao tempo do julgamento, vigia o art. 159, IV, da RISTJ, cuja previsão vedava a sustentação oral.

4. Existindo fundamentação idônea acerca do afastamento do pleito de crime impossível, haja vista a ausência de prequestionamento da matéria e o fato de a referida pretensão, em certo ponto, até mesmo se confundir com a rechaçada tese relativa ao momento consumativo do delito, uma vez que, em ambas as situações, a questão de fundo diz respeito à necessidade ou não de recebimento da denúncia/queixa-crime para a configuração do crime, não se prestam os embargos de declaração para a rediscussão do acórdão impugnado quando revelado mero inconformismo com o resultado do julgamento.

5. Embargos de declaração rejeitados. (STJ, EDcl no AgRg no AREsp 1994946 / RS 2021/0317898-3, Relator Ministro OLINDO MENEZES (DESEMBARGADOR CONVOCADO DO TRF 1ª REGIÃO) (1180), T6 – SEXTA TURMA, j. 16/08/2022, DJe 19/08/2022).

A OAB/RJ obteve importante precedente em Mandado de Segurança garantindo sustentação oral dos advogados:

ACÓRDÃO

Mandado de Segurança. Direito Processual Civil. Ato da autoridade coatora que impossibilitou a sustentação oral pela patrona da impetrante, apesar de postulada em tempo hábil.

Princípios do contraditório e da ampla defesa. Código de Processo Civil positiva um fenômeno há muito debatido pela doutrina e jurisprudência pátrias, a constitucionalização do processo, que compreende as normas processuais como garantias constitucionais, bem como que reconhece a necessidade de se desenvolver o processo a partir dos direitos fundamentais.

Deve ser assegurado aos litigantes, o contraditório em todas as suas formas, entre elas, a sustentação oral, momento em que oportunizado à parte influenciar na solução do processo demonstrando seus motivos e ressaltando questões de fato determinantes para o julgamento do recurso.

Do mesmo modo, a sustentação oral, repita-se, prerrogativa do advogado, mostra-se útil para suscitar alguma questão de direito de conhecimento 'ex officio', até então não arguida nos autos, como a falta de pressupostos de constituição e desenvolvimento válido e regular do processo, perempção, litispendência ou coisa julgada, e, ainda, prescrição.

Prerrogativa expressamente prevista no art. 937, inciso VIII e § 4º, do CPC.

Precedentes citados: Recurso Especial nº 1.903.730 – RS, Data do Julgamento: 08 de junho de 2021, Relatoria Ministra Nancy Andrighi.

Concessão da ordem.

Mandado de segurança com pedido liminar impetrado contra ato do Exmo. JDS Desembargador Marcelo Almeida de Moraes Marinho, membro da 19ª Câmara Cível deste E. Tribunal, nos autos do agravo de instrumento nº 0069883-97.2021.8.19.0000.

...

garantia do contraditório e da ampla defesa foi elevada ao plano constitucional, no Brasil, pela atual Constituição Federal, no inciso LV do artigo 5º:

Aos litigantes, em processo judicial ou administrativo, e aos acusados em geral são assegurados o contraditório e ampla defesa, com os meios e recursos a ela inerentes.

Por sua vez, o processo judicial, ante sua característica eminentemente dialética, encontra-se sob a égide do mencionado Princípio do contraditório.

Neste passo, atualmente é frequente ouvir a expressão "Constitucionalização do Processo Civil".

Isso porque o Código de Processo Civil positiva um fenômeno há muito já observado e analisado pela doutrina e jurisprudência pátrias, a constitucionalização do processo, que compreende as normas processuais como garantias constitucionais contra o arbítrio do Estado, bem como que reconhece a necessidade de se desenvolver o processo a partir dos direitos fundamentais.

Vejamos o que dispõe o art. 1º, do CPC, in verbis:

O processo civil será ordenado, disciplinado e interpretado conforme os valores e as normas fundamentais estabelecidos na Constituição da República Federativa do Brasil, observando-se as disposições deste Código.

Na exposição de motivos do CPC, fica evidente a intenção do legislador de assegurar que a norma infraconstitucional seja um instrumento na concretização das garantias constitucionais:

[...] A necessidade de que fique evidente a harmonia da lei ordinária em relação à Constituição Federal da República fez com que se incluíssem no Código, expressamente, princípios constitucionais, na sua versão processual[...]

Portanto, deve ser assegurado aos litigantes, o contraditório em todas as suas formas, entre elas, a sustentação oral, momento em que oportunizado à parte influenciar na solução do processo, demonstrando seus motivos e ressaltando questões de fato determinantes para o julgamento do recurso.

Do mesmo modo, a sustentação oral, repita-se, prerrogativa do advogado, mostra-se útil para suscitar alguma questão de direito de conhecimento ex officio, até então não arguida nos autos, como a falta de pressupostos de constituição e desenvolvimento válido e regular do processo, perempção, litispendência ou coisa julgada, e, ainda, prescrição.

Dispõe o inciso VIII, do art. 937, do CPC, in verbis:

Art. 937. Na sessão de julgamento, depois da exposição da causa pelo relator, o presidente dará a palavra, sucessivamente, ao recorrente, ao recorrido e, nos casos de sua intervenção, ao membro do Ministério Público, pelo prazo improrrogável de 15 (quinze) minutos para cada um, a fim de sustentarem suas razões, nas seguintes hipóteses, nos termos da parte final do caput do art. 1.021 :

[...]

VIII – no agravo de instrumento interposto contra decisões interlocutórias que versem sobre tutelas provisórias de urgência ou da evidência

...

Prevê ainda o dispositivo supracitado, em seu parágrafo quarto:

§ 4º É permitido ao advogado com domicílio profissional em cidade diversa daquela onde está sediado o tribunal realizar sustentação oral por meio de videoconferência ou outro recurso tecnológico de transmissão de sons e imagens em tempo real, desde que o requeira até o dia anterior ao da sessão.

Portanto, a negativa de sustentação oral mostra-se irremediavelmente eivada de vício, devendo ser revista, de modo a garantir o cumprimento das garantias constitucionais e das prerrogativas de atuação do advogado.

Neste sentido:

Recurso Especial nº 1.903.730 – RS, Data do Julgamento: 08 de junho de 2021, Relatoria Ministra Nancy Andrighi

Mandado de Segurança nº 0079838-55.2021.8.19.0000.jbr

RECURSO ESPECIAL. AÇÃO DE DISSOLUÇÃO PARCIAL DE SOCIEDADE E APURAÇÃO DE HAVERES. NEGATIVA DE PRESTAÇÃO JURISDICIONAL. SÚMULA 284/STF. DIREITO PROCESSUAL CIVIL. CERCEAMENTO DE DEFESA. PEDIDO DE JULGAMENTO EM SESSÃO PRESENCIAL FORMULADO ADEQUADA E TEMPESTIVAMENTE. INDEFERIMENTO DURANTE O JULGAMENTO. SUSTENTAÇÃO ORAL DA PARTE VENCIDA INVIABILIZADA. VIOLAÇÃO DO ART. 937, VIII, DO CPC/15.

1. Ação ajuizada em 21/9/2018. Recurso especial interposto em 23/7/2020. Autos conclusos à Relatora em 3/2/2021.

2. O propósito recursal consiste em definir se houve negativa de prestação jurisdicional e se ficou caracterizado cerceamento ao direito de defesa do recorrente.

3. Consoante art. 937, VIII, do CPC/15, tratando-se de agravo de instrumento interposto contra decisão interlocutória que versa sobre tutela provisória de urgência ou de evidência – como na hipótese dos autos –, incumbe ao Presidente da sessão de julgamento, antes da prolação dos votos, conceder a palavra aos advogados que tenham interesse em sustentar oralmente.

4. Cuida-se de dever imposto, de forma cogente, a todos os tribunais, em observância aos princípios constitucionais do contraditório e da ampla defesa.

5. Quando o indeferimento do pedido de retirada de pauta virtual formulado adequadamente ocorrer no próprio acórdão que apreciar o recurso, e tiver como efeito inviabilizar a sustentação oral da parte que ficou vencida, há violação da norma legal precitada. RECURSO ESPECIAL PARCIALMENTE CONHECIDO E PROVIDO.

(sem destaque no original)

Destaque-se, por oportuno o seguinte trecho do julgado acima citado:

[...]Cabe transcrever, por oportuno, trecho do brilhante voto proferido pelo e. Min. Celso de Mello acerca da questão controvertida, que, embora relacionado à matéria penal, revela-se absolutamente pertinente à hipótese:

'A realização dos julgamentos pelo Poder Judiciário, além da exigência constitucional de sua publicidade (CF, art. 93, IX), supõe, para efeito de sua válida efetivação, a observância do postulado que assegura ao réu a garantia da ampla defesa. A sustentação oral constitui ato essencial à defesa. A injusta frustração dessa prerrogativa qualifica-se como ato hostil ao ordenamento constitucional. O desrespeito estatal ao direito do réu à sustentação oral atua como causa geradora da própria invalidação formal dos julgamentos realizados pelos Tribunais' (HC 71.551, 1ª Turma, DJ 06/12/1996).

[...]

Portanto, evidenciada a violação de norma cogente inscrita no CPC, entendo que deve ser concedida a ordem para anular o julgamento, incluindo-se o feito em nova pauta, de modo a possibilitar a advogada o exercício de sua prerrogativa de sustentação oral. Diante de todo o exposto, voto pela concessão da ordem para determinar que novo julgamento seja realizado pela 19ª Câmara Cível, possibilitando-se à advogada da impetrante a sustentação oral.

Rio de Janeiro, 17 de outubro de 2022. Nagib Slaibi – Relator. Desembargador BERNARDO MOREIRA GARCEZ NETO. (Mandado de Segurança nº 0079838-55.2021.8.19.0000, Impetrante: O. R. dos S., Advogada: Doutora Fatima Cristina Ferreira Machado, Impetrado: Desembargador Relator do Agravo de Instrumento nº 0069883-97.2021.8.19.0000 , Amicus Curiae: Ordem dos Advogados do Brasil – Seção do Estado do Rio de Janeiro , Advogada: Doutora Sheila Mafra da Silveira Duarte).

2.7 Indispensabilidade de Advogado

A ação julgou a constitucionalidade do § 2º do art. 10 que exige que "os atos e contratos constitutivos de pessoas jurídicas" precisam ser visados por advogados como exigência para registro.

No entanto, a Adin 1.127-8 julgou inconstitucional a indispensabilidade em qualquer órgão do judiciário constante no art. 7º. A decisão considerou que:

Se a opção política, contida na regra impugnada, é censurável porque se destina, claramente apenas a ampliar o mercado de trabalho da nobre classe dos advogados, sem outras preocupações, que a realidade brasileira torna impositivas, aquele preceito não resiste ao confronto com os arts. 98, I e II[18], 116[19] e 5º, XXXIV, a[20], e XXXV[21] da Constituição Federal, tornando-se indispensável, a declaração de sua inconstitucionalidade.

É de se observar que, à época do julgamento, a justiça do trabalho ainda contava com juízes classistas, sendo parte do fundamento:

> A tradição vitoriosa, alcançam também a necessidade de representação do reclamante perante a Justiça do Trabalho de primeira instância, esses também compostos por maioria de juízes classistas leigos conforme o art. 166 da Constituição, que também o dispositivo contrariou.

O art. 116 da CLT tinha a seguinte redação: "Art. 116. A Junta de Conciliação e Julgamento será composta de um juiz do trabalho, que a presidirá, e dois juízes classistas temporários, representantes dos empregados e dos empregadores" – foi alterado na reforma da Emenda Constitucional 24 de 1999 para: "Art. 116. Nas Varas do Trabalho, a jurisdição será exercida por um juiz singular".

---

18 Art. 98. A União, no Distrito Federal e nos Territórios, e os Estados criarão:
I – juizados especiais, providos por juízes togados, ou togados e leigos, competentes para a conciliação, o julgamento e a execução de causas cíveis de menor complexidade e infrações penais de menor potencial ofensivo, mediante os procedimentos oral e sumaríssimo, permitidos, nas hipóteses previstas em lei, a transação e o julgamento de recursos por turmas de juízes de primeiro grau;
II – justiça de paz, remunerada, composta de cidadãos eleitos pelo voto direto, universal e secreto, com mandato de quatro anos e competência para, na forma da lei, celebrar casamentos, verificar, de ofício ou em face de impugnação apresentada, o processo de habilitação e exercer atribuições conciliatórias, sem caráter jurisdicional, além de outras previstas na legislação.

19 Art. 116. Nas Varas do Trabalho, a jurisdição será exercida por um juiz singular.

20 Art. 5º. Todos são iguais perante a lei, sem distinção de qualquer natureza, garantindo-se aos brasileiros e aos estrangeiros residentes no País a inviolabilidade do direito à vida, à liberdade, à igualdade, à segurança e à propriedade, nos termos seguintes:
XXXIV – são a todos assegurados, independentemente do pagamento de taxas:
a) o direito de petição aos Poderes Públicos em defesa de direitos ou contra ilegalidade ou abuso de poder;

21 XXXV – a lei não excluirá da apreciação do Poder Judiciário lesão ou ameaça a direito;

CAPÍTULO 2 – PRERROGATIVAS E OAB NO STF

A ação retirou das atividades privativas da advocacia atuação dos advogados no Juizado de Pequenas Causas, na Justiça de Trabalho e Justiça de Paz, que se encontram no art. 1°, inc. I, da Lei 8906/94.

Ocorre que, em 1995, o art. 9°[22] da Lei 9099/99 dispensou a presença do advogado e esse dispositivo foi julgado constitucional em outra ADI 1539, em 24 de abril de 2003 (DJ de 5 de dezembro de 2003).

> 1. Juizado Especial. Lei 9.099/95, artigo 9°. Faculdade conferida à parte para demandar ou defender-se pessoalmente em juízo, sem assistência de advogado. Ofensa à Constituição Federal. Inexistência. Não é absoluta a assistência do profissional da advocacia em juízo, podendo a lei prever situações em que é prescindível a indicação de advogado, dados os princípios da oralidade e da informalidade adotados pela norma para tornar mais célere e menos oneroso o acesso à justiça. Precedentes.

É de todo modo de se lembrar que o *habeas corpus*, o mais importante remédio constitucional, não exige a participação do advogado, como bem acentuou o Ministro Gilmar Mendes[23] no acórdão da ADI.

---

22 Art. 9° Nas causas de valor até vinte salários-mínimos, as partes comparecerão pessoalmente, podendo ser assistidas por advogado; nas de valor superior, a assistência é obrigatória.

§ 1° Sendo facultativa a assistência, se uma das partes comparecer assistida por advogado, ou se o réu for pessoa jurídica ou firma individual, terá a outra parte, se quiser, assistência judiciária prestada por órgão instituído junto ao Juizado Especial, na forma da lei local.

§ 2° O Juiz alertará as partes da conveniência do patrocínio por advogado, quando a causa o recomendar.

§ 3° O mandato ao advogado poderá ser verbal, salvo quanto aos poderes especiais.

§ 4° O réu, sendo pessoa jurídica ou titular de firma individual, poderá ser representado por preposto credenciado.

§ 4° O réu, sendo pessoa jurídica ou titular de firma individual, poderá ser representado por preposto credenciado, munido de carta de preposição com poderes para transigir, sem haver necessidade de vínculo empregatício. (Redação dada pela Lei n° 12.137, de 2009)

Art. 10. Não se admitirá, no processo, qual

23 Sepúlveda Pertence faz uma importante observação: Quanto ao habeas corpus, o Plenário decidiu, no HC n° 67.390, que o seu caráter, que tende a uma ação popular, não foi afetado pela Constituição. E também quanto à revisão, HC n° 72.981.

A ação direta de Inconstitucionalidade do art. 791 da CLT foi a ADI 1539.

Ocorre que a Lei 10259/2001 permitiu, pelo art. 10, a parte indicar um representante não advogado: "Art. 10. As partes poderão designar, por escrito, representantes para a causa, advogado ou não".

O Tribunal, por maioria, nos termos do voto do Relator, afastou a inconstitucionalidade do dispositivo impugnado, desde que excluídos os feitos criminais, respeitado o teto estabelecido no art. 3º, e sem prejuízo da aplicação subsidiária integral dos parágrafos do art. 9º da Lei nº 9.099, de 26 de setembro de 1995, vencidos, parcialmente, os Senhores Ministros Carlos Britto, Celso de Mello e Sepúlveda Pertence, que especificavam ainda que o representante não poderia exercer atos postulatórios. Votou a Presidente, Ministra Ellen Gracie. Ausente, justificadamente, neste julgamento, o Senhor Ministro Marco Aurélio. Falou pelo requerente o Dr. Marcello Mello Martins. Plenário, 08.06.2006.

Nos termos do voto do Ministro Ricardo Lewandowski:

> O que eu afirmo – e nesse sentido peço vênia para afirmar isso com todas as letras, filiando-me à posição do eminente Ministro Carlos Britto – é que essa indispensabilidade do advogado não pode ser restringida por lei alguma, esta é uma garantia institucional de caráter absoluto. O que se pode, na verdade, é dispensar a presença do advogado em determinados atos judiciais. O que não se pode, repito, é proibir sua participação.

2.8 Acesso aos autos

O Supremo Tribunal editou Súmula garantindo acesso aos autos aos advogados:

Súmula vinculante 14
Enunciado
É direito do defensor, no interesse do representado, ter acesso amplo aos elementos de prova que, já documentados em procedimento investigatório realizado por órgão com competência de polícia judiciária, digam respeito ao exercício do direito de defesa.

Data de Aprovação

São inúmeros precedentes do STJ concedendo ordem de Mandado de Segurança assegurando acesso a autos a advogados:

> EMENTA. RECURSO ORDINÁRIO. MANDADO DE SEGURANÇA. ADVOGADO. PEDIDO DE OBTENÇÃO DE CÓPIAS DE PROCESSO ADMINISTRATIVO PARA FINS DE INSTRUÇÃO DE AÇÃO JUDICIAL. PROCESSO NÃO SUJEITO A SIGILO. POSSIBILIDADE. ART. 5º, XXXIII E XXXIV, CF E 7º, XIII, DA **LEI** 8.906/94. I- O art. 7º, XIII, da **Lei nº 8906/94** assegura aos advogados o exame, em qualquer órgão público, de autos de processos judiciais ou administrativos, findos ou em andamento, desde que não submetidos a sigilo, inclusive assegurando-lhe a obtenção de cópias. II – O direito de pedir e obter certidões em repartições públicas, para defesa e garantia de direito próprio, é garantia constitucional assegurada a todos, desde que as informações obtidas não possam causar qualquer prejuízo à segurança da sociedade e do Estado, cabendo tão-somente ao indivíduo ser responsabilizado pelo uso indevido que fizer de tais informações.
> Recurso ordinário provido. (RMS 23071 / MT 2006/0240026-3, Relator Ministro FELIX FISCHER (1109), T5 – QUINTA TURMA, j. 10/04/2007, DJ 04/06/2007 p. 382).

> EMENTA. PENAL E PROCESSUAL PENAL. RECURSO EM MANDADO DE SEGURANÇA. CRIMES CONTRA A ORDEM TRIBUTÁRIA E CONTRA O SISTEMA FINANCEIRO NACIONAL. INQUÉRITO POLICIAL. NECESSIDADE DE DECRETAÇÃO DE QUEBRAS DE SIGILO BANCÁRIO E FISCAL. SIGILO INCOMPATÍVEL COM GARANTIAS CONSTITUCIONAIS DO INVESTIGADO. RECURSO A QUE SE DÁ PROVIMENTO.
> 1. Ao inquérito policial não se aplica o princípio do contraditório, porquanto é fase investigatória, preparatória da acusação,

destinada a subsidiar a atuação do órgão ministerial na persecução penal.

2. Deve-se conciliar os interesses da investigação com o direito de informação do investigado e, conseqüentemente, de seu advogado, de ter acesso aos autos, a fim de salvaguardar suas garantias constitucionais.

3. "Do plexo de direitos dos quais é titular o indiciado ? interessado primário no procedimento administrativo do inquérito policial ?, é corolário e instrumento a prerrogativa do advogado de acesso aos autos respectivos, explicitamente outorgada pelo Estatuto da Advocacia (L. **8906/94,** art. 7º, XIV), da qual ? ao contrário do que previu em hipóteses assemelhadas ? não se excluíram os inquéritos que correm em sigilo: a irrestrita amplitude do preceito legal resolve em favor da prerrogativa do defensor o eventual conflito dela com os interesses do sigilo das investigações" (HC 82.354/PR, Rel. Min. SEPÚLVEDA PERTENCE, DJ de 24/9/2994, p. 42).

4. Recurso a que se dá provimento. (RMS 16665 / PR 2003/0077121-0, Relator Ministro ARNALDO ESTEVES LIMA (1128), T5 – QUINTA TURMA, j. 14/03/2006, DJ 14/08/2006 p. 301).

EMENTA. RECURSO ORDINÁRIO EM MANDADO DE SEGURANÇA – DESPACHO – INEXISTÊNCIA DE RECURSO PRÓPRIO – MANDADO DE SEGURANÇA – CABIMENTO – ACESSO AOS AUTOS – VISTA FORA DE CARTÓRIO – PRERROGATIVA DO ADVOGADO – LEGITMIDADE – AUSÊNCIA DE SIGILO – GARANTIA DO ESTATUTO DA OAB E DO CÓDIGO DE PROCESSO CIVIL – RECURSO PROVIDO. 1. Violação ao artigo 535 do Código de Processo Civil. Inocorrência. Acórdão estadual claro e suficientemente fundamentado, tendo a Corte local analisado todas as questões essenciais ao deslinde da controvérsia, ainda que de forma contrária aos interesses da parte. 2. O ato judicial que determinou a remessa dos autos ao Tribunal de Justiça tem natureza de despacho, porquanto conferiu andamento ao processo. Nesse contexto, inexistindo recurso próprio para discutir o referido ato judicial (art. 504, do CPC), cabível o manejo de mandado de segurança. Escólio doutrinário. 3. O artigo 7º, incisos XIII e XV, da Lei nº 8.906/94, Estatuto da Advocacia, prescreve como prerrogativas do Advogado:"(...) XIII – examinar, em qualquer órgão dos Poderes Judiciário e Legislativo, ou da administração pública em geral, autos de processos findos ou em andamento, mesmo sem procuração, quando não estejam sujeitos a sigilo, assegurada a obtenção de cópias, podendo tomar apontamentos" e "XV – ter vista dos processos judiciais ou administrativos de qualquer natureza, em cartório ou na repartição competente, ou retirá-los pelos prazos legais". 3.1. A razão hermenêutica dessa garantia repousa no complexo de direitos dos quais são titulares as partes – seja autor, seja réu – cujo corolário é a prerrogativa do advogado em ter acesso aos autos respectivos, segurança explicitamente outorgada pelo Estatuto da Advocacia (lei n.º 8.906/94), e da qual a exegese no sentido de impor obstáculo ao defensor devidamente constituído esvaziaria uma garantia constitucional prevista no art. 5º, inciso LV, da CF 3.1.1. A impossibilidade de vista aos autos pelo advogado, ora recorrente, prejudica, sem dúvida, a defesa técnica de seu constituinte, cuja assistência o profissional não poderá prestar- lhe adequadamente se é sonegado o acesso amplo aos autos sobre o qual litiga. Precedentes do STJ e do STF. 4. O Estatuto da Advocacia – ao dispor sobre o acesso do advogado aos autos de procedimentos estatais – sejam eles judiciais ou administrativos – assegura-lhe, como típica garantia de ordem profissional, o direito de examinar os autos, sempre em benefício de seu constituinte, e em ordem a viabilizar, quanto a este, o exercício do direito de conhecer os elementos probatórios, bem como influir na decisão do Juiz, possibilitando-se o exercício dos direitos básicos de que também é titular, no exercício de sua função, porquanto, segundo o art. 133, da Constituição Federal, é indispensável à administração da Justiça. 5. Recurso ordinário em mandado de segurança parcialmente provido. (RMS 45649 / SP 2014/0124090-5, Relator Ministro MARCO BUZZI (1149), T4 – QUARTA TURMA, j. 07/04/2015, DJ 16/04/2015).

EMENTA. RECURSO ESPECIAL. PRERROGATIVAS DA ADVOCACIA. OMISSÃO. NÃO CONSTATAÇÃO. LEGITIMIDADE PARA BUSCAR TUTELA JURISDICIONAL. ADVOGADO. 1. Não caracteriza omissão quando o tribunal adota outro fundamento que não aquele defendido pela parte 2. Apenas o advogado é titular das prerrogativas inerentes ao exercício de sua profissão, e não quem o constitui, sendo, portanto, o advogado aquele que detém legitimidade para ajuizar ação em decorrência de apontadas violações a tais direitos. 3. Recurso especial conhecido em parte e, na extensão, provido. (REsp 735668 / SC 2005/0047037-2, Relator Ministro LUIS FELIPE SALOMÃO (1140), T4 – QUARTA TURMA, j. 07/04/2011, DJ 04/05/2011).

EMENTA. PROCESSUAL CIVIL. ADMINISTRATIVO. PROCESSO ADMINISTRATIVO. CONSELHO REGIONAL DE MEDICINA. ERRO MÉDICO. VISTA DOS AUTOS FORA DO CARTÓRIO. PRERROGATIVA FUNCIONAL DO ADVOGADO CONSTITUÍDO PELA PARTE INTERESSADA. POSSIBILIDADE. ART. 7° DA LEI 8.906/94 E ART. 3°, INCISOS II E IV DA LEI 9.784/99. 1. O advogado, consoante dispõe o art. 7° da Lei 8.906/94, ostenta como prerrogativa o direito de vista de feitos administrativos ou judiciais capazes de restringir direitos, liberdades ou garantias subjetivas, máxime porque a omissão de defesa ou a defesa deficiente, em razão da falta de acesso às acusações, lesa o interesse, o direito ou a liberdade da pessoa representada pelo Advogado, e não o próprio profissional. Precedentes do STJ: HC 123343/SP, Relator Ministro LUIZ FUX, DJ de 09.12.2008; RMS 23.071/MT, Rel. Ministro FELIX FISCHER, QUINTA TURMA, DJ 04/06/2007; e MS 6.356/DF, Rel. Ministro JOSÉ DELGADO, PRIMEIRA SEÇÃO, DJ 17/12/1999. 2. O dever de sigilo propugnado pela autoridade coatora, ora Recorrente, não pode obstar a livre atuação do advogado, tampouco prejudicar o indiciado. Na realidade, o Advogado é responsável pela manutenção do sigilo profissional no que pertine a fatos que não são afetos ao interesse do seu patrocinado e, para essa violação, há imputação criminal específica, devendo ser resguardada a defesa eficiente do paciente. 3. O próprio Código de Processo Penal determina, expressamente, em seu art. 20, que "a autoridade assegurará no inquérito o sigilo necessário à elucidação do fato ou exigido pelo interesse da sociedade". Nesse sentido, o segredo das investigações deve ser mantido para que não se coloque em risco a eficácia do procedimento inquisitorial de apuração dos fatos tidos por ilícitos. 4. A garantia estabelecida pelo art. 7°, XIV do Estatuto dos Advogados do Brasil, constitui interesse primário de indiciado em procedimento que possa acarretar em cerceamento de sua liberdade, o acesso aos autos da investigação, justamente nos resultados que já constem do feito. Por outro lado, caso venha a se violar o segredo de justiça, utilizando-se as informações obtidas para fins outros que a defesa do paciente, responderá o responsável nos termos da lei aplicável pelos delitos que cometeu. Ressalte-se que a adequação do sigilo da investigação com o direito constitucional à informação do investigado devem se coadunar no acesso restrito do indiciado às diligências já realizadas e acostadas aos autos, , não sendo possível, assim, sob pena de ineficácia do meio persecutório, que a defesa tenha acesso, "à decretação e às vicissitudes da execução de diligências em curso." (HC n° 82354/PR, 1ª Turma, Rel. Min. Sepúlveda Pertence, DJ de 24/09/2004). 5. Ademais, a Lei 9.784/99, que regula o processo administrativo no âmbito da Administração Pública Federal, em seu art. 3°, incisos II e IV, assegura ao administrado o direito de vista dos autos, bem como a possibilidade de fazer-se assistido por advogado, verbis: Art. 3o O administrado tem os seguintes direitos perante a Administração, sem prejuízo de outros que lhe sejam assegurados: I – ser tratado com respeito pelas autoridades e servidores, que deverão facilitar o exercício de seus direitos e o cumprimento de suas obrigações; II – ter ciência da tramitação dos processos administrativos em que tenha a condição de interessado, ter vista dos autos, obter cópias de documentos neles contidos e conhecer as decisões proferidas; III – formular alegações e apresentar documentos antes da decisão, os quais serão objeto de consideração pelo órgão competente; IV – fazer-se assistir, facultativamente, por advogado, salvo quando obrigatória a representação, por força de lei. 6. Sob esse enfoque não discrepa a abalizada doutrina: "(...) Princípio da acessibilidade aos elementos do expediente. Isto significa que À parte deve ser facultado o exame de toda a documentação constante dos autos, ou seja, na expressão dos autores hispânicos, de todos os "antecedentes" da questão a ser resolvida. É que, entre nós, se designa como o "direito de vista", e que há de ser vista completa, sem cerceios. Estranhamento, existe, entre nós, uma tradição de se considerar secretos os pareceres. Entende-se, absurdamente, que devem permanecer ocultos quando favoráveis à pretensão do administrado. Nisso se revela uma compreensão distorcida das finalidades da Administração e se ofende o princípio da lealdade e boa-fé, o qual, sobre ser princípio geral de Direito, apresenta particular relevo na esfera das relações administrativas, como bem acentuou o precitado Jesús Gonzáles Perez em preciosa monografia sobre o tema.(...)O direito de ser representado e assistido é de compostura óbvia. Cumpre sublinhar que, se a decisão administrativa depender de apurações técnicas, o administrado terá o direito de que perito de sua confiança assista à análise, ao exame, à averiguação técnica, efetuados pela Administração. (...)" in Curso de Direito Administrativo, Celso Antônio Bandeira de Mello, 25ª ed., Malheiros Editores , 2008, p. 494-493 7. O Supremo Tribunal Federal, no exercício de seu mister, é uníssono ao reafirmar o direito de informação e de manifestação da parte interessada nos processos judiciais e administrativos. Precedentes do STF: MS 24268, Relator(a): Min. ELLEN GRACIE, Relator(a) p/ Acórdão: Min. GILMAR MENDES, Tribunal Pleno, julgado em 05/02/2004, DJ 17-09-2004; RE 492783 AgR, Relator(a): Min. EROS GRAU, Segunda Turma, julgado em 03/06/2008, DJ de 19-06-2008; e MS 25787, Relator(a): Min. GILMAR MENDES, Tribunal Pleno, julgado em 08/11/2006, DJ de 13-09-2007. 8. In casu, trata-se de Mandado de Segurança impetrado por advogado contra ato de Conselheira do Conselho Regional de Medicina do Estado de São Paulo, objetivando acesso aos autos de processo administrativo, instaurado perante o Conselho Regional de Medicina do Estado de São Paulo para a apuração de eventual prática de erro médico, para fins de apresentação de razões finais de seu cliente, então denunciante, conforme prerrogativa funcional estabelecida no artigo 7º, XV , da Lei 8.906/94. 9. Recurso Especial desprovido. (REsp 1112443 / SP 2008/0118183-2, Relator Ministro LUIZ FUX (1122), T1 – PRIMEIRA TURMA, j. 20/10/2009, DJe 06/11/2009).

2.9 Honorários

O crédito de honorários não é um crédito quirografário comum, mas preferencial especial. A **Súmula Vinculante nº 47 do STF** veio fortalecer a natureza alimentar dos honorários:

> Os honorários advocatícios incluídos na condenação ou destacados do montante principal devido ao credor consubstanciam verba de natureza alimentar cuja satisfação ocorrerá com a expedição de precatório ou requisição de pequeno valor, observada ordem especial restrita aos créditos dessa natureza.

Dispõe o art. 24 da Lei 8.906/94 (Estatuto da Advocacia) que: "A decisão judicial que fixar ou arbitrar honorários e o contrato escrito que os estipular são títulos executivos e constituem **crédito privilegiado** na falência, concordata, **concurso de credores**, insolvência civil e liquidação extrajudicial". (grifos nossos).

O § 14º do art. 85 do Código de Processo Civil (CPC): "Os honorários constituem direito do advogado e **têm natureza alimentar**, com os mesmos privilégios dos créditos oriundos da legislação do trabalho, sendo vedada a compensação em caso de sucumbência parcial". (grifos nossos).

Inúmeros outros entendimentos, **em especial do STJ**[24]-[25]-[26], confirmam a natureza especial e preferencial dos créditos de honorários, criando um verdadeiro regime jurídico adaptado ao caso concreto e próprio dos créditos dessa natureza, seja para (i) determinar que os honorários não se sujeitam à forma de pagamento prevista no art. 100, §§1º e 8º da CF/88 (proibição de fracionamento de precatório); (ii) excepcionar a regra de impenhorabilidade dos vencimentos, permitindo a penhora de salário para pagamento de honorários; (iii) determinar que são créditos preferenciais em relação, inclusive, aos tributários; dentre outras inúmeras especificações da norma, nas quais os Tribunais reconheceram a preferência do crédito de honorários sobre outros créditos, inclusive os de natureza pública.

Perceba que o crédito preferencial de honorários foi alçado à categoria de hierarquicamente superior, inclusive aos créditos de natureza tributária, essencialmente públicos e revestidos para a União, a fim de cumprir os desígnios de Estado frente aos interesses e necessidades da coletividade.

Mesmo neste caso, a **Ministra Nancy Andrighi**, acompanhada por maioria pela 3ª Turma do STJ (**REsp. 608.028/MS**) reconheceu a prevalência dos créditos de natureza honorária em relação aos créditos de natureza pública tributária: "Sendo alimentar a natureza dos honorários, estes preferem aos créditos tributários em execução contra devedor solvente" (doc. 23).

---

24 "A legislação processual civil (CPC/2015, artigo 833, inciso IV, e parágrafo 2º) contempla, de forma ampla, a prestação alimentícia, como apta a superar a impenhorabilidade de salários, soldos, pensões e remunerações. **A referência ao gênero prestação alimentícia alcança os honorários advocatícios**, assim como os honorários de outros profissionais liberais e, também, a pensão alimentícia, que são espécies daquele gênero. **É de se permitir, portanto, que pelo menos uma parte do salário possa ser atingida pela penhora para pagamento de prestação alimentícia, incluindo-se os créditos de honorários advocatícios, contratuais ou sucumbenciais, os quais têm inequívoca natureza alimentar** (CPC/2015, artigo 85, parágrafo 14) (4ª Turma, AgInt. no AREsp. n. 1.595.030-SC, rel. min. Raul Araújo – DJe 01.07.2020)".

25 "**Os honorários advocatícios possuem natureza alimentar, admitindo-se a penhora sobre percentual do salário para a satisfação do direito do credor**" (3ª Turma, AgInt. no AREsp. n. 1.473.266-SP, rel. min. Ricardo Villas Bôas Cueva – DJe 13.12.2019)".

26 "**Os honorários advocatícios, mesmo de sucumbência, têm natureza alimentar.** A aleatoriedade no recebimento dessas verbas não retira tal característica, da mesma forma que, no âmbito do Direito do Trabalho, a aleatoriedade no recebimento de comissão não retira sua natureza salarial. **Sendo alimentar a natureza dos honorários, estes preferem aos créditos tributários em execução contra devedor solvente** (3ª Turma, REsp. n. 608.028-MS, rel. min. Nancy Andrighi – Dje 12.09.2005)".

CAPÍTULO 2 – PRERROGATIVAS E OAB NO STF

Outra importante consequência da natureza privilegiada dos honorários é a sua preferência em relação ao crédito real hipotecário, conclusão há muito sedimentada no âmbito do STJ e dos Tribunais Estaduais[27].

Importante precedente adveio também do STJ. Trata-se do **REsp. 1.152.218/ RS, processado sob o rito dos recursos repetitivos** (art. 928, II, CPC), na qual foi firmada a tese de que os honorários possuem caráter alimentar e privilégio especial.

Na oportunidade, o Relator **Ministro Luis Felipe Salomão**, fixou algumas premissas relevantes:

> Uma vez afirmada a natureza alimentar dos honorários de advogado no âmbito do direito privado – caso acolhida a tese proposta –, é bem verdade que seus reflexos diretos e indiretos não se esgotam na classificação do crédito para efeito de falência ou recuperação. Evidentemente que o alcance do conceito – verba alimentar dos honorários, no campo cível – atinge outras esferas, tarefa de interpretação e aplicação que caberá à doutrina e jurisprudência.

Em 07/12/2023, o Tribunal Superior do Trabalho julgou importante caso relacionado à cessão de crédito dos advogados para a sociedade que faziam parte, a KARMOUCHE & NANTES ADVOGADOS ASSOCIADOS. O tribunal decidiu com base na repercussão geral 361 do STF que a cessão dos honorários para pessoa jurídica de advocacia não desconfigura a natureza alimentícia:

> 1....
> 2. AÇÃO ANULATÓRIA DE ADJUDICAÇÃO. CESSÃO DE CRÉDITO DE HONORÁRIOS ADVOCATÍCIOS. MANUTENÇÃO DA NATUREZA ALIMENTAR DA PARCELA. TEMA 361 DE

---

27 STJ. **AgRg no Ag: 780987/MS 2006/0119597-3,** Relator: Ministro PAULO DE TARSO SANSEVERINO, Data de Julgamento: 07/10/2010, T3 – TERCEIRA TURMA, Data de Publicação: DJe 19/10/2010.
STJ. **REsp. 511003/SP 2003/0045747-9,** Relator: Ministro ALDIR PASSARINHO JUNIOR, Data de Julgamento: 18/05/2010, T4 – QUARTA TURMA, Data de Publicação: DJe 28/05/2010.
TJRS. **AI: 70053396677/RS,** Relator: LIEGE PURICELLI PIRES, Data de Julgamento: 08/05/2013, Décima Sétima Câmara Cível, Data de Publicação: Diário da Justiça do dia 16/05/2013.

REPERCUSSÃO GERAL DO STF. 2.1. O Supremo Tribunal Federal, ao julgamento do 631.537/RS, de Relatoria do e. Ministro Marco Aurélio, examinou o Tema 361 de repercussão geral, concernente à "Transmudação da natureza de precatório alimentar em normal em virtude de cessão do direito nele estampado". Na decisão, que transitou em julgado em 19.06.2020, foi firmada a tese de que "A cessão de crédito alimentício não implica a alteração da natureza". 2.2. No caso dos autos, em que efetivada a cessão de crédito de honorários advocatícios, deverá ser mantida a sua natureza alimentar em relação ao novo credor da parcela cedida. Recurso de revista conhecido e provido, no tema (PROCESSO Nº TST-RR-2064-21.2014.5.02.0063).

A lei 8904/94 foi alterada pela Lei 14.365/22 acrescendo o art. 24 A que garante que no caso de bloqueio universal de patrimônio do réu "garantir-se-á a liberação de 20 % dos bens bloqueados para fins de recebimento de honorários e reembolso de gastos com a defesa". Em 08 de agosto de 2024 há importante precedente de relatoria do ministro Joel Ilan Paciornik, no RMS 71903-SP garantindo a liberação. Precedente que será mais bem citado no item 6.3.4 da presente obra.

3

PRERROGATIVAS DA LEI 8906/94

3.1 Ausência de Hierarquia, Subordinação e Liberdade Profissional

> Art. 6º Não há hierarquia nem subordinação entre advogados, magistrados e membros do Ministério Público, devendo todos tratar-se com consideração e respeito recíprocos.

Esse tema é um dos mais relevantes da advocacia. Todas as prerrogativas são inscritas para os fins de permitir que o advogado, único profissional que atua no sistema judiciário sem vinculação com o Estado possa ter a independência necessária para defender o cidadão. As prerrogativas são a extensão das garantias individuais.

O defensor público, independente, recebe do Estado. O procurador de estado de igual forma. O membro do Ministério Público que pode exercer além da acusação a defesa de valores fundamentais da democracia, de interesses difusos, coletivos e individuais também recebe do Estado. O advogado é o único que atua de forma financeiramente independente e ainda não tem a proteção de um cargo público.

Assim, desde o primeiro inciso do art. 7º ao afirmar ser direito do advogado "exercer, com liberdade" até a garantia de inviolabilidade do escritório, e tudo que reveste a comunicação dos advogados e com seus clientes, a proteção contra a prisão exceto por flagrante por crime inafiançável, visa essa liberdade.

De igual forma, contra as barreiras se inscreveu a livre circulação dos advogados (inciso VI) em tudo que se encontra nos prédios públicos, como salas de tribunais "mesmo além dos cancelos que separam a parte reservada dos magistrados em qualquer edifício ou recinto que funcione repartição judicial ou serviço público". E, acima de tudo, "dirigir-se diretamente aos magistrados e gabinetes de trabalho, independentemente de horário previamente marcado ou condição" e retirar-se do recinto após trinta minutos de atraso para atos.

Nos mínimos detalhes a lei garante ao advogado "permanecer em pé ou sentado", ou "usar a palavra, pela ordem", "reclamar, verbalmente ou por escrito" o que garante examinar autos de todas as formas, no judiciário, no legislativo.

Enquanto nas prerrogativas há as garantias de liberdade na atuação, a independência é dever. O art. 31 da lei exige que "o advogado deve proceder de forma a ser merecedor de respeito e que contribua para o prestígio da classe da advocacia". Mas esse dever está em agir com "nenhum receio de desagradas a magistrado ou qualquer autoridade, nem de incorrer em impopularidade, deve deter o advogado no exercício da profissão".

Também, por isso, que o art. 2º, em consonância com a CF/88 (art. 133) afirma que o "advogado é indispensável à administração da justiça" e "§ 1º No seu ministério privado, o advogado presta serviço público e exerce função social" e garante que "§ 3º No exercício da profissão, o advogado é inviolável por seus atos e manifestações, nos limites desta lei".

3.2 Procuração e Poderes

Esse é um ponto relevante porque o advogado, ao representar alguém, deve apresentar, na forma do art. 5º da Lei, o mandato. O artigo afirma que "o advogado postula, em juízo ou fora dele, fazendo prova do mandato.

Mas há uma importante ressalva, do § 1º: "O advogado, afirmando urgência, pode atuar sem procuração, obrigando-se a apresentá-la no prazo de quinze dias, prorrogável por igual período".

Importante somente a observação de que quando o advogado é sócio de uma sociedade de advocacia, o § 3º do art. 15 exige que "As procurações devem ser outorgadas individualmente aos advogados e indicar a sociedade de que façam parte".

CAPÍTULO 3 – PRERROGATIVAS DA LEI 8906/94

93

A procuração não é exigida para que o advogado possa ter vista a processos ou inquéritos, exceto se em segredo de justiça, e, como se verá também, não é exigida para visitação de preso.

3.3 Comunicação com cliente preso

> III – comunicar-se com seus clientes, pessoal e reservadamente, mesmo sem procuração, quando estes se acharem presos, detidos ou recolhidos em estabelecimentos civis ou militares, ainda que considerados incomunicáveis;

O advogado não precisa de procuração para visitação de cliente preso. Por evidente, já que o preso pode não ter conseguido passar procuração e a advocacia também é consultiva, de forma que o preso pode ter um advogado constituído e pode consultar-se com outros. Além do que, a visita pode tratar de temas outros que não da prisão, de aspectos da vida civil do preso.

A garantia está em comunicação reservada e pessoal, mesmo que considerados incomunicáveis.

É importante frisar que, mesmo em situações extremas como a de Estado de Defesa previsto na CF/88, o art. 136, que prevê restrições de reunião, de sigilo de correspondência, de comunicações, prisões sem ordem judicial até 10 dias, e mesmo nessa situação, é "vedada a incomunicabilidade do preso" (art. 136, § 3º , IV, CF/88).

3.4 Desagravo Público

A CF/88, no art. 5º, inciso V, assegura "o direito de resposta, proporcional ao agravo, além da indenização por dano material, moral ou à imagem".

O art. 7º, XVII, lista entre as prerrogativas dos advogados a de "ser publicamente desagravado, quando ofendido no exercício da profissão ou em razão dela".

Isso porque, a ofensa em razão do exercício da profissão não é uma ofensa somente pessoal, mas à classe da advocacia, merecendo, portanto, resposta coorporativa.

O procedimento do desagravo está regulado do Regulamento Geral da Advocacia nos arts. 18 e seguintes e pode ser realizado de ofício, a pedido do advogado ofendido ou de qualquer pessoa.

3.5 Direito a se retirar do recinto

> XX – retirar-se do recinto onde se encontre aguardando pregão para ato judicial, após trinta minutos do horário designado e ao qual ainda não tenha comparecido a autoridade que deva presidir a ele, mediante comunicação protocolizada em juízo.

A prerrogativa do advogado retirar-se do ato judicial a ser realizado, quando a autoridade não tenha comparecido a esse já em atraso de 30 minutos, mediante comunicação do juízo, não é só do advogado deixar o local. Essa prerrogativa se reflete na própria manutenção do ato. Ou seja, não pode o juízo nomear advogado dativo ou defensor quando o advogado exerce a prerrogativa.

3.6 Despacho com Magistrado

A prerrogativa de despacho com o magistrado está conectada a inúmeras prerrogativas já citadas, como da liberdade da profissão, a falta de hierarquia, mas também ao ingresso ao prédio público e local, e de ser recebido independente de hora marcada.

> VIII – dirigir-se diretamente aos magistrados nas salas e gabinetes de trabalho, independentemente de horário previamente marcado ou outra condição, observando-se a ordem de chegada; [...].

Mas não é somente uma prerrogativa dos advogado e sim um dever dos magistrados receber a todos que os procure "a qualquer momento", inscrito no art. 35 da Lei Complementar 35 (Loman) que regula a magistratura:

IV – tratar com urbanidade as partes, os membros do Ministério Público, os advogados, as testemunhas, os funcionários e auxiliares da Justiça, e atender aos que o procurarem, a qualquer momento, quando se trate de providência que reclame e possibilite solução de urgência; [...].

O art. 236 da Lei complementar do Ministério Público coloca entre as obrigações a de "atender ao expediente forense e participar dos atos judiciais, quando for obrigatória a sua presença; ou assistir a outros, quando conveniente ao interesse do serviço" e ainda "atender ao expediente forense e participar dos atos judiciais, quando for obrigatória a sua presença; ou assistir a outros, quando conveniente ao interesse do serviço".

O advogado, exercendo o múnus público, representa o cidadão jurisdicionado, direcionando-se aos servidores públicos, juiz e membro do Ministério Público, assim como quando o faz perante delegados de polícia, servidores do fórum ou qualquer membro dos entes estatais, cuja função precípua é exatamente atender o povo.

3.7 Modificações da Lei 14.365/22

A lei de 2022 trouxe um erro legislativo e alguns avanços e esclarecimentos em relação à profissão.

No art. 2º da lei se acresceu o § 2º-A. e art. 2º-A, esclarecendo que, além do processo judicial, o advogado exerce papel no processo administrativo e, também, no legislativo.

> § 2º-A No processo administrativo, o advogado contribui com a postulação de decisão favorável ao seu constituinte, e os seus atos constituem múnus público.
> Art. 2º-A. O advogado pode contribuir com o processo legislativo e com a elaboração de normas jurídicas, no âmbito dos Poderes da República.

Também no art. 5º foi esclarecido que: "§ 4º As atividades de consultoria e assessoria jurídicas podem ser exercidas de modo verbal ou por escrito, a critério do advogado e do cliente, e independem de outorga de mandato ou de formalização por contrato de honorários".

No art. 6º da Lei 8906/94, que já previa a falta de hierarquia entre advogado, juiz e membro do Ministério Público, foi acrescido um parágrafo único, acrescendo que:

> [...] as autoridades e os servidores públicos dos Poderes da República, os serventuários da Justiça e os membros do Ministério Público devem dispensar ao advogado, no exercício da profissão, tratamento compatível com a dignidade da advocacia e condições adequadas a seu desempenho, preservando e resguardando, de ofício, a imagem, a reputação e a integridade do advogado nos termos desta Lei.

Logo em seguida, a Lei 14.508/22 acresceu o § 2º, garantindo ao advogado posição equidistante ao juiz:

> Durante as audiências de instrução e julgamento realizadas no Poder Judiciário, nos procedimentos de jurisdição contenciosa ou voluntária, os advogados do autor e do requerido devem permanecer no mesmo plano topográfico e em posição equidistante em relação ao magistrado que as presidir.

Esse artigo vem resolver a distorção que ocorria com os advogados diante do art. 17 da Lei Complementar 75/93 do Ministério Público, que prevê como prerrogativa: " a) sentar-se no mesmo plano e imediatamente à direita dos juízes singulares ou presidentes dos órgãos judiciários perante os quais oficiem".

No art. 7º, que na Lei 8906/94 enumera as prerrogativas dos advogados, foi acrescido da prerrogativa que estendem e esclarecem o uso da palavra do advogado seja durante no judiciário, em processo administrativo ou em Comissão Parlamentar de Inquérito, e mesmo contra recurso contra decisão monocrática nos tribunais:

CAPÍTULO 3 – PRERROGATIVAS DA LEI 8906/94

X – usar da palavra, pela ordem, em qualquer tribunal judicial ou administrativo, órgão de deliberação coletiva da administração pública ou comissão parlamentar de inquérito, mediante intervenção pontual e sumária, para esclarecer equívoco ou dúvida surgida em relação a fatos, a documentos ou a afirmações que influam na decisão;

§ 2º-B. Poderá o advogado realizar a sustentação oral no recurso interposto contra a decisão monocrática de relator que julgar o mérito ou não conhecer dos seguintes recursos ou ações:

I – recurso de apelação;

II – recurso ordinário;

III – recurso especial;

IV – recurso extraordinário;

V – embargos de divergência;

VI – ação rescisória, mandado de segurança, reclamação, habeas corpus e outras ações de competência originária.

Verifica-se a necessidade de esclarecer o que deveria ser obvio, como, por exemplo, que é necessário fundamentos para medida excepcional de busca em escritório de advocacia e que não é possível seu deferimento com base em elementos exclusivos de "colaborador" sem confirmação em provas:

§ 6º-A. A medida judicial cautelar que importe na violação do escritório ou do local de trabalho do advogado será determinada em hipótese excepcional, desde que exista fundamento em indício, pelo órgão acusatório.

§ 6º-B. É vedada a determinação da medida cautelar prevista no § 6º-A deste artigo se fundada exclusivamente em elementos produzidos em declarações do colaborador sem confirmação por outros meios de prova.

Quando do deferimento das medidas de busca criando:

a. uma obrigação de que os agentes do Estado respeitem o representante da OAB, sob pena de abuso de autoridade, e este tem o fim de garantir os limites no cumprimento do mandato;
b. no caso de deslocamento de material, o dever legal da preservação da cadeia de custódia;
c. garante ao representante da OAB o acompanhamento na análise dos documentos apreendidos ou interceptados devendo;
d. a autoridade avisar a OAB com prazo mínimo de 24 horas;
e. garantindo que, em caso de urgência, exija prazo menor de 24 horas, o acompanhamento da OAB.

> § 6º-C. O representante da OAB referido no § 6º deste artigo tem o direito a ser respeitado pelos agentes responsáveis pelo cumprimento do mandado de busca e apreensão, sob pena de abuso de autoridade, e o dever de zelar pelo fiel cumprimento do objeto da investigação, bem como de impedir que documentos, mídias e objetos não relacionados à investigação, especialmente de outros processos do mesmo cliente ou de outros clientes que não sejam pertinentes à persecução penal, sejam analisados, fotografados, filmados, retirados ou apreendidos do escritório de advocacia. (Promulgação partes vetadas)
>
> § 6º-D. No caso de inviabilidade técnica quanto à segregação da documentação, da mídia ou dos objetos não relacionados à investigação, em razão da sua natureza ou volume, no momento da execução da decisão judicial de apreensão ou de retirada do material, a cadeia de custódia preservará o sigilo do seu conteúdo, assegurada a presença do representante da OAB, nos termos dos §§ 6º-F e 6º-G deste artigo.
>
> § 6º-E. Na hipótese de inobservância do § 6º-D deste artigo pelo agente público responsável pelo cumprimento do mandado de busca e apreensão, o representante da OAB fará o relatório do fato ocorrido, com a inclusão dos nomes dos servidores, dará conhecimento à autoridade judiciária e o encaminhará à OAB para a elaboração de notícia-crime.

CAPÍTULO 3 — PRERROGATIVAS DA LEI 8906/94

§ 6º-F. (VETADO).

§ 6º-F. É garantido o direito de acompanhamento por representante da OAB e pelo profissional investigado durante a análise dos documentos e dos dispositivos de armazenamento de informação pertencentes a advogado, apreendidos ou interceptados, em todos os atos, para assegurar o cumprimento do disposto no inciso II do **caput** deste artigo. (Promulgação partes vetadas)

§ 6º-G. (VETADO).

§ 6º-G. A autoridade responsável informará, com antecedência mínima de 24 (vinte e quatro) horas, à seccional da OAB a data, o horário e o local em que serão analisados os documentos e os equipamentos apreendidos, garantido o direito de acompanhamento, em todos os atos, pelo representante da OAB e pelo profissional investigado para assegurar o disposto no § 6º-C deste artigo. (Promulgação partes vetadas)

§ 6º-H. Em casos de urgência devidamente fundamentada pelo juiz, a análise dos documentos e dos equipamentos apreendidos poderá acontecer em prazo inferior a 24 (vinte e quatro) horas, garantido o direito de acompanhamento, em todos os atos, pelo representante da OAB e pelo profissional investigado para assegurar o disposto no § 6º-C deste artigo. (Promulgação partes vetadas)

Quanto ao sigilo profissional, por evidente, a lei trouxe a vedação do advogado realizar delação premiada ferindo seus deveres profissionais:

§ 6º-I. É vedado ao advogado efetuar colaboração premiada contra quem seja ou tenha sido seu cliente, e a inobservância disso importará em processo disciplinar, que poderá culminar com a aplicação do disposto no inciso III do **caput** do art. 35 desta Lei, sem prejuízo das penas previstas no art. 154 do Decreto-Lei nº 2.848, de 7 de dezembro de 1940 (Código Penal).

Fora esses dispositivos referente a prerrogativas, merece atenção a inovação referente a honorários. A nova lei criou um incidente de separação e liberação de honorários quando no processo penal houver bloqueio integral dos valores do cliente, **tema analisado no RMS 71903-SP de relatoria do ministro Joel Ilan Paciornik, no RMS 71903-SP (item 6.3.5 dessa obra)**

Art. 24-A. No caso de bloqueio universal do patrimônio do cliente por decisão judicial, garantir-se-á ao advogado a liberação de até 20% (vinte por cento) dos bens bloqueados para fins de recebimento de honorários e reembolso de gastos com a defesa, ressalvadas as causas relacionadas aos crimes previstos na Lei nº 11.343, de 23 de agosto de 2006 (Lei de Drogas), e observado o disposto no parágrafo único do art. 243 da Constituição Federal.

§ 1º O pedido de desbloqueio de bens será feito em autos apartados, que permanecerão em sigilo, mediante a apresentação do respectivo contrato.

§ 2º O desbloqueio de bens observará, preferencialmente, a ordem estabelecida no art. 835 da Lei nº 13.105, de 16 de março de 2015 (Código de Processo Civil).

§ 3º Quando se tratar de dinheiro em espécie, de depósito ou de aplicação em instituição financeira, os valores serão transferidos diretamente para a conta do advogado ou do escritório de advocacia responsável pela defesa.

§ 4º Nos demais casos, o advogado poderá optar pela adjudicação do próprio bem ou por sua venda em hasta pública para satisfação dos honorários devidos, nos termos do art. 879 e seguintes da Lei nº 13.105, de 16 de março de 2015 (Código de Processo Civil).

§ 5º O valor excedente deverá ser depositado em conta vinculada ao processo judicial.

3.8 Lei 14.752/2023 – Modificação do art. 71 e do art. 265 do CPP

Em 13 de dezembro de 2023, a OAB Federal anunciou como uma importante vitória o sancionamento da lei dos artigos do CPP comum e Militar, que permitiam ao juiz fixar multas de 10 a 100 salários-mínimos por abandono de causa ao advogado.

O poder de aplicação de multa pelos juízes passou por um desvio, nas quais as resistências de advogados em praticar atos processuais que consideravam ilegais eram respondidas com fixação de multas.

Com a provação da lei, o juiz pode, após intimado o acusado, por inatividade do defensor privado para a constituição de novo profissional, nomear defensor público. O juiz pode oficiar a Ordem dos Advogados para a análise de infração disciplinar.

A lei vai no caminho de fortalecer a independência dos advogados.

No dia 15 de dezembro de 2023, a Exma. Ministra Daniela Teixeira, do STJ, advinda do quinto constitucional negou recurso especial do Ministério Público do Paraná (Resp. 2108775/PR) que visava reformar mandado de segurança que havia sido concedido para revogar multa aplicada por juiz daquele Estado.

Na decisão, a Ministra aponta que "a pena de multa aplicada não apenas foi revogada, como os efeitos de tal revogação devem retroagir, a fim de abranger hipóteses, como a dos autos, em que foram aplicadas em clara violação das prerrogativas da advocacia e limitado a atuação dos profissionais regularmente inscritos da Ordem dos Advogados do Brasil".

4

PRERROGATIVAS E ABUSO DE AUTORIDADE

Lei 13.369/19

Art. 43. A Lei nº 8.906, de 4 de julho de 1994, passa a vigorar acrescida do seguinte art. 7º-B: (Promulgação partes vetadas)

Art. 7º-B Constitui crime violar direito ou prerrogativa de advogado previstos nos incisos II, III, IV e V do **caput** do art. 7º desta Lei:
Pena – detenção, de 3 (três) meses a 1 (um) ano, e multa.

Art. 20. Impedir, sem justa causa, a entrevista pessoal e reservada do preso com seu advogado: (Promulgação partes vetadas)
Pena – detenção, de 6 (seis) meses a 2 (dois) anos, e multa.

Parágrafo único. Incorre na mesma pena quem impede o preso, o réu solto ou o investigado de entrevistar-se pessoal e reservadamente com seu advogado ou defensor, por prazo razoável, antes de audiência judicial, e de sentar-se ao seu lado e com ele comunicar-se durante a audiência, salvo no curso de interrogatório ou no caso de audiência realizada por videoconferência.

Art. 32. Negar ao interessado, seu defensor ou advogado acesso aos autos de investigação preliminar, ao termo circunstanciado, ao inquérito ou a qualquer outro procedimento investigatório de

infração penal, civil ou administrativa, assim como impedir a obtenção de cópias, ressalvado o acesso a peças relativas a diligências em curso, ou que indiquem a realização de diligências futuras, cujo sigilo seja imprescindível: (Promulgação partes vetadas)
Pena – detenção, de 6 (seis) meses a 2 (dois) anos, e multa.

Art. 7º São direitos do advogado:
II – a inviolabilidade de seu escritório ou local de trabalho, bem como de seus instrumentos de trabalho, de sua correspondência escrita, eletrônica, telefônica e telemática, desde que relativas ao exercício da advocacia; (Redação dada pela Lei nº 11.767, de 2008)
III – comunicar-se com seus clientes, pessoal e reservadamente, mesmo sem procuração, quando estes se acharem presos, detidos ou recolhidos em estabelecimentos civis ou militares, ainda que considerados incomunicáveis;
IV – ter a presença de representante da OAB, quando preso em flagrante, por motivo ligado ao exercício da advocacia, para lavratura do auto respectivo, sob pena de nulidade e, nos demais casos, a comunicação expressa à seccional da OAB;
V – não ser recolhido preso, antes de sentença transitada em julgado, senão em sala de Estado Maior, com instalações e comodidades condignas, ~~assim reconhecidas pela OAB,~~ e, na sua falta, em prisão domiciliar; (Vide ADIN 1.127-8)

A lei 13.869/19 veio dispor sobre o abuso de autoridade e além de artigos altamente relevantes para os jurisdicionados. Em geral, há fundamentais quanto às prerrogativas dos advogados.

Passou a constituir crime a ofensas a quatro prerrogativas profissionais inscritas no art. 7º, a saber: (a) a inviolabilidade das comunicações e do escritório de advocacia; (b) o impedimento de comunicação reservada com o cliente; (c) a garantia do representante da OAB quando o advogado preso em razão de flagrante delito por crime inafiançável; e (d) a violação da Sala de Estado Maior, ou na sua concepção pelo STF da prisão especial.

Quanto à comunicação reservada com o cliente preso, a lei ainda reforçou no art. 20 a criminalização do impedimento injustificável da comunicação com o preso, mas de igual forma o impedimento do:

> Investigado de entrevistar-se pessoal e reservadamente com seu advogado ou defensor, por prazo razoável, antes de audiência judicial, e de sentar-se ao seu lado e com ele comunicar-se durante a audiência, salvo no curso de interrogatório ou no caso de audiência realizada por videoconferência.

O art. 32 criminaliza, ainda, o impedimento a acesso aos autos a advogado, ressalvando somente o acesso a diligências futuras, cujo sigilo sejam imprescindíveis.

A efetividade da lei exige que as autoridades que a violem sejam punidas tanto no âmbito penal quanto nas responsabilidades funcionais.

5

PRERROGATIVA DA MULHER – A ADVOGADA

As mulheres representam mais de 50 % da advocacia, e, além da proteção como cidadãs e das legislações especiais, à mulher tem prerrogativas específicas. O direito de exercer a profissão sem discriminação ou assédio por parte de todos, colegas, funcionários de cartórios, juízes, promotores e clientes.

Importante frisar que, a mulher tem direito de se vestir como desejar, cuja competência para análise é da OAB, ressalvada as vestes talheres exigidas nos tribunais. O direito à remuneração isonômica com os homens, o que se somou à lei 14611/23.

A mulher tem, a partir de 2015, no ano do parto, o direito de fixação de valor diferenciado para menor, ou a isenção de cobrança de anuidade. A mulher deve informar a sua seccional e a Caixa de Assistência.

A Lei 13.363/16 trouxe importantes conquistas para a mulher advogada. É direito da Gestante:

- Não passar em Raio X (art. 7º, I, A);
- A Vaga especial de estacionamento (art. 7º, I, b) (Deve ser requerido à Secretaria de Mobilidade urbana e é equipada ao Estatuto da Pessoa com Deficiência (Lei 13.146/15));
- A suspensão de prazos processuais por 30 dias, contados a partir da data do parto ou da concessão da adoção, mediante apresentação de certidão de nascimento ou documento similar que comprove a realização do parto, ou de termo judicial que tenha concedido a adoção, desde que haja notificação ao cliente (art. 7º-A, IV, EAOAB) (O mesmo direito de suspensão assiste o pai, pelo prazo de 8 (oito) dias);

- Toda advogada gestante, lactante, adotante ou que deu à luz tem preferência na ordem das sustentações orais e das audiências, mediante comprovação de sua condição, durante o período de amamentação até 120 (cento e vinte) dias (art. 7º-A, III, EAOAB);
- Toda advogada gestante, lactante, adotante ou que deu à luz tem direito à creche, quando disponível, ou a local adequado para as necessidades do bebê pelo prazo de 120 (cento e vinte) dias (art. 7º-A, II, EAOAB).

5.1 Inscrição de Defensor Público

> ADI 4636
> CONSELHO FEDERAL DA ORDEM DOS ADVOGADOS DO BRASIL – CFOAB
> ADV.(A/S)
> MARCUS VINICIUS FURTADO COÊLHO (18958/DF, 167075/MG, 2525/PI, 463101/SP) E OUTR(A/S)
> INTDO.(A/S)
> CONGRESSO NACIONAL
> INTDO.(A/S)
> PRESIDENTE DA REPÚBLICA
>
> **Ação iniciada em 2011**
>
> **Decisão:** Após os votos dos Ministros Gilmar Mendes (Relator), Marco Aurélio, Edson Fachin, Ricardo Lewandowski, Rosa Weber, Luiz Fux, Celso de Mello, Alexandre de Moraes e Roberto Barroso, que julgavam improcedente a ação direta de inconstitucionalidade e conferiam, ainda, interpretação conforme à Constituição ao art. 3º, § 1º, da Lei nº 8.906/1994, declarando-se inconstitucional qualquer interpretação que resulte no condicionamento da capacidade postulatória dos membros da Defensoria Pública à inscrição dos Defensores Públicos na Ordem dos Advogados do Brasil, pediu vista dos autos o Ministro Dias Toffoli (Presidente).

Falaram: pelo interessado Congresso Nacional, a Dra. Gabrielle Tatith Pereira, Advogada do Senado Federal; pelo amicus curiae Associação Nacional dos Defensores Públicos – ANADEP, o Dr. Luis Gustavo Grandinetti Castanho de Carvalho; pelo amicus curiae Defensoria Pública da União, o Dr. Gabriel Faria Oliveira, Defensor Público-Geral Federal; pelo amicus curiae Defensor Público-Geral do Estado do Rio de Janeiro, o Dr. Pedro Paulo Lourival Carriello, Defensor Público do Estado; pelo amicus curiae Associação Nacional dos Defensores Públicos Federais – ANADEF, o Dr. Rafael da Cás Maffini; e, pelo amicus curiae Defensoria Pública do Estado de São Paulo, o Dr. Rafael Ramia Muneratti, Defensor Público do Estado. Plenário, Sessão Virtual de 12.6.2020 a 19.6.2020.

Decisão: O Tribunal, por maioria, julgou improcedente a ação direta e conferiu, ainda, interpretação conforme à Constituição ao art. 3º, § 1º, da Lei nº 8.906/1994, declarando-se inconstitucional qualquer interpretação que resulte no condicionamento da capacidade postulatória dos membros da Defensoria Pública à inscrição dos Defensores Públicos na Ordem dos Advogados do Brasil, nos termos do voto do Relator, vencido o Ministro Dias Toffoli, que julgava parcialmente procedente a ação direta, dava interpretação conforme ao § 6º do art. 4º da Lei Complementar nº 80/1994 e modulava os efeitos da decisão. Não votou o Ministro Nunes Marques, sucessor do Ministro Celso de Mello, que proferiu voto em assentada anterior. Plenário, Sessão Virtual de 22.10.2021 a 3.11.2021.

6

PRERROGATIVAS NO STJ

6.1 Imunidade Judiciária

6.1.1 Expressões deselegantes

> EMENTA. PENAL. PROCESSO PENAL. HABEAS CORPUS. CRIME CONTRA A HONRA. DIFAMAÇÃO CONTRA MAGISTRADO. TERMOS USADOS POR ADVOGADO EM SEDE DE EXCEÇÃO DE SUSPEIÇÃO NOS EMBARGOS À EXECUÇÃO. ANIMUS DIFFAMANDI. INEXISTÊNCIA. AÇÃO PENAL. TIPICIDADE DO FATO. AUSÊNCIA DE JUSTA CAUSA. PROVA PRÉ-CONSTITUÍDA DE INOCÊNCIA DO RÉU. TRANCAMENTO. POSSIBILIDADE. ORDEM CONCEDIDA.
>
> A falta de justa causa para a ação penal deve ser reconhecida quando, de plano, sem a necessidade de exame valorativo do conjunto fático-probatório, evidenciar-se a atipicidade do fato, a extinção da punibilidade, a ilegitimidade da parte ou a ausência de condição exigida pela **lei** para o exercício da ação penal (CPP, artigo 43, I, II e III).
>
> Para o recebimento da denúncia, é necessário que a exordial acusatória venha instruída de maneira a indicar a plausibilidade da acusação, ou seja, um suporte mínimo de prova e indício de imputação.
>
> No tocante ao crime de difamação, restou evidenciada, no caso concreto, a atipicidade do fato ante a falta do elemento subjetivo consubstanciado no propósito de ofender a reputação da vítima.

Ademais, a imunidade conferida ao advogado, no exercício do seu mister, compreende a imunidade profissional (Constituição da República, artigo 133; **Lei** nº **8906/94,** artigo 7º, §2º) e a imunidade penal judiciária (Código Penal, artigo 142, I).

Embora excessiva e censurável a manifestação do advogado em face da conduta do magistrado, se verificada no contexto da discussão da causa e mediante provocação do juiz do feito quanto à sua atuação, impõe-se o reconhecimento da inviolabilidade profissional. Ordem concedida para trancar a ação penal. (HC 41576 / RS 2005/0018051-1, Relator Ministro PAULO MEDINA (1121), T6 – SEXTA TURMA, j. 06/02/2007, DJ 25/06/2007 p. 301).

EMENTA, Recurso Ordinário em "Habeas Corpus". Competência especial por prerrogativa de função. Ato praticado após o exercício funcional.

Trancamento da ação penal. Difamação e injúria. Autor: Promotor de Justiça aposentado, no exercício da advocacia. Vítima: Magistrada do Trabalho. Imunidade penal judiciária. Imunidade profissional.

"Animus defendendi".

Com o cancelamento da Súmula 394 do Supremo Tribunal Federal, o entendimento é que a competência especial por prerrogativa de função cessa com o fim do exercício funcional que lhe dá causa.

Inaplicabilidade da **Lei nº 10628/02**, que preserva a competência especial por prerrogativa de função após a cessação do exercício da função pública, mas tão-somente em relação a atos administrativos do agente.

A falta de justa causa para a ação penal deve ser reconhecida quando, de plano, sem a necessidade de exame valorativo do conjunto fático-probatório, evidenciar-se a atipicidade do fato, a extinção da punibilidade, a ilegitimidade da parte ou a ausência de condição exigida pela **lei** para o exercício da ação penal (CPP, artigo 43, I, II e III).

A imunidade conferida ao advogado, no exercício do seu mister, compreende a imunidade profissional (Constituição da República, artigo 133; **Lei nº 8906/94,** artigo 7º, §2º) e a imunidade penal judiciária (Código Penal, artigo 142, I).

A imunidade do advogado não é limitada subjetivamente quanto à ofensa irrogada contra magistrado, porque inexiste no ordenamento jurídico tal restrição, entendimento que, com maior rigor, deve prevalecer após a nova ordem constitucional que instituiu a imunidade profissional, mais abrangente que a imunidade judiciária. Embora excessiva, desnecessária e censurável a manifestação do advogado em face da conduta do magistrado, se verificada no contexto da discussão da causa e mediante provocação do juiz do feito quanto à sua atuação, impõe-se o reconhecimento da inviolabilidade profissional.

Recurso provido, ordem concedida para trancar a ação penal. (RHC 14166 / RJ 2003/0034757-6, Relator Ministro PAULO MEDINA (1121), T6 – SEXTA TURMA, j. 20/11/2003, DJ 06/09/2004 p. 310, RDR vol. 32 p. 442).

EMENTA. RECURSO ESPECIAL. DIREITO CIVIL E PROCESSUAL CIVIL. RESPONSABILIDADE CIVIL DO ADVOGADO. FORMULAÇÃO DE RAZÕES RECURSAIS MEDIANTE EXPRESSÕES DESELEGANTES E EM TOM JOCOSO. AUSÊNCIA DE DANO MORAL INDENIZÁVEL. RESPONSABILIDADE CIVIL NÃO CARACTERIZADA. 1. Controvérsia, em sede de ação indenizatória movida por Magistrado contra advogada, acerca dos limites da inviolabilidade dos advogados no exercício de sua essencial atividade profissional, em face da alegação de excesso quando da formulação das razões de recurso ordinário em face do Juiz do Trabalho, prolator da sentença apelada e autor da demanda. 2. Não acolhimento do requerimento da ANAMATRA para ingressar na lide como assistente do Magistrado recorrente.

3. A revisão do entendimento das instâncias ordinárias, ao reconhecer inexistente o ato ilícito ou mesmo o dano à honra do demandante, não poderá exceder ao que efetivamente despontado nas decisões prolatadas, sob pena de se proceder à incompatível análise do suporte fático-probatório dos autos, o que é vedado pelo óbice da Súmula 7/STJ: "A pretensão de simples reexame de prova não enseja recurso especial".

4. A Constituição Federal, na segunda parte do seu art. 133, ilumina a interpretação das normas federais infraconstitucionais, dispondo que o advogado é "inviolável por seus atos e manifestações no exercício da profissão, nos limites da lei".

5. A necessária inviolabilidade do profissional da advocacia encontra naturalmente seus limites na própria lei, sendo a norma do art. 133 da Constituição Federal de eficácia redutível.

6. O ordenamento, aí incluindo-se o Estatuto da Advocacia, dá o tom e a medida dessa prerrogativa, pois a Constituição Federal não alcançou, evidentemente, ao advogado um salvo conduto de indenidade, estando a imunidade voltada ao profícuo exercício de sua essencial atividade à prestação da Justiça, não se podendo daí desbordar a sua inviolabilidade. 7. O advogado deve ser ético e dentro desta eticidade está irretorquivelmente presente o decoro, o respeito, a polidez e a urbanidade para com os demais atores do processo.

8. O destempero e a deselegância verificados na hipótese, no entanto, não fazem consubstanciado o dano moral indenizável, pois, apesar de desconfortáveis, as imprecações não se avolumaram em intensidade a ponto de, como reconheceram os julgadores na origem, ferir-se o plano da dignidade do magistrado.

9. Ausência de prequestionamento do art. 189 do CPC, a disciplinar a tramitação dos feitos em segredo de justiça, tendo o aresto, na realidade, reconhecido a preclusão com base no art. 473 do CPC/73, questão que não fora devidamente impugnada no recurso especial, incidindo na espécie os enunciados 282, 283 e 284/STF.

10. RECURSO ESPECIAL EM PARTE CONHECIDO E DESPROVIDO.

(REsp 1731439 / DF 2018/0066863-2, Relator Ministro PAULO DE TARSO SANSEVERINO (1144), T3 – TERCEIRA TURMA, j. 05/04/2022, DJe 08/04/2022).

EMENTA. HABEAS CORPUS. DIREITO PROCESSUAL PENAL. CALÚNIA. DECADÊNCIA. INÉPCIA DA DENÚNCIA. INOCORRÊNCIA. IMUNIDADE JUDICIÁRIA DO ADVOGADO. PRAZO.
REPRESENTAÇÃO. CONSTRANGIMENTO ILEGAL.
INEXISTÊNCIA. 1. Não se opera a decadência do direito de ação, tendo o ofendido, na qualidade de membro do Ministério Público Estadual, tomado ciência das declarações caluniosas em data anterior a 6 meses da representação ajuizada. 2. Ajustada ao artigo 41 do Código de Processo Penal, enquanto descreve, de forma circunstanciada, as condutas típicas atribuídas ao paciente, de forma a permitir-lhe o exercício da ampla defesa, não há falar em inépcia da denúncia. 3. Esta Corte Federal Superior firmou já entendimento no sentido de que a imunidade processual conferida aos advogados (artigos 133 da Constituição Federal e 142, inciso I, do Código Penal), não abrange, em regra, o delito de calúnia. Precedentes. 4. Ordem denegada. (HC 2003/0004547-0, Relator Ministro HAMILTON CARVALHIDO (1112), T6 – SEXTA TURMA, j. 31/05/2005, DJe 06/02/2006).

EMENTA. RECURSO EM HABEAS CORPUS. CRIMES, EM TESE, DE CALÚNIA E INJÚRIA, PERPETRADOS CONTRA MAGISTRADO. TRANCAMENTO DA AÇÃO PENAL POR ATIPICIDADE DA CONDUTA. INOCORRÊNCIA. IMUNIDADE JUDICIÁRIA. AUSÊNCIA DE DOLO. INVIABILIDADE DE APRECIAÇÃO EM SEDE DE HABEAS CORPUS. Em sede de habeas corpus, conforme entendimento pretoriano, somente é viável o trancamento de ação penal por falta de justa causa quando, prontamente, desponta a inocência do acusado, a atipicidade da conduta ou se acha extinta a punibilidade, circunstâncias não evidenciadas na espécie. A imunidade judiciária contemplada no art. 133 da Constituição Federal e no art. 142, inciso I, do Código Penal, não abrange a ofensa irrogada ao juiz da causa, bem como não alcança o crime de calúnia, mas tão-somente a injúria e a difamação. Quanto a estes, tal imunidade não se reveste de caráter absoluto, não abrangendo ofensas pessoais que não guardem relação com a discussão da causa, nem imputação de crime, como ocorreu no caso. Inviável apreciar a alegação de que o causídico não teria atuado com o animus de ofender a honra alheia, porquanto não é o habeas corpus instrumento hábil para se aferir o elemento subjetivo da infração. Recurso a que se nega provimento, ficando cassada a liminar. (RHC 9847 / BA 2000/0029141-2, Relator Ministro JOSÉ ARNALDO DA FONSECA (1106), T5 – QUINTA TURMA, j. 01/03/2001, DJe 27/08/2001).

EMENTA. PENAL E PROCESSUAL PENAL. HABEAS CORPUS. CRIME CONTRA A HONRA PRATICADO POR ADVOGADO. CALÚNIA. SUPOSTAS OFENSAS DIRIGIDAS A MEMBRO DO MINISTÉRIO PÚBLICO DO TRABALHO EM PEÇA DE CONTESTAÇÃO. IMUNIDADE JUDICIÁRIA. NÃO ABRANGÊNCIA. TRANCAMENTO DA AÇÃO PENAL. VIOLAÇÃO DE SIGILO FUNCIONAL E COAÇÃO NO CURSO DO PROCESSO. ATIPICIDADE. ADVOCACIA ADMINISTRATIVA. ALEGAÇÃO DE AUSÊNCIA DE JUSTA CAUSA. INCORRÊNCIA. I – A imunidade prevista no art. 133 da Lex Maxima, no art. 142, I, do Código Penal e no art. 7º, § 2º, da Lei nº 8.906/94 não abrange o crime de calúnia. (Precedentes do STF e do STJ). II – A norma constitucional (art. 133 da Lex Fundamentalis) que prevê que o advogado é "inviolável por seus atos e manifestações no exercício da profissão", possibilitou fosse contida a eficácia desta imunidade judiciária nos termos da lei (HC 84.446/SP, Primeira Turma, Rel. Min. Sepúlveda Pertence, DJU de 25/02/2005). Em outras palavras, a inviolabilidade das prerrogativas dos advogados, quando no exercício da profissão, é constitucionalmente assegurada (HC 86.044/ PE, Primeira Turma, Rel. Min. Ricardo Lewandowski, DJU de 02/07/2007), porém relativa, no exercício do munus público (HC 84.795/GO, Segunda Turma, Rel. Min. Gilmar Mendes, DJU de 17/12/2004). Desta forma, só pode ser afastada a incidência da norma penal quando o agente atua no amparo da imunidade material, observados os seus limites (HC 89.973/CE, Segunda Turma, Rel. Min. Joaquim Barbosa, DJU de 24/08/2004), o que, todavia e aparentemente, não ocorreu na hipótese dos autos.

III – A interpelação judicial do art. 144 do CP não constitui etapa necessária para o ajuizamento de ação penal nos crimes contra a honra, traduzindo-se, isto sim, em faculdade legal, sujeita à discrição do próprio ofendido, de pedir explicações ao autor de frase, referência ou alusão reputada dúbia ou equívoca, o que denota seu caráter de medida cautelar preparatória à instauração de eventual ação penal (Precedentes do Pretório Excelso). Assim, deve ser classificada como instrumento processual cujo ônus recai sobre o próprio ofendido, pois, tratando-se de expressões efetivamente dúbias ou equívocas, sua não utilização implicará em possível rejeição da queixa ou denúncia. IV – O trancamento da ação penal por meio do habeas corpus se situa no campo da excepcionalidade (HC 901.320/MG, Primeira Turma, Rel. Min. Marco Aurélio, DJU de 25/05/2007), sendo medida que somente deve ser adotada quando houver comprovação, de plano, da atipicidade da conduta, da incidência de causa de extinção da punibilidade ou da ausência de indícios de autoria ou de prova sobre a materialidade do delito (HC 87.324/SP, Primeira Turma, Relª. Minª. Cármen Lúcia, DJU de 18/05/2007). Ainda, a liquidez dos fatos constitui requisito inafastável na apreciação da justa causa (HC 91.634/GO, Segunda Turma, Rel. Min. Celso de Mello, DJU de 05/10/2007), pois o exame de provas é inadmissível no espectro processual do habeas corpus, ação constitucional que pressupõe para seu manejo uma ilegalidade ou abuso de poder tão flagrante que pode ser demonstrada de plano (RHC 88.139/MG, Primeira Turma, Rel. Min. Carlos Britto, DJU de 17/11/2006).

V – In casu, resta evidenciada a ausência de justa causa quanto ao crime de calúnia por suposta imputação falsa dos delitos de violação de sigilo funcional e coação no curso do processo, já que as expressões tidas como ofensivas à honra do membro do Ministério Público do Trabalho, conforme descritas na denúncia, não contém as elementares destes tipos penais, tampouco se inserem em adequação típica diversa. Quanto à acusação remanescente, calúnia pela suposta imputação falsa do delito de advocacia administrativa, a exordial acusatória descreve conduta aparentemente típica, razão pela qual precipitado seria o trancamento da ação penal, pois não constatada, de plano, a alegada atipicidade da conduta. A alegação de ausência de dolo na conduta do paciente, no caso concreto, não cabe ser examinada em sede de habeas corpus, em face da vedação ao minucioso exame das provas colhidas no processo. Além disso, as expressões utilizadas aparentemente ultrapassam os limites do tratamento admissível no meio forense, adentrando, desta forma, na esfera penal. Ordem parcialmente concedida. (HC 90733 / AL 2007/0219119-6, Relator Ministro FELIX FISCHER (1109), T5 – QUINTA TURMA, j. 25/11/2008, DJe 02/02/2009).

EMENTA. PENAL E PROCESSUAL PENAL. HABEAS CORPUS. CALÚNIA, DIFAMAÇÃO E INJÚRIA. TRANCAMENTO DE AÇÃO PENAL. IMUNIDADE. ART. 133 DA CF, ART. 142, I, DO CP, ART. 7º, § 2º, DA LEI Nº 8.906/94. I – A imunidade prevista no art. 133 da Lex Maxima, no art. 142, I, do Código Penal e no art. 7º, § 2º, da Lei nº 8.906/94 não abrange o crime de calúnia. (Precedentes do STF e do STJ). II – In casu, precipitado seria o trancamento da ação penal, por ser impossível a constatação, de plano, da atipicidade da conduta, já que as expressões utilizadas, aparentemente ultrapassam os limites de tratamento admissível no meio forense. Em princípio, há indicativos de que as expressões utilizadas ultrapassaram a mera deselegância, adentrando, desta forma, na esfera penal. Habeas corpus denegado. (HC 64933 / RS 2006/0182316-1, Relator Ministro FELIX FISCHER (1109), T5 – QUINTA TURMA, j. 21/11/2006, DJe 05/02/2007).

6.1.2 Em causa própria calunia o juiz

EMENTA. AGRAVO REGIMENTAL NO **HABEAS CORPUS.** ARTIGO 138 (DUAS VEZES) E ARTIGO 139, COMBINADOS COM O ARTIGO 141, INCISO II DO CÓDIGO PENAL – CP. PEDIDO DE TRANCAMENTO DA AÇÃO PENAL. ALEGAÇÃO DE ATIPICIDADE DA CONDUTA AFASTADA. **ADVOGADO** ATUANDO EM CAUSA PRÓPRIA. IMPUTAÇÃO DE FATOS ALHEIOS AO PLEITO JUDICIAL. AUSÊNCIA DE ANIMUS CALUNIANDI. IMPOSSIBILIDADE DE CONSTATAÇÃO NA VIA ELEITA. REVOLVIMENTO FÁTICO PROBATÓRIO NO WRIT. NECESSIDADE. IMUNIDADE DE **ADVOGADO** NÃO ABRANGE O DELITO DE CALÚNIA. AGRAVO REGIMENTAL DESPROVIDO. 1. Agravo regimental interposto em favor próprio contra decisão monocrática que não conheceu de **habeas corpus** impetrado contra acórdão do Tribunal de Justiça do Estado de São Paulo – TJSP, o qual rejeitou o pedido de trancamento de ação penal afastando alegação de inépcia da inicial, bem como de ausência de justa causa. 2. Segundo a inicial acusatória, o acusado, no dia 22 de novembro de 2020, às 17h45min, por meio de petição juntada aos Autos n. 1034433-87.2019.8.26.0053, em trâmite na 6ª Vara de Fazenda Pública, na qualidade de **advogado,** caluniou, em razão de suas funções e por meio que facilitou a divulgação, o Juiz de Direito da 2ª Vara de Porto Ferreira, imputando-lhe, falsamente, fato definido como crime de prevaricação (art. 319 do CP). Ainda nos termos da denúncia, no dia 23 de novembro de 2020, às 12h41min em outra petição dos mesmos autos, o denunciado, por duas vezes ofendeu a honra do mesmo magistrado, em razão de suas funções de **advogado** e por meio que facilitou a divulgação, imputando fatos ofensivos à reputação da vítima, quais sejam, quebra de dever funcional, além de fraude processual.

3. "Não há, no Regimento Interno do STJ, previsão para a intimação prévia do **advogado** para ser cientificado do julgamento de agravo regimental, que será apresentado em mesa, tampouco previsão da possibilidade de sustentação oral" (AgRg na APn n. 702/AP, Corte Especial, Rel. Min. João Otávio de Noronha, DJe de 16/6/2016).

4. No caso dos autos, a denúncia descreve a prática de calúnia com todas as suas circunstâncias, afirmando que o ora agravante e paciente imputou ao ofendido a prática do crime de prevaricação, indicando, inclusive, o dolo específico que teria motivado a conduta do magistrado.

5. Acolher a tese defensiva de que não houve animus caluniandi na conduta imputada ao recorrente demanda a incursão no conjunto fático-probatório. Precedentes: AgRg no RHC 104.127/SP, de minha relatoria, QUINTA TURMA, DJe 20/3/2019; AgRg no RHC 141.756/RO, Rel. Ministro SEBASTIÃO REIS JÚNIOR, SEXTA TURMA, DJe 21/6/2021 e RHC 36.924/TO, Rel. Ministro ANTONIO SALDANHA PALHEIRO, SEXTA TURMA, DJe 6/6/2018.

6. "A imunidade do **advogado** não é absoluta. A previsão do art. 7º, § 2º, do Estatuto da OAB, alcança apenas os crimes de difamação e injúria quando as supostas ofensas forem proferidas no exercício da atividade profissional" (HC 258.776/BA, Rel. Ministro MOURA RIBEIRO, QUINTA TURMA, DJe 27/5/2014), cuja análise demanda incursão na seara probatória, procedimento defeso na via estreita do **habeas corpus**" (RHC 76.569/RO, Rel. Ministro RIBEIRO DANTAS, QUINTA TURMA, DJe 16/2/2018).

7. "Segundo pacífica jurisprudência desta Corte Superior, a propositura da ação penal exige tão somente a prova da materialidade

e a presença de indícios mínimos de autoria. Prevalece, na fase de oferecimento da denúncia, o princípio do in dubio pro societate" (RHC 120.607/MG, Rel. Ministro LEOPOLDO DE ARRUDA RAPOSO – DESEMBARGADOR CONVOCADO DO TJ/PE – QUINTA TURMA, DJe 17/12/2019).

8. Não conhecimento do pedido de afastamento de medidas cautelares feito pelo agravante, ante a desistência do aludido pedido perante o TJSP.

9. Também não deve ser analisada a alegação de suspeição do membro do Ministério Público do Estado de São Paulo, por se tratar de matéria completamente dissociada do presente **habeas corpus,** não levada ao Tribunal a quo, de tal sorte que o pronunciamento do Superior Tribunal de Justiça sobre o tema configuraria indevida supressão de instância.

10. Agravo regimental ao qual se nega provimento. (AgRg no HC 688928 / SP 2021/0270122-0, Relator Ministro JOEL ILAN PACIORNIK (1183), j. 15/02/2022, DJe 18/02/2022).

6.1.3 Imunidade em Parecer

EMENTA. PROCESSO PENAL. AGRAVO REGIMENTAL NO **HABEAS CORPUS**. INEXIGIBILIDADE DE LICITAÇÃO. **ADVOGADO** PARECERISTA. PRÁTICA DE ATO PROFISSIONAL INVIOLÁVEL. AGRAVO PARCIALMENTE CONHECIDO E NÃO PROVIDO.

1. Não se conhece do agravo regimental no tocante às ponderações relacionadas aos corréus, considerando que o **habeas corpus** foi impetrado somente em favor do ora agravado.

2. No caso, conforme ponderado pela sentença absolutória, a única acusação formulada em desfavor do paciente foi a de ter assinado, ratificado e homologado parecer de inexigibilidade de licitação sem as cautelas legais, sem que fosse demonstrada a efetiva preordenação do ato praticado à consumação do crime, tampouco seu envolvimento em algum conluio com os demais acusados.

3. Agravo regimental parcialmente conhecido e não provido.

ACÓRDÃO

Vistos e relatados estes autos em que são partes as acima indicadas, acordam os Ministros da QUINTA TURMA do Superior Tribunal de Justiça, em sessão virtual de 22/11/2022 a 28/11/2022, por unanimidade, conhecer parcialmente do recurso, mas lhe negar provimento, nos termos do voto do Sr. Ministro Ribeiro Dantas. Os Srs. Ministros Jorge Mussi, Reynaldo Soares da Fonseca, Joel Ilan Paciornik e Jesuíno Rissato (Desembargador Convocado do TJDFT) votaram com o Sr. Ministro Relator.

Presidiu o julgamento o Sr. Ministro Joel Ilan Paciornik.

INFORMAÇÕES COMPLEMENTARES À EMENTA

'[...] segundo a jurisprudência deste STJ, a responsabilização do **advogado** pela emissão de parecer jurídico em procedimento licitatório exige que a denúncia indique precisamente o dolo do causídico em anuir à empreitada criminosa, não sendo suficiente, para tanto, a mera imputação de que o **advogado** elaborou o parecer do qual discorda o Ministério Público". (AgRg no HC 734203 / PE 2022/0099481-0, Relator Ministro RIBEIRO DANTAS (1181), T5 – QUINTA TURMA, j. 28/11/2022, DJe 02/12/2022).

6.1.4 Dolo em Parecer Responsabilidade

EMENTA. EMBARGOS DE DECLARAÇÃO NO AGRAVO REGIMENTAL NOS EMBARGOS DE DECLARAÇÃO NO RECURSO ORDINÁRIO EM **HABEAS CORPUS.** TRANCAMENTO DA AÇÃO PENAL. OMISSÃO. RESPONSABILIDADE DE **ADVOGADO** PÚBLICO. FUNÇÃO CONSULTIVA (PARECER). SUPOSTO DOLO OU ERRO GROSSEIRO. PRECEDENTES DA SUPREMA CORTE. INDÍCIOS DE SUPOSTA ATUAÇÃO DOLOSA EM DELITO DE FRAUDE LICITATÓRIA. PEDIDO DE TRANCAMENTO PREMATURO DA AÇÃO PENAL. CASO CONCRETO. IMPOSSIBILIDADE. QUESTÕES DE MÉRITO E AFETAS À FASE

INSTRUTÓRIA. NO MAIS, AMPLO REVOLVIMENTO FÁTICO-PROBATÓRIO INCOMPATÍVEL COM A VIA ESTREITA DO WRIT. EMBARGOS DE DECLARAÇÃO REJEITADOS.

I – Admitem-se os embargos declaratórios quando houver no decisum ambiguidade, obscuridade, contradição ou omissão. Podem também ser admitidos para a correção de eventual erro material, consoante o hoje previsto no Código de Processo Civil, sendo possível também, apenas excepcionalmente, a alteração ou modificação do julgado embargado, nos efeitos infringentes.

II – Convém registrar que o col. Pretório Excelso, há muito, possui entendimento no sentido de que "salvo demonstração de culpa ou erro grosseiro, submetida às instâncias administrativo-disciplinares ou jurisdicionais próprias, não cabe a responsabilização do **advogado** público pelo conteúdo de seu parecer de natureza meramente opinativa" (MS n. 24.631/DF, Tribunal Pleno, Rel. Min. Joaquim Barbosa, DJ de 1º/2/2008).

III – No caso concreto, prima facie, verifica-se a efetiva ocorrência de indícios de suposta atuação dolosa por parte do embargante (fl. 470).

IV – No mais, os argumentos aqui apresentados não demonstram a busca por qualquer saneamento, mas sim a revisão do mérito – o que não é permitido nesta via, verbis: "Ausente contradição, obscuridade, omissão ou ambiguidade, são rejeitados os embargos declaratórios, que não servem à rediscussão do julgado" (EDcl no HC n. 423.595/PE, Sexta Turma, Rl. Min. Nefi Cordeiro, DJe de 19/10/2018). Embargos de declaração rejeitados.

ACÓRDÃO

Vistos e relatados estes autos em que são partes as acima indicadas, acordam os Ministros da Turma, por unanimidade, rejeitar os embargos.

Os Srs. Ministros João Batista Moreira (Desembargador convocado do TRF1), Reynaldo Soares da Fonseca, Ribeiro Dantas e Joel Ilan Paciornik votaram com o Sr. Ministro Relator.

Convocado o Sr. Ministro João Batista Moreira (Desembargador convocado do TRF1) (**ADVOGADO** PÚBLICO – EMISSÃO DE

PARECER – NATUREZA OPINATIVA – RESPONSABILIZAÇÃO – DOLO OU ERRO GROSSEIRO) (STF – MS 24631-DF, HC 171576-RS) EDcl no AgRg nos EDcl no RHC 158747 / BA 2021/0407028-0, Relator Ministro MESSOD AZULAY NETO (1184), T5 – QUINTA TURMA, j. 07/02/2023, DJe 14/02/2023).

6.1.5 Desacato por gravar testemunhas

EMENTA. **HABEAS CORPUS.** PRIMEIRA FASE DO JÚRI. NULIDADE DO INTERROGATÓRIO. RECUSA DE RESPONDER PERGUNTAS AO JUÍZO. CERCEADO QUESTIONAMENTOS DEFENSIVOS. ILEGALIDADE CONSTATADA.

1. O artigo 186 do CPP estipula que, depois de devidamente qualificado e cientificado do inteiro teor da acusação, o acusado será informado pelo juiz, antes de iniciar o interrogatório, do seu direito de permanecer calado e de não responder perguntas que lhe forem formuladas 2. O interrogatório, como meio de defesa, implica ao imputado a possibilidade de responder a todas, nenhuma ou a apenas algumas perguntas direcionadas ao acusado, que tem direito de poder escolher a estratégia que melhor lhe aprouver à sua defesa.

3. Verifica-se a ilegalidade diante do precoce encerramento do interrogatório do paciente, após manifestação do desejo de não responder às perguntas do juízo condutor do processo, senão do seu **advogado,** sendo excluída a possibilidade de ser questionado pelo seu defensor técnico.

4. Concessão do **habeas corpus.** Cassação da sentença de pronúncia, a fim de que seja realizado novo interrogatório do paciente na Ação Penal n. 5011269-74.202.8.24.0011/SC, oportunidade na qual deve ser-lhe assegurado o direito ao silêncio (total ou parcial), respondendo às perguntas de sua defesa técnica, e exercendo diretamente a ampla defesa. (Ministro OLINDO MENEZES (DESEMBARGADOR CONVOCADO DO TRF 1ª REGIÃO) (1180), T6 – SEXTA TURMA, j. 05/04/2022, DJe 07/04/2022).

6.2 Sigilo

6.2.1 Depoimento como testemunha

EMENTA. PENAL. PROCESSO PENAL. OPERAÇÃO FURNA DA ONÇA. AGRAVO REGIMENTAL NO RECURSO ESPECIAL. TRANCAMENTO DE PROCEDIMENTO INVESTIGATIVO CRIMINAL. ADVOGADO TESTEMUNHA. SILÊNCIO. PRERROGATIVAS INERENTES AO EXERCÍCIO DA **ADVOCACIA.** SIGILO PROFISSIONAL. INVIOLABILIDADE. ADVOGADO INVESTIGADO. GARANTIA CONSTITUCIONAL À NÃO AUTO INCRIMINAÇÃO. DECISÃO MANTIDA. I – O Agravo Regimental deve trazer novos argumentos capazes de alterar o entendimento firmado anteriormente, sob pena de ser mantida a r. decisão vergastada por seus próprios fundamentos. estado presente nos eventos investigados na condição de advogado. Portanto, estava garantido pelo direito de recusar-se a depor como testemunha ou sobre fato relacionado com pessoa de quem era advogado previsto no art. 7º, XIX, da Lei 8.906/94. III – Ademais, ainda que o recorrido tenha tomado parte nas infrações penais investigadas, o que, propõe-se, permitiria a responsabilização criminal com esteio no art. 32 da Lei 8.906/94, deve-se considerar que, por um lado, estaria resguardado pela garantia à não auto incriminação, clausulada no art. 5º, LXIII, da Constituição Federal, e que, por outro, o mero fato de haver permanecido em silêncio jamais constituiria lastro probatório idôneo para justificar modificar sua situação jurídica de simples testemunha para investigado. Agravo Regimental desprovido. (AgRg no REsp 1950597 / RJ 2021/0229772-8, Relator Ministro JESUÍNO RISSATO (DESEMBARGADOR CONVOCADO DO TJDFT) (8420), T5 – QUINTA TURMA, j. 07/12/2021, DJe 15/12/2021).

6.2.2 Desnecessidade de testemunha em contrato de advogado

> EMENTA. PROCESSUAL CIVIL. AGRAVO INTERNO NO AGRAVO EM RECURSO ESPECIAL. EMBARGOS À EXECUÇÃO. HONORÁRIOS CONTRATUAIS. TÍTULO EXECUTIVO. VALIDADE. REEXAME DE PROVAS. SÚMULA 7/STJ. AGRAVO INTERNO DESPROVIDO.
> 1. "Nos termos do artigo 24 da Lei 8.906/94, o contrato de honorários advocatícios é título executivo, independentemente da assinatura de duas testemunhas". Precedentes.
> 2. No caso, o Tribunal de origem observou que o contrato de honorários advocatícios assinado pelas partes atendeu aos requisitos que configuram título executivo extrajudicial, bem como a sua exigibilidade.
> 3. A alteração do entendimento proferido pelo Tribunal de Justiça para aferir a executividade do título judicial em análise demandaria o revolvimento de matéria fático-probatória, o que é vedado em sede de recurso especial, consoante preconiza a Súmula 7/STJ.
> 4. Agravo interno desprovido. (AgInt no AREsp 2049334 / MG 2022/0002760-2, Relator Ministro RAUL ARAÚJO (1143), T4 – QUARTA TURMA, j. 20/06/2022, DJe 01/07/2022).

6.2.3 Advogado viola sigilo grava cliente e realiza delação premiada

> EMENTA. RECURSO EM **HABEAS CORPUS.** TRANCAMENTO DA AÇÃO PENAL POR **HABEAS CORPUS.** EXCEPCIONALIDADE. LEI N. 12.850/2013. COLABORAÇÃO PREMIADA FEITA POR **ADVOGADO.** NATUREZA JURÍDICA DE MEIO DE OBTENÇÃO DE PROVA. POSSIBILIDADE DE ANULAÇÃO. VIOLAÇÃO DE SIGILO PROFISSIONAL. ART. 34, VII, DA LEI N. 8.906/1994. AUSÊNCIA DE JUSTA CAUSA. MÁ-FÉ CARACTERIZADA. NULIDADE DO ACORDO DE COLABORAÇÃO PREMIADA. PRECEDENTES DO STF. RECURSO PROVIDO.

1. O trancamento da ação penal por **habeas corpus** é medida excepcional, admissível quando comprovada a atipicidade da conduta, a incidência de causas de extinção da punibilidade ou a falta de provas de materialidade e indícios de autoria.
2. Nos termos da Lei n. 12.850/2013, o acordo de colaboração premiada é um meio de obtenção de provas, no qual o poder estatal compromete-se a conceder benefícios ao investigado/acusado sob condição de cooperar com a persecução penal, em especial, na colheita de provas contra os outros investigados/acusados.
3. É possível a anulação e a declaração de ineficácia probatória de acordos de colaboração premiada firmados em desrespeito às normas legais e constitucionais.
4. O dever de sigilo profissional imposto ao **advogado** e as prerrogativas profissionais a ele asseguradas não têm em vista assegurar privilégios pessoais, mas sim os direitos dos cidadãos e o sistema democrático.
5. É ilícita a conduta do **advogado** que, sem justa causa, independentemente de provocação e na vigência de mandato, grava clandestinamente suas comunicações com seus clientes com objetivo de delatá-los, entregando às autoridades investigativas documentos de que dispõe em razão da profissão, em violação ao dever de sigilo profissional imposto no art. 34, VII, da Lei n. 8.906/1994.
6. O sigilo profissional do **advogado** é premissa fundamental para exercício efetivo do direito de defesa e para a relação de confiança entre defensor técnico e cliente.
7. O Poder Judiciário não deve reconhecer a validade de atos negociais firmados em desrespeito à lei e em ofensa ao princípio da boa-fé objetiva.
8. A conduta do **advogado** que, sem justa causa e em má-fé, delata seu cliente, ocasiona a desconfiança sistêmica na advocacia, cuja indispensabilidade para administração da justiça é reconhecida no art. 133 da Constituição Federal.
9. Ausente material probatório residual suficiente para embasar a

ação penal, não contaminado pela ilicitude, inafastável o acolhimento do pedido de trancamento da ação penal.

10. Recurso provido para determinar o trancamento da ação penal.

(**HABEAS CORPUS** – TRANCAMENTO DA AÇÃO PENAL – SITUAÇÕES EXCEPCIONAIS – HIPÓTESES) (RHC 164616 / GO 2022/0135260-8, Relator Ministro JOÃO OTÁVIO DE NORONHA (1123), T5 – QUINTA TURMA, j. 27/09/2022, DJe 30/09/2022).

EMENTA. PROCESSO PENAL. RECURSO ORDINÁRIO EM HABEAS CORPUS. APROPRIAÇÃO INDÉBITA EM RAZÃO DO EXERCÍCIO DE OFÍCIO OU PROFISSÃO. TRANCAMENTO DO PROCESSO-CRIME. FLAGRANTE ILEGALIDADE NÃO EVIDENCIADA. CARÊNCIA DE JUSTA CAUSA PARA A PERSECUÇÃO PENAL. NECESSIDADE DE REVOLVIMENTO FÁTICO-COMPROBATÓRIO. CONDUTA DESCRITA NA DENÚNCIA QUE SUBSUME AO TIPO PENAL IMPUTADO AO RÉU. RECURSO DESPROVIDO.

1. Nos termos do entendimento consolidado desta Corte, o trancamento da ação penal por meio do habeas corpus é medida excepcional, que somente deve ser adotada quando houver inequívoca comprovação da atipicidade da conduta, da incidência de causa de extinção da punibilidade ou da ausência de indícios de autoria ou de prova sobre a materialidade do delito, o que não se infere não hipótese dos autos.

2. O reconhecimento da ausência de justa causa para o exercício da ação penal, dada a suposta ausência de elementos de informação a demonstrarem a materialidade e a autoria delitivas, exige profundo exame do contexto probatórios dos autos, o que é inviável na via estreita do writ.

3. Se as instâncias ordinárias, com esteio em elementos de convicção amealhados aos autos, reconheceram a existência de provas de autoria e materialidade delitiva e de justa causa para a persecução penal, maiores digressões acerca do tema demandariam reexame detido do conjunto fático-comprobatório, o que é defeso em sede de mandamus.

4. Hipótese na qual a peça acusatória descreve conduta que se subsume, em tese, ao tipo penal previsto no art. 168, § 1º, III, do Estatuto Repressor, pois teria o recorrente, na qualidade de advogado da ofendida, se apropriado de valores depositados em sua conta corrente para fins de pagamento de dívida bancária por ela contraída, não havendo que falar em manifesta atipicidade a justificar o trancamento do processo-crime.

5. Recurso desprovido. (RHC n. 53.728/DF, relator Ministro Ribeiro Dantas, Quinta Turma, julgado em 18/10/2016, DJe de 9/11/2016.)

EMENTA. PROCESSUAL PENAL. ADVOGADO. APROPRIAÇÃO INDÉBITA. AÇÃO PENAL. FALTA DE JUSTA CAUSA. ATIPICIDADE. TRANCAMENTO. REVOLVIMENTO FÁTICO. IMPOSSIBILIDADE NA VIA ELEITA.

1. O habeas corpus não se apresenta como via adequada ao trancamento da ação penal, quando o pleito se baseia em falta justa causa (atipicidade), não relevada, primo oculi. Intento, em tal caso, que demanda revolvimento fático-probatório, não condizente com a via restrita do writ.

2. Recurso ordinário não provido.

(STJ – RHC: 61766 RJ 2015/0170874-2, Relator: Ministra MARIA THEREZA DE ASSIS MOURA, Data de Julgamento: 25/08/2015, T6 – SEXTA TURMA, Data de Publicação: DJe 11/09/2015)

EMENTA. PROCESSO PENAL. AGRAVO REGIMENTAL NO HABEAS CORPUS. VIOLÊNCIA DOMÉSTICA. PRINCÍPIO DA COLEGIALIDADE. TRANCAMENTO DO INQUÉRITO POLICIAL. IMPOSSIBILIDADE NO CASO.

1- "Inexiste ofensa ao princípio da colegialidade nas hipóteses em que a decisão monocrática foi proferida em obediência ao art. 932 do Código de Processo Civil – CPC e art. 3º do Código de Processo Penal – CPP, por se tratar de recurso em confronto com a jurisprudência do Superior Tribunal de Justiça – STJ. Ademais, o julgamento colegiado ao agravo regimental supre eventual vício da decisão agravada" (AgRg nos EDcl no HC n.569.733/SP, relator Ministro JOEL ILAN PACIORNIK, QUINTA TURMA, julgado em 12/05/2020, DJe 25/05/2020)

2- O trancamento do inquérito policial, procedimento voltado para a apuração do cometimento de um injusto penal, revela-se medida excepcional, somente sendo admissível se constatada, de forma evidente, a ausência de justa causa para o seu prosseguimento, situação não configurada. Justamente por se cuidar do meio utilizado para a coleta de informações necessárias para o oferecimento responsável de futura ação penal, reclama-se, para a sua interrupção, de forma prematura, por meio de habeas corpus, a demonstração, de plano, de propósito da investigação formalizada.

3- No caso, pretende o agravante o amplo exame dos elementos colhidos no inquérito, intento que não se ajusta aos limites estreitos do habeas corpus.

4- Agravo regimental desprovido. (STJ – AgRg no HC 564273, AgRg no HC 564273 – SP 2020/001035-9, Relator Ministro ANTONIO SALDANHA PALHEIRO (1182), T6 – SEXTA TURMA, j. 25/08/2020, DJe 28/08/2020).

EMENTA. RECURSO ORDINÁRIO EM MANDADO DE SEGURANÇA. SÚMULA N. 202/STJ. SUJEITO QUE NÃO É PARTE. NATUREZA NÃO DECISÓRIA DO ATO COATOR. AÇÃO DE EXECUÇÃO. ENDEREÇO DO EXECUTADO DESCONHECIDO. DETERMINAÇÃO DE APRESENTAÇÃO DO CONTRATO DE SERVIÇOS ADVOCATÍCIOS. AFRONTA ÀS PRERROGATIVAS INERENTES AO EXERCÍCIO DA ADVOCACIA. INVIOLABILIDADE E SIGILO PROFISSIONAL. DIREITO LÍQUIDO E CERTO AFRONTADO.

1. A impetração de mandado de segurança contra ato judicial demanda a evidência de ilegalidade, teratologia ou caráter abusivo da decisão combatida.

2. A Súmula n. 202/STJ outorga ao terceiro a faculdade de impetrar mandado de segurança, independentemente da interposição de recurso, desde que não houvesse condições de ter ciência da decisão que lhe prejudicou e que tenha ficado impossibilitado de utilizar o recurso cabível no prazo legal.

3. O mandado de segurança é instrumento hábil à defesa de direito líquido e certo por quem não for parte da ação em que proferido comando coator desprovido de natureza decisória.

4. A advocacia é função essencial à administração da Justiça, reconhecida como tal no caput do art. 133 da CF/1988, com declaração expressa de sua indispensabilidade e de sua atuação sem óbices, na busca da realização do Estado Democrático de Direito.

5. A atuação do advogado é fundamental à interpretação do direito desconhecido do cidadão comum, tendo em vista a natureza técnica das normas jurídicas. Em razão dessa relevância, justificam-se as prerrogativas, instrumentos úteis à neutralização de privilégios estruturais, que, de outro modo, seriam sobrepostos ao espírito da justiça.

6. A imunidade profissional é indispensável para que o advogado possa exercer condigna e amplamente seu múnus público. A inviolabilidade do escritório ou do local de trabalho é consectário da inviolabilidade assegurada ao advogado no exercício profissional (STF, Pleno, ADI n. 1127).

7. É garantida a inviolabilidade do local de trabalho do advogado, de seus arquivos e dados, de sua correspondência e de suas comunicações, inclusive telefônicas e afins.

8. A relação contratual entre o advogado e seu cliente, baseada na confiança, tem caráter personalíssimo, sendo o contrato de prestação de serviços advocatícios típico contrato de mandato, possibilitando sua revogação ou renúncia, a qualquer tempo, sempre que verificado abalo na fidúcia recíproca.

9. O contrato de prestação de serviços advocatícios está sob a guarda do sigilo profissional, assim como se comunica à

inviolabilidade da atividade advocatícia, sendo possível o afastamento daquelas garantias tão somente por meio de ordem judicial expressa e fundamentada e em relação a questões envolvendo o próprio advogado e que sejam relativas a fato ilícito em que ele seja autor.

10. Recurso ordinário provido para deferir a segurança.

(STJ – RMS: 67105 SP 2021/0253737-9, Relator: Ministro LUIS FELIPE SALOMÃO, Data de Julgamento: 21/09/2021, T4 – QUARTA TURMA, Data de Publicação: DJe 17/11/2021).

STF – RCL 37235-RO (PROVAS – ILICITUDE POR DERIVAÇÃO)

STF – RHC 90376-RJ

6.2.4 Mitigado se o advogado é acusado de crime

EMENTA. RECURSO ORDINÁRIO EM **HABEAS CORPUS.** FALSO TESTEMUNHO. PROMOÇÃO DE ENVIO ILEGAL DE VULNERÁVEL AO EXTERIOR. TRANCAMENTO DA PERSECUÇÃO PENAL. MEDIDA EXCEPCIONAL. **ADVOGADO.** INVIOLABILIDADE. MITIGAÇÃO. MEDIDAS ALTERNATIVAS. ADEQUAÇÃO E SUFICIÊNCIA. RECURSO NÃO PROVIDO.

1. O trancamento prematuro de persecução penal, sobretudo em fase embrionária como a do inquérito policial e pela via estreita do writ, é medida excepcional, admissível somente quando emergem dos autos, de plano e sem necessidade de análise probatória, a absoluta falta de justa causa, a atipicidade da conduta ou a extinção da punibilidade.

2. A inviolabilidade garantida pelo art. 7º, II, da Lei n. 8.906/1994, é mitigada, quando o próprio **advogado** é o suspeito do crime, porquanto o sigilo profissional se presta a assegurar o exercício do direito de defesa, contudo não tem como vocação a salvaguarda de atos delitivos. Precedentes.

3. É assente nesta Corte que o falso testemunho (art. 342, § 1º, do Código Penal) é crime formal, cuja consumação ocorre com a

afirmação falsa sobre fato juridicamente relevante, e prescinde do compromisso, do grau de influência no convencimento do julgador e do devido aferimento de vantagem ilícita.

4. Tanto a prisão preventiva (stricto sensu) quanto as demais providências cautelares pessoais introduzidas pela Lei n. 12.403/2011 destinam-se a proteger os meios e os fins do processo penal. O que varia não é a justificativa ou a razão final das cautelas, mas a dose de sacrifício pessoal decorrente de cada uma delas.

5. Justifica-se a imposição da medida cautelar de afastamento entre a recorrente, as vítimas e as testemunhas, diante do prognóstico de prejuízo real à instrução. Os sinais concretos de que a investigada concorreu para três testemunhos falsos, a respeito da migração ilegal de vulnerável para a América do Norte, e achacou pessoas, a fim de que outro depoente alterasse declarações prestadas à autoridade pública, são bastantes para a aplicação do art. 319, III, do CPP, em razão do risco efetivo de interferência na apuração dos fatos e produção de provas falsas, durante a persecução penal.

6. A gravidade concreta dos fatos se potencializa com o óbito de migrante que não sabia nadar e tinha epilepsia, mas foi obrigado a cruzar o rio para a travessia ilegal rumo aos Estados Unidos da América.

7. Recurso não provido. (INVIOLABILIDADE PROFISSIONAL – LIMITAÇÃO **– ADVOGADO** – INVESTIGADO) (RHC 150509 / MG 2021/0223397-2, Relator Ministro ROGERIO SCHIFTTI CRUZ (1158), T6 – SEXTA TURMA, j. 21/06/2022, DJe 27/06/2022).

EMENTA. AÇÃO PENAL ORIGINÁRIA. DENÚNCIA PROPOSTA PELO MINISTÉRIO PÚBLICO FEDERAL. POSSÍVEL EXISTÊNCIA DE ORGANIZAÇÃO CRIMINOSA INSTALADA NO TRIBUNAL REGIONAL DO TRABALHO DA 1ª REGIÃO. PRÁTICA DOS CRIMES DE CORRUPÇÃO ATIVA E PASSIVA, PECULATO E LAVAGEM DE ATIVOS. MEDIDAS DE BUSCA E APREENSÃO. LEGALIDADE. VIOLAÇÃO DO ART. 7º, II, E § 6º, DA LEI 8.906/94. NÃO OCORRÊNCIA. INVESTIGAÇÃO CRIMINAL REALIZADA

PELO PARQUET. POSSIBILIDADE. FISHING EXPEDITION. NÃO OCORRÊNCIA. CERCEAMENTO DE DEFESA. INEXISTÊNCIA. PRINCÍPIO DA OBRIGATORIEDADE DA AÇÃO PENAL PÚBLICA. AUSÊNCIA DE VIOLAÇÃO. INICIAL ACUSATÓRIA APRESENTADA NOS TERMOS DO ART. 41 DO CPP. DENÚNCIA ESPECÍFICA. PRESENÇA DE JUSTA CAUSA. TIPICIDADE FORMAL DO CRIME DE PERTENCIMENTO À ORGANIZAÇÃO CRIMINOSA. DISTINÇÃO DO DELITO DE ASSOCIAÇÃO CRIMINOSA (ART. 288 DO CP). TIPICIDADE FORMAL DO CRIME DE LAVAGEM DE CAPITAIS. AUTOLAVAGEM. CONSUNÇÃO. MATÉRIA DE PROVA. PRISÃO PREVENTIVA. REVOGAÇÃO PELO SUPREMO TRIBUNAL FEDERAL. TEMÁTICA PREJUDICADA. AFASTAMENTO CAUTELAR DOS INVESTIGADOS DO EXERCÍCIO DA FUNÇÃO PÚBLICA. RATIFICAÇÃO PELA CORTE SUPERIOR DO STJ.

1- DENÚNCIA OFERECIDA PELO MINISTÉRIO PÚBLICO FEDERAL, EM 2/3/2021, CONTRA 18 (DEZOITO) INDICIADOS PELA PRÁTICA DE CRIMES DIVERSOS, ESPECIALMENTE CONTRA A ADMINISTRAÇÃO PÚBLICA, ENVOLVENDO, ENTRE OUTROS CODENUNCIADOS, 4 (QUATRO) DESEMBARGADORES DO TRIBUNAL REGIONAL DO TRABALHO DA 1ª REGIÃO. AUTOS CONCLUSOS EM 16/11/2021.

2- O PROPÓSITO DA PRESENTE FASE PROCEDIMENTAL CONSISTE EM DIZER SE É HÍGIDA A HIPÓTESE FÁTICA QUE CULMINOU NO AJUIZAMENTO DA PRESENTE AÇÃO PENAL, ORIGINADA DE INDÍCIOS DA PRÁTICA DE INFRAÇÕES POR AUTORIDADES DO PODER JUDICIÁRIO TRABALHISTA DO ESTADO DO RIO DE JANEIRO, COM FORO PRIVILEGIADO NO STJ, A FIM DE RECEPCIONAR-SE OU NÃO A PEÇA ACUSATÓRIA, QUANTO À IMPUTAÇÃO DOS CRIMES DE CORRUPÇÃO ATIVA, CORRUPÇÃO PASSIVA, PECULATO, LAVAGEM DE ATIVOS E PERTENCIMENTO À ORGANIZAÇÃO CRIMINOSA.

3- OFERECIDA A DENÚNCIA, O TRIBUNAL PODERÁ REJEITÁ--LA, QUANDO: A) FOR MANIFESTAMENTE INEPTA; B) AUSENTE

PRESSUPOSTO PROCESSUAL OU CONDIÇÃO PARA O EXERCÍCIO DA AÇÃO PENAL; OU C) FALTAR JUSTA CAUSA, NOS TERMOS DO ART. 395 DO CPP. CASO NÃO ESTEJAM PRESENTES ESSES ELEMENTOS, A DENÚNCIA DEVERÁ SER RECEBIDA.

4- OCORRE A INÉPCIA DA DENÚNCIA QUANDO SUA DEFICIÊNCIA RESULTAR EM PREJUÍZO AO EXERCÍCIO DA AMPLA DEFESA DO ACUSADO, ANTE A AUSÊNCIA DE DESCRIÇÃO DA CONDUTA CRIMINOSA, DA IMPUTAÇÃO DE FATOS DETERMINADOS, OU QUANDO DA EXPOSIÇÃO CIRCUNSTANCIAL NÃO RESULTAR LOGICAMENTE A CONCLUSÃO.

5- NA HIPÓTESE DOS AUTOS, A DENÚNCIA NARRA QUE OS ACUSADOS, DESEMBARGADORES DO TRABALHO DA 1ª REGIÃO, EM INÚMERAS OPORTUNIDADES, TERIAM RECEBIDO VANTAGENS INDEVIDAS EM RAZÃO DO CARGO, PARA PRATICAR ATOS DE OFÍCIO, COM VIOLAÇÃO DO DEVER FUNCIONAL, PARA O FIM DE INCLUIR DIVERSAS SOCIEDADES EMPRESÁRIAS NO PLANO ESPECIAL DE EXECUÇÃO DA JUSTIÇA DO TRABALHO.

6- AS MEDIDAS DE BUSCA E APREENSÃO NÃO FORAM ORDENADAS APENAS COM BASE NA PALAVRA ADVINDA DA COLABORAÇÃO PREMIADA, ESTANDO LASTREADAS EM DADOS CONCRETOS E ABSOLUTAMENTE INDEPENDENTES, COM INÚMEROS ELEMENTOS DE INFORMAÇÃO, TAIS COMO DEPOIMENTOS COMPARTILHADOS, RELATÓRIOS DE INTELIGÊNCIA FINANCEIRA, MENSAGENS EM APLICATIVOS, ENTRE OUTROS DOCUMENTOS, DE MODO QUE A DELAÇÃO PREMIADA SOMENTE VEIO RENOVAR, AINDA NA ESFERA INDICIÁRIA, A POSSÍVEL VERACIDADE DAS PROVAS APRESENTADAS.

7- A MENS LEGIS DA PROTEÇÃO CONFERIDA PELO ART. 7º, II, E § 6º, DA LEI 8.906/94 REMANESCE EM FAVOR DA ATIVIDADE DA ADVOCACIA E DO SIGILO NA RELAÇÃO DO ADVOGADO COM O CLIENTE, E NÃO COMO OBSTÁCULO À INVESTIGAÇÃO DE CRIMES PESSOAIS.

8- É CEDIÇO QUE O SUPREMO TRIBUNAL FEDERAL, NO JUL-GAMENTO DO RE 593.727/MG, ASSENTOU SER LEGÍTIMA A INVESTIGAÇÃO DE NATUREZA PENAL REALIZADA PELO PARQUET.

9- POR MEIO DE SIMPLES LEITURA DA ÍNTEGRA DOS AU-TOS DO PROCESSO, VERIFICA-SE QUE NÃO HÁ, POR PARTE DO MPF, QUALQUER ANÁTEMA IRROGADO ÀS ESCURAS, COM O ESCOPO DE PROPELIR ELEMENTOS INDICIÁRIOS, PES-CANDO PROVAS A SUBSIDIAR FUTURA ACUSAÇÃO (FISHING EXPEDITION).

10- OS DENUNCIADOS TIVERAM ACESSO À INTEGRALIDADE DO TEOR DA ACUSAÇÃO, DOS DOCUMENTOS E DAS PROVAS CONTRA SI PRODUZIDOS, NÃO SUBSISTINDO A TESE DE CER-CEAMENTO DE DEFESA.

11- PELO PRINCÍPIO DA OBRIGATORIEDADE DA AÇÃO PE-NAL, O OFERECIMENTO DE DENÚNCIA EM DESFAVOR DE AL-GUNS INVESTIGADOS EM INQUÉRITO POLICIAL NÃO GERA ARQUIVAMENTO IMPLÍCITO COM RELAÇÃO AOS NÃO DE-NUNCIADOS, PARA OS QUAIS OS ELEMENTOS PROBATÓRIOS SE MOSTRAM, INICIALMENTE, INSUFICIENTES. O PARQUET, COMO DOMINUS LITIS, PODE ADITAR A DENÚNCIA, ATÉ A SENTENÇA FINAL, PARA A INCLUSÃO DE NOVOS RÉUS, OU, AINDA, OFERECER NOVA DENÚNCIA A QUALQUER TEMPO.

12- A DENÚNCIA NÃO É GENÉRICA, POIS OS FATOS E AS CON-SEQUÊNCIAS PENAIS FORAM ESMIUÇADOS DETALHADA-MENTE NA INICIAL, COM A RESPECTIVA TRANSCRIÇÃO DO FATO CRIMINOSO E DAS CIRCUNSTÂNCIAS, A QUALIFICAÇÃO DOS ACUSADOS E A CLASSIFICAÇÃO DO CRIME, NOS MOL-DES EXIGIDOS PELO ART. 41 DO CPP, NÃO SUBSISTINDO A TESE DE INÉPCIA.

13- A OCORRÊNCIA DOS FATOS NARRADOS NA DENÚNCIA ESTÁ INDICADA, NOS AUTOS, POR INÚMEROS ELEMENTOS IN-DICIÁRIOS – ORIUNDOS DE BUSCAS E APREENSÕES, QUEBRAS

DE SIGILO E OUTRAS MEDIDAS INVESTIGATIVAS –, A JUSTI-FICAR A PRESENÇA DE JUSTA CAUSA PARA A DEFLAGRAÇÃO DA AÇÃO PENAL. ALÉM DISSO, TRADICIONALMENTE, A JUSTA CAUSA É ANALISADA APENAS SOB A ÓTICA RETROSPECTIVA, VOLTADA PARA O PASSADO, COM VISTA A QUAIS ELEMENTOS DE INFORMAÇÃO FORAM OBTIDOS NA INVESTIGAÇÃO PRE-LIMINAR JÁ REALIZADA. TODAVIA, A JUSTA CAUSA TAMBÉM DEVE SER APRECIADA SOB UMA ÓTICA PROSPECTIVA, COM O OLHAR PARA O FUTURO, PARA A INSTRUÇÃO QUE SERÁ REA-LIZADA, DE MODO QUE SE AFIGURA POSSÍVEL INCREMENTO PROBATÓRIO QUE POSSA LEVAR AO FORTALECIMENTO DO ESTADO DE SIMPLES PROBABILIDADE EM QUE O JUIZ SE EN-CONTRA QUANDO DO RECEBIMENTO DA DENÚNCIA.

14- AS CONDUTAS DECLINADAS PELO PARQUET CRISTALI-ZAM INDÍCIOS DE FORMAÇÃO DE ORGANIZAÇÃO CRIMI-NOSA, VISTO QUE: A) FORAM DENUNCIADOS 18 (DEZOITO) AGENTES QUE INTEGRARIAM A ORGANIZAÇÃO CRIMINOSA; B) HAVIA UMA ESTRUTURA BEM ORDENADA E CARACTERI-ZADA PELA DIVISÃO DE TAREFAS; C) AS VANTAGENS TERIAM SIDO CONSUBSTANCIADAS PELO PAGAMENTO DE PROPINA; E D) OS CRIMES DE CORRUPÇÃO ATIVA, CORRUPÇÃO PAS-SIVA, PECULATO E LAVAGEM DE DINHEIRO POSSUEM PENAS MÁXIMAS SUPERIORES A 4 (QUATRO) ANOS.

15- NA ASSOCIAÇÃO CRIMINOSA (ART. 288 DO CP), NÃO SE FAZ NECESSÁRIA A EXISTÊNCIA DE ESTRUTURA ORGANIZA-CIONAL COMPLEXA, BASTANDO ASSOCIAÇÃO INCIPIENTE. A PEDRA DE TOQUE PARA A DISTINÇÃO ENTRE A ASSOCIAÇÃO E A ORGANIZAÇÃO, É QUE, NESTA ÚLTIMA, HÁ UMA DIMEN-SÃO INSTITUCIONAL PARA O COMETIMENTO DO CRIME.

16- EMBORA A TIPIFICAÇÃO DA LAVAGEM DE CAPITAIS DE-PENDA DA EXISTÊNCIA DE UM CRIME ANTECEDENTE, É POS-SÍVEL A AUTOLAVAGEM, ISTO É, A IMPUTAÇÃO SIMULTÂNEA, AO MESMO RÉU, DO DELITO ANTECEDENTE E DO CRIME DE

LAVAGEM, DESDE QUE SEJAM DEMONSTRADOS ATOS DIVER-SOS E AUTÔNOMOS DAQUELE QUE COMPÕE A REALIZAÇÃO DO PRIMEIRO CRIME, CIRCUNSTÂNCIA EM QUE NÃO OCOR-RERÁ O FENÔMENO DA CONSUNÇÃO.

17- A VERIFICAÇÃO DA EFETIVA PRÁTICA DE CONDUTAS TEN-DENTES A ACOBERTAR A ORIGEM ILÍCITA DE DINHEIRO, COM O PROPÓSITO DE EMPRESTAR-LHE A APARÊNCIA DA LICI-TUDE, É MATÉRIA QUE DEPENDE DE PROVAS E DEVE SER OB-JETO DA INSTRUÇÃO NO CURSO DA AÇÃO PENAL.

18- OS DENUNCIADOS ENCONTRAVAM-SE EM PRISÃO DO-MICILIAR, CUJA MANUTENÇÃO FOI RATIFICADA NO JULGA-MENTO DA QUESTÃO DE ORDEM NO PEPRPR 4/DF, JULGADO PELA CORTE ESPECIAL DO SUPERIOR TRIBUNAL DE JUSTIÇA, EM 16/6/2021. NÃO OBSTANTE, O SUPREMO TRIBUNAL FEDERAL CONCEDEU HABEAS CORPUS EM FAVOR DOS QUA-TRO INVESTIGADOS, REVOGANDO AS RESPECTIVAS PRISÕES DOMICILIARES, DE FORMA QUE O TEMA EM EPÍGRAFE RESTA PREJUDICADO.

19- COMPULSANDO OS AUTOS, VERIFICA-SE QUE AS CON-DUTAS NARRADAS PELO MPF – MOBILIZADO POR FORTES ELEMENTOS INDICIÁRIOS –, ANTE A NATUREZA E A GRAVI-DADE DOS FATOS QUE LHES SÃO IMPUTADOS, EVIDENCIAM A INCOMPATIBILIDADE DA MANUTENÇÃO NOS CARGOS PÚ-BLICOS OCUPADOS, EM VISTA DA NECESSIDADE DE GARAN-TIA DA ORDEM PÚBLICA.

20- OS INVESTIGADOS, COM EFEITO, ESTÃO SENDO DENUN-CIADOS PELA PRÁTICA DOS CRIMES DE CORRUPÇÃO ATIVA, CORRUPÇÃO PASSIVA, PECULATO, LAVAGEM DE ATIVOS E PERTENCIMENTO À ORGANIZAÇÃO CRIMINOSA, ACUSADOS DE NEGOCIAR VANTAGEM ILÍCITA E, EM TROCA, PROFERIR DECISÕES JUDICIAIS EM FAVOR DE OUTROS CORRUPTO-RES. ASSIM, DEIXÁ-LOS NO MESMO AMBIENTE EM QUE ACU-SADOS DE CRIME GRAVÍSSIMO, COM CARACTERÍSTICAS DE

VENALIDADE, ATENTARIA CONTRA PRINCÍPIOS ELEMENTA-RES DE ORDEM PÚBLICA, RAZÃO SUFICIENTE PARA ESTA CORTE SUPERIOR MANTER O AFASTAMENTO DAS FUNÇÕES, A FIM DE RESGUARDAR A IMAGEM, A MORALIDADE E O FUN-CIONAMENTO INDEPENDENTE E IMPARCIAL DO TRIBUNAL REGIONAL DO TRABALHO DA 1ª REGIÃO.

21- DESSA FORMA, A CORTE ESPECIAL DO STJ DETERMINA O AFASTAMENTO DOS INVESTIGADOS DAS REFERIDAS FUN-ÇÕES DURANTE O PERÍODO DE 1 (ANO), CONTADO A PARTIR DE HOJE, DIA 16/2/2022, DE MODO QUE, ANTES DO TÉRMINO DO REFERIDO LAPSO, ESTA CORTE VOLTE A SE REUNIR, COM O FIM DE APRECIAR A SITUAÇÃO EM CONCRETO E DETERMI-NAR, SE FOR O CASO, NOVAS MEDIDAS CABÍVEIS.

22- PRELIMINARES REJEITADAS. DENÚNCIA RECEBIDA.

(APN N. 989/DF, RELATORA MINISTRA NANCY ANDRIGHI, CORTE ESPECIAL, JULGADO EM 16/2/2022, DJE DE 22/2/2022.)

EMENTA. PENAL E PROCESSUAL PENAL. RECURSO ORDINÁRIO EM HABEAS CORPUS.FALSIFICAÇÃO DE DOCUMENTO PÚBLICO. BUSCA E APREENSÃO. ESTATUTO DAORDEM DOS ADVOGADOS. SIGILO PROFISSIONAL. RELATIVIZAÇÃO. IMPUNIDADE.PROCEDIMENTO ADMINISTRATIVO PRÉVIO. INEXISTÊNCIA DE CONDICIONANTE ÀCONSUMAÇÃO OU À PERSECUÇÃO PENAL. FALTA DE JUSTA CAUSA. TRANCAMENTODA AÇÃO PENAL. MEDIDA EXCEPCIONAL. ATIPICIDADE, EXTINÇÃO DAPUNIBILIDADE OU EVIDENTE AUSÊNCIA DE JUSTA CAUSA. RECURSO NÃOPROVIDO.

1. A busca e apreensão procedida devidamente fundamentada não padece de nulidade, ainda que em local de trabalho de advogado.

2. O ordenamento jurídico tutela o sigilo profissional do advo-gado, que, como detentor de função essencial à Justiça, goza de prerrogativa para o adequado exercício profissional. Entretanto, re-ferida prerrogativa não pode servir de esteio para impunidade de condutas ilícitas.

3. O crime de falsificação de documento público não demanda o esgotamento da via administrativa, seja para a consumação do delito ou para a persecução penal.

4. É vedada a análise profunda dos elementos probatórios em sede de habeas corpus, que permite apenas exame superficial para constatara tipicidade, extinção da punibilidade ou evidente ausência de justa causa.

5. Não há falar em trancamento da ação penal quando a denúncia é clara e suficiente na imputação dos fatos que ensejaram a persecução penal.

6. A consumação do crime do art. 342 do CP ocorre no momento em que é feita a afirmação falsa, nada impedimento, portanto, o oferecimento da denúncia antes mesmo da sentença definitiva do processo principal, que obsta somente a conclusão do processo em que se apura o crime de falso testemunho diante da possibilidade de retratação, nos termos do art. 342, § 2º, do CP.

7. Recurso não provido. (STJ – RHC: 22200 SP 2007/0238994-5, Relator: Ministro ARNALDO ESTEVES LIMA, Data de Julgamento: 09/03/2010, T5 – QUINTA TURMA, Data de Publicação: DJe 05/04/2010)

EMENTA. PROCESSUAL PENAL. RECURSO EM HABEAS CORPUS. INVESTIGAÇÃO QUE ATRIBUI AOS RECORRENTES, ADVOGADOS, O DELITO DE PARTICIPAÇÃO EM ORGANIZAÇÃO CRIMINOSA. COAÇÃO A TESTEMUNHAS DE DETERMINADA AÇÃO PENAL, POR MEIO DE APARELHO CELULAR. DECRETAÇÃO DA QUEBRA DO SIGILO TELEMÁTICO. ALEGAÇÃO DE QUE O TRIBUNAL NÃO DEBATEU SUFICIENTEMENTE A QUESTÃO. IMPROCEDÊNCIA. WRIT ORIGINÁRIO QUE, APESAR DE NÃO ADMITIDO, ENFRENTOU AS ALEGAÇÕES DEFENSIVAS. PRETENSÃO DE OBSTAR O ACESSO INTEGRAL AOS DADOS TELEMÁTICOS DOS RECORRENTES. RAZÕES TÉCNICAS QUE IMPEDEM A EXTRAÇÃO PARCIAL DOS DADOS QUE

INTERESSAM À INVESTIGAÇÃO. ALEGAÇÃO DE OFENSA AO SIGILO PROFISSIONAL DIANTE DA POSSIBILIDADE DE INVESTIGAÇÃO ESPECULATIVA OU SERENDIPIDADE. INOCORRÊNCIA. GARANTIA QUE DEVE SER PONDERADA DIANTE DA EXISTÊNCIA DE INDÍCIOS DA PRÁTICA DE CRIME POR ADVOGADO. PRESERVAÇÃO, ADEMAIS, DIANTE DA TRANSFERÊNCIA DO SIGILO PARA QUEM DETIVER OS DADOS RELACIONADOS AOS EVENTUAIS CLIENTES REPRESENTADOS PELOS INVESTIGADOS. EXISTÊNCIA, AINDA, DA ADOÇÃO DE CAUTELAS NA EXECUÇÃO DA MEDIDA, MEDIANTE REPRESENTANTE DA OAB. CAUTELAS INERENTES À BUSCA E APREENSÃO EM ESCRITÓRIO DE ADVOCACIA QUE PODEM SER DEVIDAMENTE APLICADAS QUANDO DO ACESSO AOS DADOS VIRTUAIS. CONSTRANGIMENTO ILEGAL. AUSÊNCIA.

1. Em que pese o Tribunal não tenha admitido a impetração originária, discorreu sobre o mérito da insurgência, a fim de verificar se existiria constrangimento ilegal a ser sanado de ofício, razão pela qual improcede a alegação que a Corte originária não apreciou as alegações defensivas, não cabendo o retorno dos autos para eventual análise.

2. É cediço, neste Superior Tribunal, o entendimento de que a inviolabilidade prevista no art. 7º, II, da Lei n. 8.906/1994 não se presta para afastar da persecução penal a prática de delitos pessoais pelos advogados. Trata-se de garantia voltada ao exercício da advocacia e protege o munus constitucional exercido pelo profissional em relação a seus clientes, criminosos ou não, mas que não devem servir de blindagem para a prática de crimes pelo próprio **advogado,** em concurso ou não com seus supostos clientes (APn n. 940/DF, Rel. Ministro Og Fernandes, Corte Especial, DJe 13/5/2020).

3. Caso em que o cerne da investigação deflagrada contra os recorrentes, que inclusive foi a causa de sua prisão em flagrante, é o fato de ambos, em tese, utilizarem seus aparelhos celulares para coagir testemunhas a prestarem depoimentos falsos em juízo,

em audiência da ação penal que decorre de investigação policial (Operação Regalia) que apurou a prática de diversos crimes (concussão, estelionato, falsidade ideológica, facilitação à fuga de preso, usurpação de função pública).

4. Improcede a alegação de investigação especulativa (fishing expedition) ou possibilidade da ocorrência do fenômeno da serendipidade em relação a eventuais clientes dos recorrentes, uma vez que a garantia do sigilo profissional entre **advogado** cliente, em que pese esteja sendo preterida em relação à necessidade da investigação da prática dos crimes pelos investigados, seguirá preservada com a transferência do sigilo para quem quer que esteja na posse dos dados telemáticos extraídos dos celulares apreendidos.

5. Essa é justamente a cautela que vem sendo providenciada tanto pelo Juízo de primeiro grau, que deferiu a realização da medida mediante acompanhamento pelo representante da OAB, quanto pelo próprio departamento de Polícia Científica, que expediu diversas recomendações para o bom andamento da medida.

6. Assim como ocorre na execução da medida de busca e apreensão em escritório de advocacia, quando a medida é autorizada mediante a suspeita da prática de crime por **advogado,** na qual não há como exigir da autoridade cumpridora do mandado que filtre imediatamente o que interessa ou não à investigação, devendo o que não interessa ser prontamente restituído ao investigado após a perícia, tal raciocínio pode perfeitamente ser aplicado, quando do acesso aos dados telemáticos do aparelho celular, quando a medida é autorizada em razão da existência de sérios indícios da prática de crime por meio da utilização do aparelho pelo **advogado**.

7. Recurso em **habeas corpus** improvido. (RHC 157143 / PR 2021/0368206-1, Relator Ministro SEBASTIÃO REIS JÚNIOR (1148), T6 – SEXTA TURMA, j. 14/06/2022, DJe 20/06/2022).

EMENTA. AGRAVO REGIMENTAL NO RECURSO ORDINÁRIO EM **HABEAS CORPUS**. PROCESSUAL PENAL. ESTUPRO DE

VULNERÁVEL CONTRA TRÊS CRIANÇAS. DIVERSAS VEZES. ALEGADA NULIDADE DA BUSCA E APREENSÃO PORQUE EFETUADA SEM A PRESENÇA DE REPRESENTANTE DA OAB. MEDIDA CUMPRIDA NA RESIDÊNCIA DE INVESTIGADO PELA PRÁTICA DE CRIMES DE ESTUPRO DE VULNERÁVEL. INEXISTÊNCIA DE RELAÇÃO COM A ATIVIDADE DE ADVOCACIA EXERCIDA PELO AGRAVANTE, SUPOSTAMENTE, EM SUA CASA. CONSTRANGIMENTO ILEGAL INEXISTENTE. AGRAVO REGIMENTAL DESPROVIDO.

1. De acordo com o Órgão Máximo desta Corte, "[n]ão é automática a extensão da prerrogativa de contar com a presença de um representante da OAB no momento do cumprimento da medida para acobertar a residência ou outros locais, que não o escritório de advocacia propriamente dito, sendo imprescindível a demonstração de que o lugar é destinado ao exercício da profissão de maneira a caracterizar-se como extensão do local de trabalho, o que não ocorreu no caso" (APn 940/DF, Rel. Ministro OG FERNANDES, CORTE ESPECIAL, julgado em 06/05/2020, DJe 13/05/2020).

2. A Corte Especial do STJ assentou, ainda, que "[a] inviolabilidade prevista no art. 7°, II, da Lei n. 8.906/1994 não se presta para afastar da persecução penal a prática de delitos pessoais pelos advogados. Trata-se de garantia voltada ao exercício da advocacia e protege o munus constitucional exercido pelo profissional em relação a seus clientes, criminosos ou não, mas que não devem servir de blindagem para a prática de crimes pelo próprio **advogado,** em concurso ou não com seus supostos clientes" (APn 940/DF, Rel. Ministro OG FERNANDES, CORTE ESPECIAL, julgado em 06/05/2020, DJe 13/05/2020).

3. No caso, o mandado de busca e apreensão cumprido na residência do Agravante, foi expedido por Autoridade Judicial competente, visando a apuração de reiterados crimes de estupro de vulneráveis (três crianças), supostamente cometidos pelo Investigado, que, por acaso, é **advogado.** Ou seja, o simples fato

de o Réu exercer advocacia, por si só, não lhe confere prerrogativa em apurações de delitos que nada têm a ver com a sua atividade profissional.

4. Agravo regimental desprovido. (AgRg no RHC 163700 / RS 2022/0110344-2, Relatora Ministra LAURITA VAZ (1120), T6 – SEXTA TURMA, j. 07/06/2022, DJe 13/06/2022).

EMENTA. PROCESSUAL PENAL. RECURSO EM HABEAS CORPUS. INVESTIGAÇÃO QUE ATRIBUI AOS RECORRENTES, ADVOGADOS, O DELITO DE PARTICIPAÇÃO EM ORGANIZAÇÃO CRIMINOSA. COAÇÃO A TESTEMUNHAS DE DETERMINADA AÇÃO PENAL, POR MEIO DE APARELHO CELULAR. DECRETAÇÃO DA QUEBRA DO SIGILO TELEMÁTICO. ALEGAÇÃO DE QUE O TRIBUNAL NÃO DEBATEU SUFICIENTEMENTE A QUESTÃO. IMPROCEDÊNCIA. WRIT ORIGINÁRIO QUE, APESAR DE NÃO ADMITIDO, ENFRENTOU AS ALEGAÇÕES DEFENSIVAS. PRETENSÃO DE OBSTAR O ACESSO INTEGRAL AOS DADOS TELEMÁTICOS DOS RECORRENTES. RAZÕES TÉCNICAS QUE IMPEDEM A EXTRAÇÃO PARCIAL DOS DADOS QUE INTERESSAM À INVESTIGAÇÃO.

ALEGAÇÃO DE OFENSA AO SIGILO PROFISSIONAL DIANTE DA POSSIBILIDADE DE INVESTIGAÇÃO ESPECULATIVA OU SERENDIPIDADE. INOCORRÊNCIA. GARANTIA QUE DEVE SER PONDERADA DIANTE DA EXISTÊNCIA DE INDÍCIOS DA PRÁTICA DE CRIME POR ADVOGADO. PRESERVAÇÃO, ADEMAIS, DIANTE DA TRANSFERÊNCIA DO SIGILO PARA QUEM DETIVER OS DADOS RELACIONADOS AOS EVENTUAIS CLIENTES REPRESENTADOS PELOS INVESTIGADOS. EXISTÊNCIA, AINDA, DA ADOÇÃO DE CAUTELAS NA EXECUÇÃO DA MEDIDA, MEDIANTE REPRESENTANTE DA OAB. CAUTELAS INERENTES À BUSCA E APREENSÃO EM ESCRITÓRIO DE **ADVOCACIA** QUE PODEM SER DEVIDAMENTE APLICADAS QUANDO DO ACESSO AOS DADOS VIRTUAIS. CONSTRANGIMENTO ILEGAL. AUSÊNCIA.

1. Em que pese o Tribunal não tenha admitido a impetração originária, discorreu sobre o mérito da insurgência, a fim de verificar se existiria constrangimento ilegal a ser sanado de ofício, razão pela qual improcede a alegação que a Corte originária não apreciou as alegações defensivas, não cabendo o retorno dos autos para eventual análise.

2. É cediço, neste Superior Tribunal, o entendimento de que a inviolabilidade prevista no art. 7º, II, da Lei n. 8.906/1994 não se presta para afastar da persecução penal a prática de delitos pessoais pelos advogados. Trata-se de garantia voltada ao exercício da **advocacia** e protege o munus constitucional exercido pelo profissional em relação a seus clientes, criminosos ou não, mas que não devem servir de blindagem para a prática de crimes pelo próprio advogado, em concurso ou não com seus supostos clientes (APn n. 940/DF, Rel. Ministro Og Fernandes, Corte Especial, DJe 13/5/2020).

3. Caso em que o cerne da investigação deflagrada contra os recorrentes, que inclusive foi a causa de sua prisão em flagrante, é o fato de ambos, em tese, utilizarem seus aparelhos celulares para coagir testemunhas a prestarem depoimentos falsos em juízo, em audiência da ação penal que decorre de investigação policial (Operação Regalia) que apurou a prática de diversos crimes (concussão, estelionato, falsidade ideológica, facilitação à fuga de preso, usurpação de função pública).

4. Improcede a alegação de investigação especulativa (fishing expedition) ou possibilidade da ocorrência do fenômeno da serendipidade em relação a eventuais clientes dos recorrentes, uma vez que a garantia do sigilo profissional entre advogado cliente, em que pese esteja sendo preterida em relação à necessidade da investigação da prática dos crimes pelos investigados, seguirá preservada com a transferência do sigilo para quem quer que esteja na posse dos dados telemáticos extraídos dos celulares apreendidos.

5. Essa é justamente a cautela que vem sendo providenciada tanto pelo Juízo de primeiro grau, que deferiu a realização da medida

mediante acompanhamento pelo representante da OAB, quanto pelo próprio departamento de Polícia Científica, que expediu diversas recomendações para o bom andamento da medida.

6. Assim como ocorre na execução da medida de busca e apreensão em escritório de **advocacia,** quando a medida é autorizada mediante a suspeita da prática de crime por advogado, na qual não há como exigir da autoridade cumpridora do mandado que filtre imediatamente o que interessa ou não à investigação, devendo o que não interessa ser prontamente restituído ao investigado após a perícia, tal raciocínio pode perfeitamente ser aplicado, quando do acesso aos dados telemáticos do aparelho celular, quando a medida é autorizada em razão da existência de sérios indícios da prática de crime por meio da utilização do aparelho pelo advogado.

7. Recurso em habeas corpus improvido. RHC 157143 / PR 2021/0368206-1, Relator Ministro SEBASTIÃO REIS JÚNIOR (1148), T6 – SEXTA TURMA, j. 14/06/2022, DJe 20/06/2022).

EMENTA. AGRAVO REGIMENTAL NO RECURSO ORDINÁRIO EM **HABEAS CORPUS.** PROCESSUAL PENAL. INDÍCIOS DE AUTORIA E MATERIALIDADE DELITIVA. INADEQUAÇÃO DA VIA ELEITA. PRISÃO PREVENTIVA. ENVOLVIMENTO COM ORGANIZAÇÃO CRIMINOSA VOLTADA PARA A PRÁTICA DE TRÁFICO INTERESTADUAL DE ENTORPECENTES. GARANTIA DA ORDEM PÚBLICA. GRAVIDADE CONCRETA DA CONDUTA. FUNDAMENTAÇÃO IDÔNEA. CONDIÇÕES PESSOAIS FAVORÁVEIS. IRRELEVÂNCIA, NO CASO. SUBSTITUIÇÃO DA CUSTÓDIA POR MEDIDAS CAUTELARES DIVERSAS DA PRISÃO. DESCABIMENTO, NA ESPÉCIE. AGRAVO REGIMENTAL DESPROVIDO.

1. Constatada pelas instâncias ordinárias a existência de prova suficiente para instaurar a ação penal, reconhecer que os indícios de materialidade e autoria do crime são insuficientes para justificar a custódia cautelar implicaria afastar o substrato fático em que se

ampara a acusação, o que, como é sabido, não é possível na estreita e célere via do **habeas corpus**.

2. A custódia cautelar foi devidamente fundamentada, nos exatos termos do art. 312 do Código de Processo Penal, para a garantia da ordem pública, em razão da especial gravidade da conduta. Consoante afirmado pelas instâncias ordinárias, o Recorrente, acusado de integrar complexa organização criminosa voltada para o tráfico interestadual de drogas, exercia, em tese, atuação de grande importância para as atividades do esquema criminoso investigado, pois, utilizando-se de suas prerrogativas de **advogado** criminalista, intermediava a comunicação de presos recolhidos em unidade prisional de segurança máxima (incluindo o líder da organização criminosa) com os demais membros do grupo, possibilitando o prosseguimento das atividades ilícitas.

3. Nos termos da jurisprudência do Supremo Tribunal Federal: "[n]ão há ilegalidade na decisão que decreta a prisão preventiva com base em elementos concretos aptos a revelar a real necessidade de se fazer cessar ou diminuir a atuação de suposto integrante de organização criminosa para assegurar a ordem pública" (STF, RHC n.º 144.284 AgR, Rel. Ministro EDSON FACHIN, SEGUNDA TURMA, DJe 27/08/2018).

4. A suposta existência de condições pessoais favoráveis não tem o condão de, por si só, desconstituir a custódia antecipada, caso estejam presentes um dos requisitos de ordem objetiva e subjetiva que autorizem a decretação da medida extrema, como ocorre, in casu.

5. Demonstrada pelas instâncias originárias, com expressa menção às peculiaridades do caso concreto, a necessidade da imposição da prisão preventiva, não se mostra suficiente a aplicação de quaisquer das medidas cautelares alternativas à prisão, elencadas no art. 319 do Código de Processo Penal.

6. Agravo regimental desprovido. (AgRg no RHC 141125 / MG 2021/0006029-3, Relatora Ministra LAURITA VAZ (1120), T6 – SEXTA TURMA, j. 14/12/2021, DJe 17/12/2021).

6.2.5 A mitigação não é possível quando o advogado exerce a profissão

EMENTA. **HABEAS CORPUS.** DIREITO PENAL E PROCESSUAL PENAL. PROCEDIMENTO INVESTIGATÓRIO CRIMINAL AUTÔNOMO INSTAURADO PELO MINISTÉRIO PÚBLICO ESTADUAL. BUSCA E APREENSÃO. ILEGALIDADE. INVIOLABILIDADE DO **ADVOGADO.** INADEQUAÇÃO DA CORREIÇÃO PARCIAL. INOCORRÊNCIA. ATIPICIDADE DA CONDUTA INVESTIGADA. TRANCAMENTO DO PROCEDIMENTO INVESTIGATIVO CRIMINAL POR AUSÊNCIA DE JUSTA CAUSA. ANULAÇÃO DA DECISÃO JUDICIAL DE BUSCA E APREENSÃO. SUBSUNÇÃO CONTROVERSA. GRAVAÇÃO AMBIENTAL REALIZADA POR UM DOS INTERLOCUTORES SEM CONHECIMENTO DO OUTRO. LICITUDE. PRECEDENTES DO SUPERIOR TRIBUNAL DE JUSTIÇA – STJ E DO SUPREMO TRIBUNAL FEDERAL – STF. PRESTÍGIO AOS PRINCÍPIOS DA AMPLA DEFESA E DO DEVIDO PROCESSO LEGAL. WRIT CONHECIDO EM PARTE E, NESSA EXTENSÃO, ORDEM DE **HABEAS CORPUS** CONCEDIDA.

1. A prerrogativa de instauração de procedimentos investigatórios criminais pelo Ministério Público não o exime de se submeter ao permanente controle jurisdicional.

2. Hipótese em que o Ministério Público do Estado do Rio de Janeiro deflagrou investigação em desfavor das pacientes para apuração de suposta realização de escuta ambiental indevida, delito tipificado no art. 10 da Lei n. 9.296/96.

3. A inviolabilidade (art. 133 da CF; artigo 2º, § 3º, da Lei n. 8.906/94) é limitada quando o próprio **advogado** é o investigado porque, naturalmente, o sigilo profissional se presta a assegurar o exercício do direito de defesa, não tendo como vocação a proteção da prática de ilícitos. Precedentes do STF e do STJ.

4. A correição parcial é espécie de impugnação de atos judiciais de natureza híbrida (administrativa/jurisdicional). Daí não

ser censurável o seu conhecimento em hipóteses que tais – à luz, ainda, da fungibilidade recursal – não se afigurando teratologia.

5. A realização da gravação, nas circunstâncias em que levada a efeito – em oitiva formal de assistido seu, oficial e notoriamente registrada em sistema audiovisual pela autoridade administrativa responsável pelo ato – não se confunde com a escuta ambiental indevida e é legalmente permitida, independentemente de prévia autorização da autoridade incumbida da presidência do ato, nos explícitos termos do art. 387, § 6º, do Código de Processo Civil, diploma jurídico de aplicação supletiva aos procedimentos administrativos em geral.

6. Adequação típica alvitrada pelo Ministério Público como justificativa para a instauração do procedimento investigativo carente de mínima plausibilidade, afigurando-se insuficiência de justa causa à persecução. Consequente decisão judicial de busca e apreensão fulminada pela nulidade por desdobramento (fruits of the poisonous tree).

7. Embora não se afigure ética e moralmente louvável a realização de gravação clandestina, contrária às diretrizes preconizadas pela autoridade incumbida para o ato, a realidade é que, naquela conjuntura, não se revelou ilegal, muito menos criminosa.

8. Inviável, portanto, o prosseguimento dos procedimentos objeto desta Impetração.

9. Writ em parte conhecido e, nessa extensão, concedida a ordem de **habeas corpus** para trancamento do Procedimento Investigatório Criminal n. 2020.00659710, instaurado pelo Ministério Público do Estado do Rio de Janeiro, anulando-se, de conseguinte, todos os atos de investigação e atos judiciais derivados de requerimentos nele formulados, notadamente a busca e apreensão realizada, com determinação de restituição dos bens das pacientes ilegalmente apreendidos. (HC 662690 / RJ 2021/0126576-1, Relator Ministro JOEL ILAN PACIORNIK (1183), T5 – QUINTA TURMA, j. 17/05/2022 DJe 19/05/2022. RMPRJ vol. 84 p. 58, RSTJ vol. 266 p. 1146).

6.2.6 Sigilo profissional do advogado em relação ao exercício da função, sigilo de comunicações e de dados entre advogados e seus Clientes

Em julgamento de recurso especial contra acórdão que negou provimento de agravo regimental em mandado de segurança, versando sobre arquivamento de inquérito em Juízo de Vara Criminal em São Paulo, a Min. Daniela Teixeira reconhece do recurso especial, determinando reabertura e envio do inquérito à Justiça Federal. Na decisão, ao relatá-lo, versa sobre violação de e-mails de advogados, competindo a Justiça Federal, portanto, sua plena investigação:

> "Não se pode perder de vista a gravidade dos fatos noticiados nas investigações acima mencionadas. Isso porque a violação de e-mails de advogados representa muito mais do que o desrespeito ao sigilo individual, mas sim a violação ao próprio direito de defesa, basilar do Estado Democrático de Direito.
>
> Ao tratar da inviolabilidade do Direito de Defesa, Cezar Britto afirma: "A história afirmou o fundamento de que a busca da inviolabilidade profissional apenas possui razão de ser – e objetiva assegurar – a defesa do cidadão, que deve ser altiva, sem peias, é dizer, livre.
>
> O direito de defesa é base e fundamento do Estado democrático de Direito, fruto de uma longa, lenta e penosa construção humana, de cujos benefícios, testados e atestados em séculos de história, não se pode abrir mão" (BRITTO, Cezar. COÊLHO, Marcus Vinicius. A inviolabilidade do direito de defesa. Belo Horizonte: Del Rey, 2012).
>
> Nessa esteira, demonstrando a importância do direito de defesa e reforçando a inviolabilidade do sigilo profissional do advogado, o Em. Min. Alexandre de Moraes, ao julgar a Reclamação 57.996/SP, afirmou:
>
> [...]. O alcance da proteção legal, descrita pela inviolabilidade da correspondência escrita, eletrônica, telefônica e telemática, tem por fim garantir não só ao advogado a inviolabilidade no exercício

de sua função (art. 133, CF), mas também à parte representada a efetivação da ampla defesa (art. 5º, LV, CF) .... A inviolabilidade das comunicações e de dados examinada sob o entendimento da ADI 1.127 visa a proteção do exercício da advocacia como instrumento para a concretização dos direitos e garantias constitucionais individuais, tendo por finalidade a proteção da relação dos advogados com os seus representados. A apreensão de todos os e-mails constantes da base de dados da empresa prestadora do serviço específico, em especial a Microsoft, entre todos os agentes descritos na decisão reclamada – diretores, gerentes, contadores, economistas, administradores e controladores, além de eventuais advogados, dentre eles, os reclamantes –, traduz ato desproporcional apto a ensejar a quebra da tutela constitucional do sigilo de comunicações e de dados entre advogados e seus clientes. A decisão reclamada indica a possibilidade de acesso indiscriminado à comunicação entre advogados e seus constituintes, ainda que em ato consultivo, publicizando-se aquilo que somente diz respeito aos interlocutores que, por reconhecimento do alcance constitucional do direito à ampla defesa técnica, somente poderá tornar-se público por decisão daqueles próprios. Obviamente, a prerrogativa conferida aos advogados alcança apenas as suas comunicações profissionais com os seus clientes ou com outros advogados, ou seja, estão protegidos pelo sigilo profissional todos esses dados, tais como os e-mails originados ou destinados aos advogados, em trocas de mensagens com o Grupo Americanas, com os seus diretores, membros do Conselho de Administração, do Comitê de Auditoria, advogados internos e funcionários da área de contabilidade e de finanças da companhia (Rcl 57966, Min. ALEXANDRE DE MORAES, DJe 04.04.2023)

De acordo com a Procuradoria, caso a conduta em questão seja comprovada, ela se amolda ao crime de divulgação de segredo disposto no tipo penal do art. 153, §1-A e §2º do Código Penal (e-STJ fl. 314). Assim, requisitou-se a instauração do inquérito policial nº

CAPÍTULO 6 – PRERROGATIVAS NO STJ

2020.00074138, que tramita na Justiça Federal do Distrito Federal. Individualmente considerados, esses fatos são de competência da Justiça Federal, uma vez que foram praticados em detrimento de interesse da União, nos termos do art. 109, inc. IV, da Constituição. (Resp. 2093513 – SP. Rel. Min. DANIELA TEIXEIRA, j. 18/12/23).

6.3 Honorários

6.3.1 Honorários prescrição

> **EMENTA** PROCESSUAL CIVIL. AGRAVO REGIMENTAL NO AGRAVO DE INSTRUMENTO.
> HONORÁRIOS ADVOCATÍCIOS. PRESCRIÇÃO. ART. 25, II, DA **LEI** 8.906/94. AGRAVO NÃO PROVIDO.
> 1. "Aplica-se o prazo prescricional de cinco anos previsto no artigo 25, II, da **Lei 8906/94,** tanto para a execução como para a ação de cobrança dos honorários advocatícios, em desfavor da Fazenda Pública" (REsp 1.178.461/PR, Rel. Min. ELIANA CALMON, Segunda Turma).
> 2. Agravo regimental não provido. (AgRg no Ag 1223331 / RS 2009/0165738-0, Relator Ministro ARNALDO ESTEVES LIMA (1128), T1 – PRIMEIRA TURMA, j. 05/04/2011, DJe 11/04/2011).

> EMENTA. PROCESSUAL CIVIL. HONORÁRIOS ADVOCATÍCIOS. INEXISTÊNCIA DE PREVISÃO CONTRATUAL. ART. 22, § 2º, DA **LEI** N. **8,906/94.** FIXAÇÃO EM VALOR EXCESSIVO. REVISÃO. POSSIBILIDADE.
> 1. Diante da lacuna contratual sobre a fixação dos honorários, aplica-se o disposto no § 2º do art. 22 do Estatuto da Advocacia para estabelecer-se o quantum devido a título de honorários advocatícios.
> 2. Pacífico o entendimento do STJ quanto à possibilidade de, em sede de recurso especial, modificar-se o valor fixado a título de

honorários advocatícios pelas instâncias de origem em casos de valores irrisórios ou excessivos.

3. Recurso especial conhecido e provido.

ACÓRDÃO

Vistos, relatados e discutidos os autos em que são partes as acima indicadas, acordam os Ministros da Quarta Turma do Superior Tribunal de Justiça, por unanimidade, conhecer do recurso especial e dar-lhe provimento nos termos do voto do Sr. Ministro Relator. Os Srs. Ministros Massami Uyeda, Fernando Gonçalves e Aldir Passarinho Junior votaram com o Sr. Ministro Relator. Presidiu o julgamento a Sr. Ministro Massami Uyeda. (REsp 686514 / PR 2004/0101918-9, Relator Ministro JOÃO OTÁVIO DE NORONHA (1123), T4 – QUARTA TURMA, j. 25/03/2008, DJe 22/04/2008).

6.3.2 Sucumbência pertence ao advogado

EMENTA. PROCESSO CIVIL. AGRAVO INTERNO NO RECURSO ESPECIAL. ALEGADA VIOLAÇÃO DO ART. 26, § 2º, DO CPC. TRANSAÇÃO CELEBRADA SEM A PRESENÇA DO ADVOGADO. IMPOSSIBILIDADE. INCIDÊNCIA DOS ARTIGOS 23 e 24, § 4º, DA **LEI** N.º 8.906/94. AGRAVO INTERNO IMPROVIDO. 1. Não se aplica, à hipótese dos autos, o disposto no artigo 26, § 2º, do Código de Processo Civil, visto que a transação foi celebrada entre as partes sem o assentimento do respectivo advogado. 2. A verba honorária, à luz do artigo 22, da **Lei** nº 8.906/94, pertence ao advogado da parte vencedora, em contrapartida ao trabalho realizado, cujo quantum, fixado pelo juiz, observa o grau do zelo demonstrado e a complexidade do trabalho desenvolvido, consoante o disposto no artigo 20, do Código de Processo Civil. 3. Conquanto a verba honorária é parcela autônoma, não pertencente às partes, e tendo sido a transação realizada antes da vigência da Medida Provisória nº 2.226/2001, incide à espécie o disposto nos artigos 23 e 24, § 4º, da **Lei** n.º 8.906/94. 4. Agravo interno improvido.

ACÓRDÃO

Vistos, relatados e discutidos estes autos em que são partes as acima indicadas, acordam os Ministros da SEXTA TURMA do Superior Tribunal de Justiça, na conformidade dos votos e das notas taquigráficas a seguir, por unanimidade, negar provimento ao agravo regimental, nos termos do voto do Sr. Ministro Relator. Votaram com o Relator os Srs. Ministros NILSON NAVES, HAMILTON CARVALHIDO e PAULO GALLOTTI. Ausente, justificadamente, o Sr. Ministro PAULO MEDINA. Presidiu o julgamento o Sr. Ministro PAULO GALLOTTI. (AgRg no REsp 785641 / DF 2005/0163392-2, Relator Ministro HÉLIO QUAGLIA BARBOSA (1127), T6 – SEXTA TURMA, j. 14/02/2006, DJ 06/03/2006 p. 488).

EMENTA. AGRAVO INTERNO NO AGRAVO EM RECURSO ESPECIAL. HONORÁRIOS ADVOCATÍCIOS SUCUMBENCIAIS. OFENSA AOS ARTIGOS 489 E 1.022 DO CPC/15. AUSÊNCIA. TRANSAÇÃO. NECESSIDADE DA ANUÊNCIA DOS PATRONOS PARA A DISPENSA DA EXIGIBILIDADE. AGRAVO INTERNO DESPROVIDO. 1. Não prospera a alegada ofensa aos arts. 485 e 1.022 do Código de Processo Civil, quando o v. acórdão recorrido, embora não tenha examinado individualmente cada um dos argumentos suscitados pela parte, adota fundamentação suficiente, decidindo integralmente a controvérsia. 2. Conforme entendimento do STJ, "nos termos dos arts. 22, 23 e 24, §§ 1º e 4º, do **Estatuto da Advocacia,** a prestação de serviço profissional assegura ao advogado inscrito na Ordem dos Advogados do Brasil o recebimento de honorários, sobre os quais possui direito autônomo de exigibilidade, podendo reclamá-los nos mesmos autos em que fixados e não podendo ser prejudicado por eventual transação realizada pelo cliente e a parte adversa, sem a sua anuência" (REsp 1.613..672/RJ, Rel. Ministro MARCO AURÉLIO BELLIZZE, TERCEIRA TURMA, julgado em 14/02/2017, DJe de 23/02/2017).

3. Agravo interno desprovido. (AgInt nos EDcl no AREsp 1887038 / RJ 2021/0128763-6, Relator Ministro RAUL ARAÚJO (1143), T4 – QUARTA TURMA, j. 27/06/2022, DJe 29/06/2022).

6.3.3 Sucumbência por sociedade de advogado

EMENTA. PROCESSUAL CIVIL. RECURSO ESPECIAL. RECURSO MANEJADO SOB A ÉGIDE DO NCPC. EXECUÇÃO DE CONTRATO DE HONORÁRIOS ADVOCATÍCIOS . EXCEÇÃO DE PRÉ-EXECUTIVIDADE. OMISSÃO. INOCORRÊNCIA. AUSÊNCIA DE VIOLAÇÃO DO ART. 1.022 DO NCPC. LEGITIMIDADE DE PARTE DA SOCIEDADE DE **ADVOCACIA**. EXPRESSA CESSÃO DE CRÉDITO QUE SE OPEROU ENTRE ADVOGADO E A SOCIEDADE DE **ADVOCACIA.** CLÁUSULA CONTRATUAL QUE A PREVIU. AUSÊNCIA DE INDICAÇÃO DA SOCIEDADE QUANDO DA PROCURAÇÃO QUE NÃO IMPEDE O LEVANTAMENTO DA VERBA POR ESTA. RECURSO ESPECIAL NÃO PROVIDO.

1. Aplica-se o NCPC a este recurso ante os termos do Enunciado Administrativo nº 3, aprovado pelo Plenário do STJ na sessão de 9/3/2016: Aos recursos interpostos com fundamento no CPC/2015 (relativos a decisões publicadas a partir de 18 de março de 2016) serão exigidos os requisitos de admissibilidade recursal na forma do novo CPC.

2. Inexiste omissão, vício elencado nos arts. 489 e 1.022 do NCPC, sendo forçoso reconhecer que a pretensão recursal ostentava caráter nitidamente infringente, visando rediscutir matéria que já havia sido analisada pelo acórdão vergastado.

3. É parte legitima para cobrar honorários contratuais a Sociedade de **Advocacia** que, apesar de não constar do instrumento de mandato, obtém a titularidade do crédito por força de legítima e válida cessão de crédito operada no momento em que a advogada cedente e titular originária do crédito, passa a integrar o quadro societário daquela Sociedade. Doutrina e Jurisprudência.

CAPÍTULO 6 – PRERROGATIVAS NO STJ

153

4. Recurso especial não provido. (REsp 2004335 / SP 2021/0215002-9, Relator Ministro MOURA RIBEIRO (1156), T3 – TERCEIRA TURMA, j. 09/08/2022, DJe 18/08/2022).

6.3.4 Sucumbência por associação de advogados empregados

EMENTA. RECURSO ESPECIAL. PROCESSO CIVIL. ADVOGADO EMPREGADO. TITULARIDADE DOS HONORÁRIOS ADVOCATÍCIOS NAS CAUSAS EM QUE ATUA NA DEFESA DO EMPREGADOR. HONORÁRIOS QUE COMPÕEM FUNDO COMUM DE RATEIO. GESTÃO DO FUNDO POR ASSOCIAÇÃO DOS ADVOGADOS EMPREGADOS. BANCO DO BRASIL. LEGITIMIDADE ATIVA PARA EXECUTAR OS HONORÁRIOS. INTERESSE-ADEQUAÇÃO PARA ANULAR ACORDO DE HONORÁRIOS ADVOCATÍCIOS SUCUMBENCIAIS. POSSIBILIDADE POR MEIO DE AÇÃO AUTÔNOMA, MAS NÃO EM AÇÃO EXECUTIVA.

1. A Associação dos Advogados do Banco do Brasil – ASABB é entidade de classe na forma de associação civil, sem fins lucrativos, constituída para defender direitos, interesses e prerrogativas dos advogados empregados do Banco do Brasil, bem como para representá-los ou substituí-los processualmente e perante a administração do banco empregador.

2. A figura do advogado empregado é categoria específica disciplinada pelos arts. 18 a 21 da Lei n. 8.906/1994, **Estatuto** da OAB, que preceitua, quanto à natureza e ao destino dos honorários de sucumbência, assim como à jurisprudência, que os honorários constituem remuneração de trabalho do advogado, seja qual for sua origem.

3. O Regulamento do Estatuto da OAB prevê que os honorários de sucumbência dos advogados empregados constituem fundo comum, cuja destinação é decidida pelos profissionais integrantes do serviço jurídico da empresa ou por seus representantes, não havendo, no entanto, preestabelecimento dos critérios de partilha.

4. O fundo comum para os honorários pode ser administrado pelos advogados, informalmente ou formalmente, com ou sem a criação de uma associação destinada a geri-lo. Nas hipóteses em que os advogados optam por constituir uma associação gestora dos valores aportados ao fundo, ela terá legitimidade ativa para executar os honorários sucumbenciais no processo.

5. No caso dos autos, os empregados advogados constituíram uma associação civil, à qual cabia deliberar sobre flexibilização do percentual e valores dos honorários advocatícios. Todavia, a associação recorrente pretendeu, em ação de execução, tornar nulo parte do acordo firmado entre as partes da ação e dar sequência à execução dos honorários fixados em despacho (art. 652-A do CPC/1973).

6. Sendo assim, apesar da legitimidade, em tese, da associação de advogados para tratar de questões referentes aos honorários, certo é que falta à hipótese o interesse de agir, condição da ação, em sua vertente adequação. É que a jurisprudência do STJ entende que, concluída a transação, sua rescisão só é possível quando comprovado dolo, coação ou erro essencial quanto à pessoa ou coisa controversa, devendo ser arguida em ação própria.

7. Recurso especial não provido. (REsp 1711324/SE 2017/0298798-7, Relator Ministro LUIS FELIPE SALOMÃO (1140), T4 – QUARTA TURMA, j. 23/06/2022, DJe 09/09/2022).

6.3.5 Art. 24 A Liberação de até 20 % de bens bloqueados para Honorários

O STJ apreciou pela primeira vez em RMS 71903-SP a aplicação do art. 24 A da Lei 8906/94. A relatoria do ministro Joel Ilan Paciornik com votação unanime Ministros Messod Azulay Neto, Daniela Teixeira, Reynaldo Soares da Fonseca e Ribeiro Dantas concederam a ordem de Mandado de Segurança. Entendeu a Corte que a limitação pelo juiz do valor a ser liberado "reduz, em demasia, o espaço em que deveria imperar a autonomia privada das partes - contrato entre cliente e advogado -, dando ao magistrado o poder de definir o que seria ou não razoável e proporcional aos serviços prestados":

EMENTA RECURSO EM MANDADO DE SEGURANÇA. BLOQUEIO DO PATRIMÔNIO UNIVERSAL DO INVESTIGADO. PLEITO DE LIBERAÇÃO DOS HONORÁRIOS ADVOCATÍCIOS. ACÓRDÃO DA ORIGEM QUE MANTEVE APENAS A LIBERAÇÃO PARCIAL DOS HONORÁRIOS. ART. 24-A DO ESTATUTO DA ORDEM DOS ADVOGADOS DO BRASIL – OAB. VALOR PRETENDIDO INFERIOR A 20% DO PATRIMÔNIO CONSTRITO. ESTÁGIO PREMATURO DAS INVESTIGAÇÕES. NÃO IMPEDIMENTO DA LIBERAÇÃO. DISCRICIONARIEDADE DO JULGADOR. DESCABIMENTO. DIREITO SUBJETIVO DO ADVOGADO, DESDE QUE NÃO CONFIGURADOS INDÍCIOS DE FRAUDE. SEGURANÇA CONCEDIDA PARA DETERMINAR LIBERAÇÃO DO VALOR PRETENDIDO A TÍTULO DE HONORÁRIOS ADVOCATÍCIOS.

(...)

Trechos do voto

" ... Destarte, se o contrato conformado entre as partes estipula que o pagamento dos honorários deve ser integralmente satisfeito ao início da persecução penal, não há falar que o fato de as investigações estarem em estágio preliminar afastaria a possibilidade de liberação dos honorários advocatícios, pois tal aspecto insere-se plenamente na esfera de decisão dos contratantes.

Destarte, se o contrato conformado entre as partes estipula que o pagamento dos honorários deve ser integralmente satisfeito ao início da persecução penal, não há falar que o fato de as investigações estarem em estágio preliminar afastaria a possibilidade de liberação dos honorários advocatícios, pois tal aspecto insere-se plenamente na esfera de decisão dos contratantes.

Da mesma forma, os valores acordados entre as partes leva em consideração inúmeras variáveis, tais quais a extensão e profundidade do trabalho, formação e especialização dos profissionais, estrutura e renome do escritório contratado, entre outros elementos, os quais não podem ser mensurados de forma unilateral pelo juiz, sob pena de aniquilar, novamente, o espaço de conformação individual.

Ainda, pertinente recordar que a Convenção Americana de Direitos Humanos CADH, incorporada ao nosso ordenamento jurídico com status de norma supralegal, prevê, em seu art. 8°, "d", o "direito do acusado de defender-se pessoalmente ou de ser assistido por um defensor de sua escolha e de comunicar-se, livremente e em particular, com seu defensor".

A importância do direito à defesa e da atividade da advocacia no Estado Democrático de Direito, que dispensa maiores digressões ante a sua notoriedade, confere ao art. 24-A do EAOB a interpretação que prestigia a relação - desde que, evidentemente, lícita e isenta de indícios de fraude - estabelecida entre o advogado e o seu cliente, em relação ao pagament
o dos honorários advocatícios, seja em relação ao seu valor, seja em relação à sua forma (data de vencimento, parcelamento, entre outros aspectos).

A única limitação prevista pelo legislador é de que a liberação dos valores para esse propósito não pode superar o montante de 20% de todo o patrimônio bloq uem ueado. (...)

6.4 Desnecessidade de reconhecimento de firma em procuração

EMENTA. PROCESSUAL CIVIL. PROCURAÇÃO. PRÁTICA DE ATOS PROCESSUAIS EM GERAL.
PODERES ESPECIAIS. ART. 38, DO CPC. **LEI** 8.906/94 (ESTATUTO DA ADVOCACIA). RECONHECIMENTO DE FIRMA DO CONSTITUINTE.
O art. 38, do CPC e o § 2°, do art. 5°, da **Lei** 8.906/94, prestigiam a atuação do advogado com dispensar o reconhecimento da firma, no instrumento de procuração, do outorgante para a prática de atos processuais em geral. Para a validade, contudo, dos poderes especiais, se contidos no mandato, necessariamente há de ser reconhecida a firma do constituinte.

Precedentes.

Recurso conhecido e provido. (REsp 616435 / PE, Relator Ministro JOSÉ ARNALDO DA FONSECA (1106), T5 – QUINTA TURMA, j. 04/08/2005, DJ 05/09/2005 p. 461).

6.5 Impedimento

EMENTA. ADMINISTRATIVO E PROCESSUAL CIVIL. ENUNCIADO ADMINISTRATIVO 3/STJ. AGRAVO INTERNO NO RECURSO ESPECIAL. ASSISTENTE DE TRÂNSITO. INSCRIÇÃO NOS QUADROS DA ORDEM DOS ADVOGADOS DO BRASIL. IMPOSSIBILIDADE. SUBMISSÃO DO JULGAMENTO AO PLENÁRIO. IMPOSSIBILIDADE. AGRAVO INTERNO NÃO PROVIDO.

1. Inicialmente é necessário consignar que o presente recurso atrai a incidência do Enunciado Administrativo n. 3/STJ: "Aos recursos interpostos com fundamento no CPC/2015 (relativos a decisões publicadas a partir de 18 de março de 2016) serão exigidos os requisitos de admissibilidade recursal na forma do novo CPC".

2. A atividade exercida por ocupante do cargo de assistente de trânsito, por envolver fiscalização e poder decisório sobre interesses de terceiro, inerentes ao poder de polícia, é incompatível com o exercício da advocacia, nos termos do art. 28, V, da **Lei** n. 8.906/94 (precedentes).

3. A submissão do julgamento ao plenário diz respeito tão somente à ocorrência de violação frontal à constituição, não se aplicando a situações relativas à hermenêutica constitucional (precedentes).

4. Agravo interno não provido. (AgInt no REsp 1701567 / PE 2017/0254837-3, Relator Ministro MAURO CAMPBELL MARQUES (1141), T2 – SEGUNDA TURMA, j. 07/08/2018, DJe 14/08/2018).

EMENTA. PROCESSUAL CIVIL. ADMINISTRATIVO. AGRAVO INTERNO NO RECURSO ESPECIAL. MANDADO DE SEGURANÇA. EXERCÍCIO PROFISSIONAL **DA ADVOCACIA**.

GUARDA PORTUÁRIO. PODER DE POLÍCIA. INSCRIÇÃO NOS QUADROS DA ORDEM DOS ADVOGADOS DO BRASIL. INCOMPATIBILIDADE COM A ADVOCACIA. PRECEDENTES. AGRAVO INTERNO NÃO PROVIDO.

1. A atividade exercida por ocupante do cargo de guarda portuário, por envolver fiscalização e controle da ordem interna nos portos, prerrogativa da autoridade portuária no exercício do seu poder de polícia, é incompatível com o exercício **da advocacia,** nos termos do art. 28, V, da Lei n. 8.906/94 (precedentes).

2. Esta Corte possui orientação no sentido de que é incompatível com o exercício **da advocacia** o desempenho de atividades relativas a cargos ou funções que esteja vinculados à atividade policial de qualquer natureza, seja de forma direta ou indireta.

3. Agravo interno não provido. (AgInt no REsp 1975774 / RS 2021/0379911-4, Relator Ministro MAURO CAMPBELL MARQUES (1141), T2 – SEGUNDA TURMA, j. 30/05/2022, DJe 02/06/2022).

EMENTA. PROCESSUAL CIVIL. ADMINISTRATIVO. AGRAVO INTERNO NO RECURSO ESPECIAL. MANDADO DE SEGURANÇA. EXERCÍCIO PROFISSIONAL **DA ADVOCACIA.**
GUARDA PORTUÁRIO. PODER DE POLÍCIA. INSCRIÇÃO NOS QUADROS DA ORDEM DOS ADVOGADOS DO BRASIL. INCOMPATIBILIDADE COM A **ADVOCACIA.** PRECEDENTES. AGRAVO INTERNO NÃO PROVIDO.

1. A atividade exercida por ocupante do cargo de guarda portuário, por envolver fiscalização e controle da ordem interna nos portos, prerrogativa da autoridade portuária no exercício do seu poder de polícia, é incompatível com o exercício **da advocacia,** nos termos do art. 28, V, da Lei n. 8.906/94 (precedentes).

2. Esta Corte possui orientação no sentido de que é incompatível com o exercício **da advocacia** o desempenho de atividades relativas a cargos ou funções que esteja vinculados à atividade policial de qualquer natureza, seja de forma direta ou indireta.

3. Agravo interno não provido. (AgInt no REsp 1975774 / RS 2021/0379911-4, Relator Ministro MAURO CAMPBELL MARQUES (1141), T2 – SEGUNDA TURMA, j. 30/05/2022, DJe 02/06/2022).

6.5.1 Dispensa de licitação

EMENTA. AGRAVO REGIMENTAL EM HABEAS CORPUS. PENAL. ART. 89 **DA** LEI N. 8.666/1993. AÇÃO PENAL. PREFEITO MUNICIPAL. CONTRATAÇÃO DIRETA DE ESCRITÓRIO DE **ADVOCACIA.** REQUISITO DE SINGULARIDADE DO SERVIÇO SUPRIMIDO PELA LEI N. 14.133/2021. CARÁTER INTELECTUAL DO TRABALHO ADVOCATÍCIO. PARECER JURÍDICO FAVORÁVEL. AUSÊNCIA DE DOLO ESPECÍFICO E DE EFETIVO PREJUÍZO. ATIPICIDADE **DA** CONDUTA. AGRAVO REGIMENTAL PROVIDO.
1. A consumação do crime descrito no art. 89 da Lei n. 8.666/1993, agora disposto no art. 337-E do CP (Lei n. 14.133/2021), exige a demonstração do dolo específico de causar dano ao erário, bem como efetivo prejuízo aos cofres públicos.
2. O crime previsto no art. 89 da Lei n. 8.666/1993 é norma penal em branco, cujo preceito primário depende da complementação e integração das normas que dispõem sobre hipóteses de dispensa e inexigibilidade de licitações, agora previstas na nova Lei de Licitações (Lei n. 14.133/2021).
3. Dado o princípio da tipicidade estrita, se o objeto a ser contratado estiver entre as hipóteses de dispensa ou de inexigibilidade de licitação, não há falar em crime, por atipicidade da conduta.
4. Conforme disposto no art. 74, III, da Lei n. 14.133/2021 e no art. 3º-A do **Estatuto da Advocacia,** o requisito da singularidade do serviço advocatício foi suprimido pelo legislador, devendo ser demonstrada a notória especialização do agente contratado e a natureza intelectual do trabalho a ser prestado.
5. A mera existência de corpo jurídico próprio, por si só, não inviabiliza a contratação de advogado externo para a prestação de serviço específico para o ente público.

6. Ausentes o dolo específico e o efetivo prejuízo aos cofres públicos, impõe-se a absolvição do paciente da prática prevista no art. 89 da Lei n. 8.666/1993.

7. Agravo regimental desprovido.

ACÓRDÃO

Vistos, relatados e discutidos estes autos em que são partes as acima indicadas, acordam os Ministros da Quinta Turma do Superior Tribunal de Justiça, na conformidade dos votos e das notas taquigráficas a seguir, prosseguindo no julgamento, por maioria, dar provimento ao agravo regimental, nos termos do voto do Sr. Ministro João Otávio de Noronha, que lavrará o acórdão. Votaram com o Sr. Ministro João Otávio de Noronha os Srs. Ministros Reynaldo Soares da Fonseca, Ribeiro Dantas e Joel Ilan Paciornik. Votou vencido o Sr. Ministro Jesuíno Rissato (Desembargador Convocado do TJDFT). (AgRg no HC 669347 / SP 2021/0160441-3, Relator Ministro JESUÍNO RISSATO (DESEMBARGADOR CONVOCADO DO TJDFT) (8420), Relator para Acórdão Ministro JOÃO OTÁVIO DE NORONHA (1123), T5 – QUINTA TURMA, j. 13/12/2021, DJe 14/02/2022, RSTJ vol. 264 p. 702).

6.6 Sustentação Oral

6.6.1 Pedido Expresso e Nulidade de Julgamento

O entendimento deste STJ é no sentido de que "havendo pedido expresso de sustentação oral, a ausência de intimação do **advogado** constituído torna nula a sessão de julgamento. Contudo, a nulidade deve ser arguida na primeira oportunidade em que a defesa tomar ciência do julgamento, levando ao conhecimento da Corte local, por meio do recurso cabível, a ocorrência do vício e o efetivo prejuízo, sob pena de preclusão" (RHC 106.180/BA, Rel. Ministro Felix Fischer, QUINTA TURMA, DJe 7/3/2019).

6.6.2 Necessidade de antecedência mínima de 48 horas

EMENTA. HABEAS CORPUS. HOMICÍDIO QUALIFICADO. PENA TOTAL: 14 ANOS DE RECLUSÃO. ALEGAÇÃO, APÓS A CONDENAÇÃO PELO TRIBUNAL DO JÚRI, DE NULIDADE DO IPL E ILICITUDE DAS PROVAS. RECURSO DE APELAÇÃO PENDENTE DE JULGAMENTO. JULGAMENTO DO WRIT ORIGINÁRIO SEM A PRÉVIA INTIMAÇÃO DO ADVOGADO PARA A RESPECTIVA SESSÃO, APESAR DA EXISTÊNCIA DE PEDIDO EXPRESSO NESSE SENTIDO. PRECEDENTES DO STJ E STF. PARECER DO MPF PELA DENEGAÇÃO DA ORDEM. WRIT PARCIALMENTE CONHECIDO E, NESSA EXTENSÃO, CONCEDIDA A ORDEM, TÃO-SÓ E APENAS PARA TORNAR SEM EFEITO O JULGAMENTO DO HC ORIGINÁRIO, PARA QUE OUTRO SEJA PROFERIDO, APÓS A INTIMAÇÃO DA DEFESA PELOS MEIOS REGULARES, MANTENDO-SE O PACIENTE NA SITUAÇÃO EM QUE SE ENCONTRA, PREJUDICADA A ANÁLISE DAS DEMAIS QUESTÕES.

1. A jurisprudência desta Corte e do STF assentou ser direito da defesa a comunicação prévia, com antecedência mínima de 48 horas, da data do julgamento do Habeas Corpus, caso requerido expressamente (HC 92.290/SP, Rel. Min. RICARDO LEWANDOWSKI, DJ 30.11.2007).

2. Conhece-se parcialmente do pedido e, nessa parte, concede-se a ordem, apenas e tão-somente para tornar sem efeito o julgamento do HC originário, para que outro seja proferido, após a intimação da defesa pelos meios regulares, mantendo-se o paciente na situação em que se encontra, prejudicada a análise das demais questões. (HC 137853 / SP 2009/0105329-0, Relator Ministro NAPOLEÃO NUNES MAIA FILHO (1133), T5 – QUINTA TURMA, j. 26/04/2011, DJe 01/08/2011).

6.6.3 Intimação válida a um dos advogados exceto se pedido expresso

> EMENTA. HABEAS CORPUS. PROCESSUAL PENAL. JULGAMENTO DA APELAÇÃO. DEFENSOR CONSTITUÍDO DEVIDAMENTE INTIMADO. AUSÊNCIA DE NULIDADE. SUBSTABELECIMENTO SEM RESERVA DE PODERES POR ALEGADO ERRO MATERIAL. ART. 565 DO CÓDIGO DE PROCESSO PENAL. ORDEM DENEGADA.
> 1. Não há nulidade a ser sanada por esta Corte Superior, quando o defensor constituído pelo Paciente foi devidamente intimado, por meio da imprensa oficial, da sessão de julgamento do recurso de apelação.
> 2. A assertiva de ter sido o substabelecimento realizado com a cláusula indevida de "sem reserva de poderes", por erro material praticado pelo Impetrante, por si só, não permite reconhecer que o Paciente teve cerceado o seu direito de defesa. Afinal, não se reconhece nulidade a que deu causa a própria parte, conforme se depreende do disposto no art. 565 do Código de Processo Penal.
> 3. Ademais, segundo a consolidada jurisprudência deste Superior Tribunal de Justiça, é válida e eficaz a intimação realizada em nome de um só dos advogados constituídos, a menos que haja pedido expresso no sentido de que as publicações sejam realizadas exclusivamente em nome de determinado patrono ou de todos os procuradores, o que não constitui a hipótese dos autos.
> 4. Precedentes do Superior Tribunal de Justiça.
> 5. Ordem denegada. (HC 151533 / SC 2009/0208339-8, Relatora Ministra LAURITA VAZ (1120), T5 – QUINTA TURMA, j. 28/06/2011, DJe 01/08/2011.

6.6.4 Preclusão necessidade de manifestação na primeira oportunidade

> **EMENTA.** PENAL E PROCESSUAL PENAL. AGRAVO REGIMENTAL NO **HABEAS CORPUS**. INEXISTÊNCIA DE FLAGRANTE ILEGALIDADE. DECISÃO MANTIDA. HOMICÍDIO

QUALIFICADO, HOMICÍDIO TENTADO. CONDUZIR VEÍCULO AUTOMOTOR COM CAPACIDADE PSICOMOTORA ALTERADA EM RAZÃO DA INFLUÊNCIA DE ÁLCOOL OU DE OUTRA SUBSTÂNCIA PSICOATIVA. FALTA DE INTIMAÇÃO DA DEFESA PARA REALIZAR SUSTENTAÇÃO ORAL. NULIDADE DO JULGAMENTO DA IMPETRAÇÃO ORIGINÁRIA. INOCORRÊNCIA. PRISÃO PREVENTIVA MANTIDA NA DECISÃO DE PRONÚNCIA. FUNDAMENTAÇÃO IDÔNEA. RÉU QUE CONDUZIA VEÍCULO SOB EFEITO DE BEBIDA ALCOÓLICA NA CONTRAMÃO CAUSANDO A MORTE DE QUATRO VÍTIMAS E FERIMENTO GRAVE NA QUINTA. GARANTIA DA ORDEM PÚBLICA. CONDIÇÕES PESSOAIS FAVORÁVEIS. IRRELEVÂNCIA. MEDIDAS CAUTELARES ALTERNATIVAS. INSUFICIÊNCIA. AGRAVO DESPROVIDO. 1. O entendimento deste STJ é no sentido de que "havendo pedido expresso de sustentação oral, a ausência de intimação do **advogado** constituído torna nula a sessão de julgamento. Contudo, a nulidade deve ser arguida na primeira oportunidade em que a defesa tomar ciência do julgamento, levando ao conhecimento da Corte local, por meio do recurso cabível, a ocorrência do vício e o efetivo prejuízo, sob pena de preclusão" (RHC 106.180/BA, Rel. Ministro Felix Fischer, QUINTA TURMA, DJe 7/3/2019). No caso dos autos, não intimada do julgamento do **habeas corpus** originário, quedou-se inerte a defesa perante a Corte estadual, sequer opondo embargos de declaração para debater a questão ou até mesmo como tentativa de sanar o alegado vício. 2. Em vista da natureza excepcional da prisão preventiva, somente se verifica a possibilidade da sua imposição quando evidenciado, de forma fundamentada e com base em dados concretos, o preenchimento dos pressupostos e requisitos previstos no art. 312 do Código de Processo Penal – CPP. Deve, ainda, ser mantida a prisão antecipada apenas quando não for possível a aplicação de medida cautelar diversa, nos termos do previsto no art. 319 do CPP. No caso dos autos, a prisão preventiva foi adequadamente motivada pelas instâncias ordinárias, que demonstraram, com base em elementos concretos, a periculosidade da agente e a gravidade do delito, ante o modus operandi da conduta delitiva, tendo em vista que o agravante estava conduzindo veículo sob efeito de bebida alcoólica na contramão da rodovia quando policiais o avistaram e começaram a perseguição até o perderem de vista; posteriormente, o encontraram parado pois havia atingido 4 vítimas na via pública, que vieram a óbito, e uma quinta vítima que foi levada ao hospital em estado grave.

Impende consignar, por oportuno, que, conforme orientação jurisprudencial desta Corte, o modo como o crime é cometido, revelando a gravidade em concreto da conduta praticada, constitui elemento capaz de demonstrar o risco social, o que justifica a decretação da prisão preventiva para garantia da ordem pública. 3. As condições favoráveis do agente, por si sós, não impedem a manutenção da prisão cautelar quando devidamente fundamentada, conforme a jurisprudência desta Corte Superior de Justiça. 4. São inaplicáveis quaisquer medidas cautelares alternativas previstas no art. 319 do CPP, uma vez que as circunstâncias do delito evidenciam a insuficiência das providências menos graves. 5. Agravo regimental desprovido.

ACÓRDÃO

Vistos e relatados estes autos em que são partes as acima indicadas, acordam os Ministros da QUINTA TURMA do Superior Tribunal de Justiça, em sessão virtual de 22/11/2022 a 28/11/2022, por unanimidade, negar provimento ao recurso, nos termos do voto do Sr. Ministro Relator. Os Srs. Ministros Jorge Mussi, Reynaldo Soares da Fonseca e Jesuíno Rissato (Desembargador Convocado do TJDFT) votaram com o Sr. Ministro Relator. Não participou do julgamento o Sr. Ministro Ribeiro Dantas.

Presidiu o julgamento o Sr. Ministro Joel Ilan Paciornik. (AgRg no HC 733034 / RJ 2022/0094297-9, Relator Ministro JOEL ILAN PACIORNIK (1183), T5 – QUINTA TURMA, j. 28/11/2022, DJe 01/12/2022.

6.6.5 Negativa de sustentação em agravo interno

EMENTA. PENAL E PROCESSUAL PENAL. AGRAVO REGIMENTAL NO AGRAVO EM RECURSO ESPECIAL. HOMICÍDIO. AUSÊNCIA DE IMPUGNAÇÃO ESPECÍFICA AOS FUNDAMENTOS DA DECISÃO QUE INADMITIU O RECURSO ESPECIAL. SUSTENTAÇÃO ORAL INCABÍVEL NA ESPÉCIE. AUSÊNCIA DE PREVISÃO LEGAL. INTELIGÊNCIA DO ART. 7º, § 2º-B, III, DO EOAB.

I – A ausência de impugnação dos fundamentos da decisão que não admitiu o recurso especial impõe o não conhecimento do agravo em recurso especial.

II – In casu, a parte agravante deixou de infirmar, de maneira adequada e suficiente, as razões apresentadas pelo eg. Tribunal de origem para negar trânsito ao recurso especial com relação à incidência da Súmula 7 do STJ.

III – É entendimento desta Corte Superior que "inadmitido o recurso especial com base na Súm. 7 do STJ, não basta a simples assertiva genérica de que se cuida de revaloração da prova, ainda que feita breve menção à tese sustentada. O cotejo com as premissas fáticas de que partiu o aresto faz-se imprescindível" (AgInt no AREsp n. 600.416/MG, Segunda Turma, Rel. Min. Og Fernandes, DJe de 18/11/2016).

IV – Nos termos do artigo 258 do RISTJ o agravo é "A parte que se considerar agravada por decisão do Presidente da Corte Especial, de Seção, de Turma ou de relator, à exceção do indeferimento de liminar em procedimento de **habeas corpus** e recurso ordinário em **habeas corpus,** poderá requerer, dentro de cinco dias, a apresentação do feito em mesa relativo à matéria penal em geral, para que a Corte Especial, a Seção ou a Turma sobre ela se pronuncie, confirmando-a ou reformando-a", portanto, sendo o feito apresentado em mesa, não há previsão para intimação da parte para sustentação oral.

V – "Como se extrai do art. 7º, § 2º-B, III, da Lei 8.906/1994, a inovação introduzida no EOAB pela Lei 14.365/2022 garantiu ao

advogado o direito de sustentação no agravo interno ou regimental em sede de recurso especial, mas nada dispôs sobre o julgamento de agravo regimental no agravo em recurso especial" (AgRg no AREsp n. 2.170.433/PA, Quinta Turma, Rel. Min. Ribeiro Dantas, DJe de 10/10/2022). (Agravo regimental desprovido. AgRg no AREsp 2240935 / SP 2022/0347757-2, Relator Ministro MESSOD AZULAY NETO (1184), T5 – QUINTA TURMA, j. 14/02/2023, DJe 23/02/2023.

6.6.6 Negativa em Julgamento Virtual

EMENTA. EMBARGOS DE DECLARAÇÃO NO **HABEAS CORPUS.** JULGAMENTO VIRTUAL. OMISSÃO SOBRE A PETIÇÃO DE OPOSIÇÃO. INTEGRAÇÃO DO JULGADO. VALIDADE. OPORTUNIDADE DE SUSTENTAÇÃO ORAL. CERCEAMENTO DE DEFESA NÃO CONFIGURADO. EMBARGOS DE DECLARAÇÃO ACOLHIDOS, SEM EFEITOS INFRINGENTES.
1. Ausente a manifestação quanto à petição da parte, constata-se omissão passível de ensejar a integração do acórdão embargado.
2. A oposição ao julgamento virtual há de ser acompanhada de argumentação idônea a evidenciar efetivo prejuízo ao direito de defesa da parte, o que não se verificou.
3. Deveras, "mesmo quando há o direito de sustentação oral, se o seu exercício for garantido e viabilizado na modalidade de julgamento virtual, não haverá qualquer prejuízo ou nulidade, ainda que a parte se oponha a essa forma de julgamento, porquanto o direito de sustentar oralmente as suas razões não significa o de, necessariamente, o fazer de forma presencial" (REsp n. 1.995.565/SP, Rel. Ministra Nancy Andrighi, 3ª T., DJe de 24/11/2022).
4. O **habeas corpus** não teve seu mérito analisado, porque a dosimetria da pena, mantida no AREsp n. 1.936.668/SP, deveria ser impugnada perante o órgão superior competente para a revisão dos acórdãos deste Superior Tribunal. Esse era o objeto do agravo regimental, não atrelado a questão de fato.

5. Segundo dispõe o art. 184-B, § 1°, do RISTJ, "As sustentações orais e os memoriais podem ser encaminhados por meio eletrônico, após a publicação da pauta em até 48 horas antes de iniciado o julgamento em ambiente virtual, observado o disposto nos arts. 159, 160 e 184- A, parágrafo único".

6. Não há falar em cerceamento de defesa, pois, nos feitos criminais, o tempo das alegações orais em agravo regimental será de até cinco minutos e esta Corte implementou funcionalidade, na plataforma de julgamento virtual, para que o **advogado** possa enviar arquivo de áudio ou vídeo, oportunizada a sustentação oral em endereço eletrônico.

7. Embargos de declaração acolhidos, sem efeitos infringentes.

ACÓRDÃO

Vistos e relatados estes autos em que são partes as acima indicadas, acordam os Ministros da Sexta Turma, por unanimidade, acolher os embargos de declaração, sem efeitos infringentes, nos termos do voto do Sr. Ministro Relator.

Os Srs. Ministros Antonio Saldanha Palheiro, Jesuíno Rissato (Desembargador Convocado do TJDFT), Laurita Vaz e Sebastião Reis Júnior votaram com o Sr. Ministro Relator. (EDcl no AgRg no HC 750081 / SP 2022/0185887-3, Relator Ministro ROGERIO SCHIETTI CRUZ (1158), T6 – SEXTA TURMA, j. 07/02/2023, DJe 13/02/2023).

6.7 Substituição de advogado pelo juiz sem intimação ao réu

EMENTA. AGRAVO REGIMENTAL EM EMBARGOS DE DECLARAÇÃO EM **HABEAS CORPUS.** AGRAVO REGIMENTAL CONTRA A CONCESSÃO DE **HABEAS CORPUS.** WRIT SUBSTITUTIVO DE REVISÃO CRIMINAL. FALTA DE CABIMENTO. ROUBOS CIRCUNSTANCIADOS. RECURSO DE APELAÇÃO. INÉRCIA DO **ADVOGADO** CONSTITUÍDO EM APRESENTAR RAZÕES RECURSAIS NA

INSTÂNCIA SUPERIOR. AUSÊNCIA DE INTIMAÇÃO DO RÉU PARA A CONSTITUIÇÃO DE NOVO PATRONO. CONFIGURADO CERCEAMENTO DE DEFESA. PRECEDENTES DO STJ. EVIDENTE ILEGALIDADE APTA A SER CORRIGIDA DE OFÍCIO.

1. A decisão atacada deve ser mantida por seus próprios fundamentos, uma vez que a circunstância de não ter sido dada ao acusado a oportunidade de constituir novo defensor para fins de apresentação das razões recursais na superior instância configura flagrante ilegalidade, nos termos da consolidada jurisprudência desta Corte, apta a ser corrigida de ofício.

2. Agravo regimental improvido. (AgRg nos EDcl no HC 722142 / RS 2022/0033231-7, Relator Ministro SEBASTIÃO REIS JÚNIOR (1148), T6 – SEXTA TURMA, j. 19/04/2022, DJe 25/04/2022).

EMENTA. **HABEAS CORPUS.** HOMICÍDIO. PRONÚNCIA. INTERPOSIÇÃO DE RECURSO EM SENTIDO ESTRITO POR **ADVOGADO** DE LIVRE ESCOLHA DA RÉ. FALHA DO CARTÓRIO JUDICIAL. INDEVIDA CERTIFICAÇÃO DE INÉRCIA DO PROFISSIONAL. NULIDADE DA DECISÃO DE DESTITUIÇÃO DO PROFISSIONAL E DE TODOS OS ATOS POSTERIORES. **HABEAS CORPUS** CONCEDIDO.

1. Aos acusados são assegurados o contraditório e a ampla defesa, com os meios e recursos a eles inerentes.

2. A acusada constituiu **advogado** de sua confiança para atuar no processo a que responde por suposta prática de homicídio qualificado, mas a amplitude de seu direito de defesa foi cerceada por falha da secretaria da Vara Judicial. Houve destituição indevida do profissional de sua confiança e o recurso por ele interposto, não identificado pela serventia, deixou de ser conhecido. O prejuízo é evidente, pois ninguém pode ser privado de sua liberdade sem o devido processo legal.

3. A acusada designou defensor que a assistiu desde o início da persecução penal e que, após a pronúncia, interpôs recurso em sentido

estrito. O cartório, sem atentar para a peça, certificou equivocadamente o trânsito em julgado da decisão. Depois, a defesa foi indevidamente intimada para se manifestar nos termos do art. 422 do CPP, mas permaneceu inerte, e procedeu-se à intimação da ré, por edital, de modo a habilitar outro profissional, sem sucesso. O Juiz determinou a destituição do **advogado** e a nomeação de outro, dativo, que recorreu da pronúncia, mantida pelo Tribunal de Justiça. 4. Está correta e deve ser restabelecida a manifestação posterior do Magistrado, que reconheceu a nulidade de sua decisão e de todos os atos subsequentes. Sem a errônea certificação do trânsito em julgado da pronúncia, o RESE interposto pelo **advogado** teria sido processado e não seria necessária a intimação da ré por edital, ainda que revel, para indicar outro profissional, nem a nomeação de defensor dativo para apresentar a peça.

5. **Habeas corpus** concedido. (HC 729053 / SP 2022/0072430-0, Relator Ministro ROGERIO SCHIETTI CRUZ (1158), T6 – SEXTA TURMA, j. 19/04/2022, DJe 25/04/2022).

6.8 Determinação de substituição de advogado por colidência

EMENTA. HABEAS CORPUS. COLIDÊNCIA DE DEFESAS. DETERMINAÇÃO DE ESCOLHA DE OUTRO PATRONO. SITUAÇÃO QUE ABRANGE, EM TESE, O PATRIMÔNIO LIBERTÁRIO DO ACUSADO. CASO CONCRETO A NÃO ENSEJAR CONSTRANGIMENTO ILEGAL.

O manejo do habeas corpus tem por pressuposto a existência real ou potencial de lesão ao direito libertário, prestando-se sempre a resolver questões de perigo ao patrimônio libertário, a exemplo do direito de escolha do advogado.

No entanto, no caso dos autos, como forma de evitar dano maior aos Pacientes, a instância de origem, reconhecendo a colidência de defesas, determinou a escolha livre de novo **advogado,** em decisão fundamentada. Ordem denegada.

ACÓRDÃO

Vistos, relatados e discutidos os autos em que são partes as acima indicadas, acordam os Ministros da Sexta Turma do Superior Tribunal de Justiça: "A Turma, por unanimidade, denegou a ordem de **habeas corpus,** nos termos do voto da Sra. Ministra Relatora." Os Srs. Ministros Og Fernandes, Sebastião Reis Júnior e Vasco Della Giustina (Desembargador convocado do TJ/RS) votaram com a Sra. Ministra Relatora. (HC 113433 / SP 2008/0179578-9, Relatora Ministra MARIA THEREZA DE ASSIS MOURA (1131), T6 – SEXTA TURMA, j. 21/06/2011, DJe 01/07/2011).

6.9 Manifestação no interrogatório do desejo de responder perguntas somente do advogado

EMENTA. **HABEAS CORPUS.** PRIMEIRA FASE DO JÚRI. NULIDADE DO INTERROGATÓRIO. RECUSA DE RESPONDER PERGUNTAS AO JUÍZO. CERCEADO QUESTIONAMENTOS DEFENSIVOS. ILEGALIDADE CONSTATADA.

1. O artigo 186 do CPP estipula que, depois de devidamente qualificado e cientificado do inteiro teor da acusação, o acusado será informado pelo juiz, antes de iniciar o interrogatório, do seu direito de permanecer calado e de não responder perguntas que lhe forem formuladas 2. O interrogatório, como meio de defesa, implica ao imputado a possibilidade de responder a todas, nenhuma ou a apenas algumas perguntas direcionadas ao acusado, que tem direito de poder escolher a estratégia que melhor lhe aprouver à sua defesa.

3. Verifica-se a ilegalidade diante do precoce encerramento do interrogatório do paciente, após manifestação do desejo de não responder às perguntas do juízo condutor do processo, senão do seu **advogado,** sendo excluída a possibilidade de ser questionado pelo seu defensor técnico.

4. Concessão do **habeas corpus.** Cassação da sentença de pronúncia, a fim de que seja realizado novo interrogatório do paciente

na Ação Penal n. 5011269-74.202.8.24.0011/SC, oportunidade na qual deve ser-lhe assegurado o direito ao silêncio (total ou parcial), respondendo às perguntas de sua defesa técnica, e exercendo diretamente a ampla defesa. (Ministro OLINDO MENEZES (DESEMBARGADOR CONVOCADO DO TRF 1ª REGIÃO) (1180), T6 – SEXTA TURMA, j. 05/04/2022, DJe 07/04/2022).

6.9.1 Inexistência de advogado

EMENTA. **HABEAS CORPUS.** ART. 1º, XIV, DO DECRETO-LEI Nº 201/67. DENÚNCIA. RESPOSTA À ACUSAÇÃO APRESENTADA PELO PRÓPRIO RÉU. RECEBIMENTO DA DENÚNCIA. INEXISTÊNCIA DE **ADVOGADO** CONSTITUÍDO. FALTA DE DEFESA TÉCNICA. NULIDADE ABSOLUTA. ORDEM CONCEDIDA.

1. Hipótese em que o paciente, Prefeito Municipal, foi denunciado perante a Corte estadual como incurso 1º, XIV, do Decreto-lei n. 201/67. Devidamente notificado, apresentou defesa de próprio punho, sem possuir, contudo, capacidade postulatória. A despeito disso, o Tribunal de origem acatou a aludida peça processual, sem nomear defensor ao réu, e designou data para o julgamento, ocasião em que recebeu a denúncia, sem que o réu tivesse **advogado** constituído nos autos.

2. É evidente a ilegalidade do acórdão, pois o paciente não poderia responder aos atos judiciais desamparado de defesa técnica. Diante da inércia em constituir **advogado,** seria imprescindível a nomeação de defensor dativo para a apresentação ou ratificação da peça defensiva assinada pelo próprio réu. Ademais, é imprescindível a intimação do defensor para a sessão de recebimento da peça acusatória.

3. É pacífica a jurisprudência desta Corte Superior de Justiça no sentido de ser absolutamente nula, "por cerceamento de defesa, a realização de sessão em que se delibera acerca do recebimento ou

rejeição da denúncia, nos casos de ação penal originária, sem a prévia intimação regular do acusado e de seu defensor".

4. **Habeas corpus** concedido para anular o ato de recebimento da denúncia nos autos da Ação Penal Originária n° 004415/2006, para que o defensor constituído pelo paciente apresente resposta à acusação e seja devidamente intimado para a sessão de recebimento da peça acusatória. (HC 110311 / MA 2008/0147617-6, Relatora Ministra MARIA THEREZA DE ASSIS MOURA (1131), T6 – SEXTA TURMA, j. 16/08/2011, DJe 24/08/2011).

6.10 Ingresso Livre em Repartição Judicial – STJ

EMENTA. PROCESSUAL CIVIL. RECURSO ORDINÁRIO EM MANDADO DE SEGURANÇA (COLETIVO). ATO DO CONSELHO SUPERIOR DA MAGISTRATURA/TJSP QUE RESTRINGE PRERROGATIVA LEGAL DE ADVOGADO. I – PRELIMINARES 1. Decadência: não há falar em extinção do direito de pleitear a segurança, porquanto não trata a hipótese de ato administrativo único, mas com efeitos permanentes, porém de atos administrativos sucessivos e autônomos, cada qual com prazo próprio e independente. 2. Impetração contra lei em tese: possuindo o ato normativo efeitos imediatos, independentemente de qualquer ato da Administração, não hão falar em impetração contra lei em tese. 3. Suposta perda de objeto: não obstante já se tenha mencionado que a hipótese versa sobre atos administrativos sucessivos e autônomos, da análise dos autos verifica-se que a impetrante (ora recorrente) diligenciou apresentando requerimento para que os efeitos da segurança se estendessem, inicialmente, ao Provimento 910/2005 (fls. 108/109); depois, na própria petição de recurso ordinário, ao Provimento 987/2005; e, já nesta instância, ao Provimento 1.113/2006. Cumpre ressaltar que tais atos prorrogaram, continuamente, sempre "por mais seis meses", a restrição em comento, com exceção do último, que tem prazo indeterminado de vigência. II – MÉRITO 1. Nos termos do art. 7º, VI, b e c, da Lei 8.906/94: "São direitos do advogado: (...) VI – ingressar livremente: (...) b) nas salas e dependências de audiências, secretarias, cartórios, ofícios de justiça, serviços notariais e de registro, e, no caso de delegacias e prisões, mesmo fora da hora de expediente e independentemente da presença de seus titulares; c) em qualquer edifício ou recinto em que funcione repartição judicial ou outro serviço público onde o advogado deva praticar ato ou colher prova ou informação útil ao exercício da atividade profissional, dentro do expediente ou fora dele, e ser atendido, desde que se ache presente qualquer servidor ou empregado." O preceito legal destacado garante ao advogado a liberdade necessária ao desempenho de suas funções, as quais não podem ser mitigadas por expedientes burocráticos impostos pelo Poder Público. 2. O ato atacado, em sua atual vigência (Provimento 1.113/2006 do Conselho Superior de Magistratura do Tribunal de Justiça do Estado de São Paulo), determina que os advogados e estagiários (inscritos na OAB) "serão atendidos, nos ofícios de Justiça de primeira instância e nos Cartórios de segunda instância, a partir das 10h00", reservando-se o intervalo de 9 às 10 horas "ao expediente interno das Unidades Cartorárias". Conforme se verifica, o ato impugnado viola prerrogativa da classe dos advogados, explicitada em texto legal. 3. Assim, o recurso merece parcial provimento para que, conseqüentemente, a ordem seja parcialmente concedida, determinando-se o afastamento da restrição em relação aos advogados, mantendo-se, no entanto, em relação aos estagiários inscritos na OAB, porquanto o art. 7º, VI, b e c, da Lei 8.906/94 a eles não se refere, não havendo norma legal que lhes assegure as prerrogativas ali previstas. 4. Recurso ordinário parcialmente provido. (RMS 21524 / SP 2006/0045133-2, Relatora Ministra DENISE ARRUDA (1126), T1 – PRIMEIRA TURMA, j. 22/05/2007, DJe 14/06/2007).

6.11 Incompatibilidade da Advocacia com exercício de cargo na Administração Pública – no STJ

EMENTA. PROCESSUAL CIVIL. ADMINISTRATIVO. INSCRIÇÃO. ORDEM DOS ADVOGADOS. SECCIONAL. LICENCIAMENTO EX OFFICIO. VIOLAÇÃO AO PRINCÍPIO DO CONTRADITÓRIO E DA AMPLA DEFESA. ALEGAÇÃO DE INCOMPATIBILIDADE FUNCIONAL. CARGO DE PRESIDENTE CONSELHO PENITENCIÁRIO E EXERCÍCIO DA ADVOCACIA. INEXISTÊNCIA. AGENTE HONORÍFICO. MUNUS PÚBLICO. ATUAÇÃO ADMINISTRATIVA. AUSÊNCIA DE PODER DECISÓRIO. PARECER OPINATIVO. COMPATIBILIDADE. DISSÍDIO JURISPRUDENCIAL E VIOLAÇÃO AO ART. 535 DO CPC – NÃO-COMPROVAÇÃO. 1. A expiração da eficácia do ato coator no curso do processo faz exsurgir a falta de interesse processual, conduzindo à extinção do mandamus. Precedente: RMS 1764/BA, Rel. Min. Demócrito Reinaldo, DJ 26.09.1994) 2. Mandado de Segurança impetrado pelo ora recorrente, com pedido liminar contra ato atribuído ao Presidente de Seccional da Ordem dos Advogados do Brasil, objetivando restabelecer sua inscrição junto àquela instituição, suspensa arbitrariamente, pela autoridade coatora, em razão de meras conjecturas, que imputavam impedimento profissional, sem qualquer respaldo legal, porquanto o cargo de Conselheiro do Conselho de Política Criminal não infringe o Estatuto da OAB, posto encerrar funções opinativas, cargo sem remuneração e impedimento apenas no que pertine aos valores objeto de apreciação pelo Colegiado. 3. Restauração superveniente de todas as prerrogativas profissionais, em razão da extinção do mandato. 4. Perda superveniente do interesse processual, sem repercussão na sucumbência, na forma da Súmula 105/STJ, que interdita honorários em writ. 5. Mandamus extinto sem resolução do mérito. 6. Nada obstante, e apenas obiter dictum, embora alegue a impetrada que a referida suspensão não revela punição, resta indubitável que tal procedimento não prescinde do contraditório, tanto mais que, a motivação para sua realização fora a ocupação de cargo público honorífico, sem remuneração e transitório, ensejando notório prejuízo ao sustento do impetrante, que por sua vez, não poderia mais auferir remuneração alguma, em decorrência daquela decisão. 7. Consigne-se lição do professor Hely Lopes Meirelles, elucidativa acerca dos agentes honoríficos: "Agentes honoríficos: são cidadãos convocados, designados ou nomeados para prestar, transitoriamente, determinados serviços ao Estado, em razão de sua condição cívica, de sua honorabilidade ou de sua notória capacidade profissional, mas sem qualquer vínculo empregatício ou estatutário e, normalmente, sem remuneração. Tais serviços constituem o chamado múnus público, ou serviços públicos relevantes, de que são exemplos a função de jurado, de mesário eleitoral, de comissário de menores, de presidente ou membro de comissão de estudo ou de julgamento e outros dessa natureza. Os agentes honoríficos não são servidores públicos, mas momentaneamente exercem uma função pública e, enquanto a desempenham, sujeitam-se à hierarquia e disciplina do órgão a que estão servindo, podendo perceber um pro labore e contar o período de trabalho como de serviço público. Sobre estes agentes eventuais do Poder Público não incidem as proibições constitucionais de acumulação de cargos, funções ou empregos (art. 37, XVI e XVII), porque sua vinculação com o Estado é sempre transitória e a título de colaboração cívica, sem caráter empregatício. A Lei 9.608, de 18.02.1998, dispondo sobre o serviço voluntário, define-o como a atividade não remunerada prestada por pessoa física a entidade pública de qualquer natureza ou instituição privada sem fins lucrativos com objetivos cívicos, culturais, educacionais, científicos, recreativos ou de assistência social, inclusive mutualidade. Tal serviço não gera vínculo empregatício, nem obrigações de natureza trabalhista, previdenciária ou afim entre prestador e tomador. A lei permite o ressarcimento das despesas comprovadamente realizadas pelo prestador, desde que estejam autorizadas pela entidade a que for prestado o serviço voluntário. Somente para fins penais é que esses agentes são equiparados a funcionários públicos quanto aos crimes relacionados com o exercício da função, nos expressos termos do art. 327 do CP." (in "Direito Administrativo Brasileiro, 28ª Edição, Editora Malheiros, página 79) (grifou-se) 8. O cargo de Presidente do Conselho Nacional de Política Criminal e Penitenciária está abrangido pela exceção contida no parágrafo 2º, do art. 28, do Estatuto dos advogados, porquanto desprovido de poder decisório, já que apenas emite pareceres opinativos, consoante se extrai dos artigos que ora se transcreve: "Art. 28. A advocacia é incompatível, mesmo em causa própria, com as seguintes atividades: (...) III – ocupantes de cargos ou funções de direção em Órgãos da Administração Pública direta ou indireta, em suas fundações e em suas empresas controladas ou concessionárias de serviço público; (...) § 2º Não se incluem nas hipóteses do inciso III os que não detenham poder de decisão relevante sobre interesses de terceiro, a juízo do conselho competente da OAB, bem como a administração acadêmica diretamente relacionada ao magistério jurídico."(Lei 8.906/94) "Art. 23 – Ao presidente do CNPCP incumbe dirigir, coordenar e supervisionar as atividades do Conselho e, especificamente: I – representar o CNPCP nos autos em que se fizerem necessários; II – convocar e presidir as reuniões do Conselho Pleno, bem como executar as suas deliberações e as das Câmaras; III – elaborar a pauta das reuniões do Conselho Pleno e Câmaras do CNOCP; IV – assinar as atas das reuniões e, juntamente com os Relatores, as Resoluções; V – indicar, dentre os membros do Conselho, o Relator de matéria a ser apreciada nas reuniões; VI – expedir ad referendum do Conselho, normas complementares relativas a seu funcionamento e à ordem dos trabalhadores; VII – designar Membros do Conselho para inspecionar, fiscalizar ou visitar estabelecimentos ou de execução penal das diversas unidades da Federação; VIII – criar Comissões Especiais e designar os seus integrantes." (Portaria nº

543, de 28 de agosto de 1996)" 9. Deveras, não se verifica, dentre as atribuições do cargo de Presidente do referido Conselho, nos termos da Portaria nº 543, de 28 de agosto de 1996 (que vigorava à época em que o impetrante fora nomeado para exercer aquele cargo) qualquer competência decisória, porquanto os atos praticados pelo Conselho Nacional de Política Criminal são meramente opinativos, é dizer, que sua atuação restringia-se à esfera administrativa, o que atrai a incidência do parágrafo 2º, do art. 28, do Estatuto dos Advogados, que consagra a compatibilidade do exercício simultâneo da presidência daquele Conselho e a advocacia. 10. A atuação do impetrante na advocacia criminal sofre temperamentos, em face do impedimento, legal e moral, de se valer o impetrante do cargo de "conselheiro" para fins de "captação indevida de clientes", tendo em vista o dever de ofício em comunicar à autoridade competente impedimento desta natureza, sob pena de punição disciplinar, in verbis: "Art. 19. A autoridade ou servidor que incorrer em impedimento deve comunicar o fato à autoridade competente, abstendo-se de atuar. Parágrafo único. A omissão do dever de comunicar o impedimento constitui falta grave, para efeitos disciplinares." 11. Inexiste ofensa ao art. 535 do CPC, quando o tribunal de origem pronuncia-se de forma clara e suficiente sobre a questão posta nos autos. Ademais, o magistrado não está obrigado a rebater, um a um, os argumentos trazidos pela parte, desde que os fundamentos utilizados tenham sido suficientes para embasar a decisão. 12. A divergência jurisprudencial, ensejadora de conhecimento do recurso especial, deve ser devidamente demonstrada, conforme as exigências do parágrafo único do art. 541 do CPC, c/c o art. 255 e seus parágrafos, do RISTJ. 13. Visando a demonstração do dissídio jurisprudencial, impõe-se indispensável avaliar se as soluções encontradas pelo decisum recorrido e os paradigmas tiveram por base as mesmas premissas fáticas e jurídicas, existindo entre elas similitude de circunstâncias. 14. In casu, impõe-se reconhecer a não demonstração da similaridade, indispensável à configuração do dissídio jurisprudencial, porquanto os acórdãos paradigmas tratam de situação fática diversa, impõe-se reconhecer a não demonstração da similaridade, indispensável à configuração do dissídio jurisprudencial, porquanto os acórdãos paradigmas tratam de situação fática diversa, na qual fora aplicada sanção disciplinar, o que não se verificou no presente feito, em que ocorreu o licenciamento ex officio do recorrente, e não a suspensão da sua inscrição junto à Ordem dos Advogados. 15. Destarte, o acórdão recorrido versou acerca da incompatibilidade do exercício da advocacia com o cargo de Presidente de Conselho, restando silente o aresto paradigma acerca desta questão, manifestando-se apenas quanto à possibilidade de rejeição de parecer do Conselho Penitenciário, acerca de livramento condicional, quando houver fundamentação emitida por perito em sentido diverso. Ademais, insubsistentes os paradigmas apontados para demonstrar a violação do devido processo legal, tendo em vista tratarem de situações genéricas, desconsiderando-se as peculiaridades decorrentes da hipótese fática posta nos autos. 16. Recurso especial não conhecido. (REsp 656740 / GO 2004/0054775-0, Relator Ministro LUIZ FUX (1122), T1 – PRIMEIRA TURMA, j. 03/05/2007, DJe 31/05/2007).

6.12 Intervenção da OAB – no STJ

EMENTA. PENAL. PROCESSO PENAL. AGRAVO REGIMENTAL NOS EMBARGOS DE DECLARAÇÃO NO RECURSO ESPECIAL. 1) DISSÍDIO JURISPRUDENCIAL NÃO CONHECIDO. 2) VIOLAÇÃO AO ART. 49, PARÁGRAFO ÚNICO, DA LEI N. 8.906/94. INTERVENÇÃO DA ORDEM DOS ADVOGADOS DO BRASIL – OAB ESTADUAL NO FEITO DESCABIDA. MORTE DE ADVOGADO NÃO RELACIONADA COM O EXERCÍCIO DA ADVOCACIA. NÃO CABIMENTO. 2.1) PARTICIPAÇÃO DO REPRESENTANTE DA OAB NO INQUÉRITO POLICIAL.

EVENTUAL VÍCIO QUE NÃO MACULA A AÇÃO PENAL. 2.2) JUNTADA DE PROVA POR REPRESENTANTE DA OAB NA AÇÃO PENAL NA PRIMEIRA FASE DO RITO DO TRIBUNAL DO JÚRI. NULIDADE DO ATO NÃO ALEGADA. ART. 571, I, DO CÓDIGO DE PROCESSO PENAL – CPP. PRECLUSÃO. 2.3) PRESENÇA DE REPRESENTANTES DA OAB NA SESSÃO PLENÁRIA. NULIDADE DO ATO NÃO ALEGADA. ART. 571, VIII, DO CPP. PRECLUSÃO. 2.3.1) PREJUÍZO NÃO DEMONSTRADO. ART. 563 DO CPP. 3) DISSÍDIO JURISPRUDENCIAL. AUSÊNCIA DE SIMILITUDE FÁTICA. 4) VIOLAÇÃO AO ART. 157, CAPUT, DO CPP. LICITUDE DA GRAVAÇÃO AMBIENTAL REALIZADA POR UM DOS INTERLOCUTORES. 4.1) GRAVAÇÃO DE ÁUDIO DA REINQUIRIÇÃO DO RÉU POR REPRESENTANTE DA OAB QUE TINHA PRESENÇA NO ATO CONHECIDA PELO RÉU. 4.2) EVENTUAL ILICITUDE DA PROVA QUE NÃO ENSEJA ANULAÇÃO DO JULGAMENTO PELO TRIBUNAL DO JÚRI, ANTE O CONHECIMENTO E INÉRICA DA DEFESA A RESPEITO DELA ESTAR NOS AUTOS (ART. 565 DO CPP) E DA AUSÊNCIA DE PREJUÍZO (ART. 563 DO CPP), EIS QUE PROVAS INDEPENDENTES SUSTENTAM O ACOLHIMENTO DA TESE ACUSATÓRIA PELOS JURADOS. REINQUIRIÇÃO DO RÉU, COM CIÊNCIA DO RÉU. 5) AGRAVO REGIMENTAL DESPROVIDO. 1. É pacífica a orientação do Superior Tribunal de Justiça de que acórdão proferido em habeas corpus não é admitido como paradigma para fins de comprovação do dissídio jurisprudencial (AgRg nos EAREsp 1545357/SC, Rel. Ministro SEBASTIÃO REIS JÚNIOR, TERCEIRA SEÇÃO, DJe 17/3/2020). 2. A intervenção da OAB deve ser admitida quando houver desrespeito a prerrogativas de advogados ou outras disposições do Estatuto da Advocacia. No caso dos autos, há um interesse corporativo na morte do advogado, mas não um interesse institucional, pois o delito foi cometido no desenrolar de discussão por danos causados no carro da vítima. 2.1. Eventual participação indevida dos representantes da OAB/MA na fase de inquérito policial não macula a ação penal, dada a natureza informativa do inquérito policial. 2.2. O ato de juntada de provas no feito pela OAB/MA feito durante a primeira fase do rito do júri não é passível de nulidade, eis que não impugnado até a sentença de pronúncia (art. 571, I, do CPP). 2.3. A presença dos membros da OAB na Sessão do Tribunal do Júri não foi apontada logo após a sua ocorrência em plenário, tendo havido preclusão (art. 571, VIII, do CPP), segundo o TJMA, não foi como assistentes da acusação, mas apenas em verificação da lisura do julgamento, sem prejuízo. 2.3.1. Ainda, segundo o acórdão recorrido, a presença dos representantes da OAB não foi como assistentes de acusação, mas para verificação da lisura do julgamento, sem demonstração da defesa de prejuízo (art. 563 do CPP). 3. A ausência de similitude fática impede o comparativo entre acórdão embargado e paradigma de modo a obstar a configuração do dissídio jurisprudencial supostamente alegado pela parte (AgRg nos EREsp 1587239/RS, Rel. Ministro FELIX FISCHER, TERCEIRA SEÇÃO, DJe 17/6/2019). 4. A gravação ambiental, realizada por um dos interlocutores, é lícita, tendo como condição apenas causa legal de sigilo ou reserva de conversação. 4.1. No caso em tela, o reinquirido tinha conhecimento da presença do representante da OAB/MA no ato da reinquirição realizada pela autoridade policial na delegacia de polícia, motivo pelo qual o representante da OAB/MA também deve ser considerado interlocutor, eis que também era receptor do diálogo. 4.2. Ainda que se entenda pela ilicitude da prova, a inércia do recorrente deu causa à permanência dela nos autos por anos (art. 565 do CPP), bem como inexistente flagrante prejuízo (art. 563 do CPP), eis que outras provas independentes amparam a tese acusatória acolhida pelo Conselho de Sentença. 5. Agravo regimental desprovido. (AgRg nos EDcl no REsp 1843519 / MA 2019/0311243-3, Relator Ministro JOEL ILAN PACIORNIK (1183), T5 – QUINTA TURMA, j. 01/06/2021, DJe 07/06/2021).

EMENTA. PROCESSUAL CIVIL. INTERVENÇÃO DE TERCEIROS. ORDEM DOS ADVOGADOS DO BRASIL – OAB. ASSISTÊNCIA. INTERVENÇÃO NEGADA. AUSÊNCIA DE RELAÇÃO JURÍDICA A SER AFETADA PELO RESULTADO DA DEMANDA. 1. Em Ação de Improbidade Administrativa cujo objeto é a contratação ilegal de serviços advocatícios, o Tribunal de origem determinou a indisponibilidade dos bens do réu e indeferiu o ingresso da OAB como assistente por entender: a) não versando a demanda sobre prerrogativas de advogado, inexiste repercussão na esfera jurídica da entidade; b) o alegado interesse em defender o direito à contratação de serviços advocatícios sem licitação não guarda pertinência com a hipótese dos autos, que se funda na desnecessidade da contratação realizada; c) não há interesse jurídico da OAB no caso, pois nenhuma relação jurídica entre esta e o assistido sofrerá abalo com o resultado da demanda. 2. A OAB, em suas razões, aponta, entre outros, ofensa ao art. 49 da Lei 8.906/1994 com base no argumento de haver interesse jurídico em intervir como assistente dos réus para demonstrar a licitude da inexigibilidade de licitação para contratação de seus inscritos, pois o caso supostamente fere as prerrogativas da advocacia. 3. A jurisprudência do STJ exige a demonstração do interesse jurídico na intervenção de terceiro, e "as condutas de Advogados que, em razão do exercício de seu múnus venham a ser incluídos em pólo passivo de ações cíveis, não estão a significar, diretamente, que a OAB seja afetada, porque, admitida tal possibilidade, qualquer advogado que cause dano material ou moral a outrem, poderia suscitar intervenção sob argumento de defesa de prerrogativa, o que contraria a razoabilidade". Precedentes: EREsp 1.351.256/PR, Rel. Ministro Mauro Campbell Marques, Corte Especial, DJe 19/12/2014; AgRg nos EREsp 1.019.178/DF, Rel. Ministra Eliana Calmon, Corte Especial, DJe 20/5/2013; RCD nos EREsp 448.442/MS, Rel. Ministro Benedito Gonçalves, Primeira Seção, julgado em 13/06/2018, DJe 22/6/2018; EDcl nos EREsp 650.246/PR,

Rel. Ministro Cesar Asfor Rocha, Primeira Seção, DJe 6/8/2012; AgInt no MS 15.828/DF, Rel. Ministro Mauro Campbell Marques, Primeira Seção, DJe 19/12/2016. 4. Se a demanda não trata das prerrogativas dos advogados, nem das "disposições ou fins" do Estatuto da Advocacia (art, 49, caput, da Lei 8.906/1994), descabe a intervenção da OAB em Ação de Improbidade Administrativa, como em qualquer outra. 5. Recurso Especial não provido. (REsp 1793268 / SP 2018/0345593-7, Relator
Ministro HERMAN BENJAMIN (1132), T2 – SEGUNDA TURMA, j. 23/05/2019, DJe 30/05/2019.

EMENTA. PROCESSUAL CIVIL. RECURSO ESPECIAL. ORDEM DOS ADVOGADOS DO BRASIL – OAB. ASSISTÊNCIA. INTERVENÇÃO NEGADA. FUNDAMENTO INATACADO. SÚMULA 283/STF. MÉRITO DO APELO PREJUDICADO. 1. Em Ação de Improbidade Administrativa cujo objeto é a contratação ilegal de serviços advocatícios, o Tribunal de origem manteve a condenação dos réus e indeferiu o ingresso da OAB como assistente por entender que, a) não versando a demanda sobre prerrogativas de causídicos, inexiste repercussão na esfera jurídica da entidade; e b) o alegado interesse em defender o direito à contratação de serviços advocatícios sem licitação não guarda pertinência com a hipótese dos autos, fundada na desnecessidade da contratação realizada. 2. Ao prover o Ag 1.254.513/SP e o Ag 1.246.159/SP, determinei a subida do Recurso Especial dos réus, para melhor análise. 3. A OAB, em suas razões, aponta ofensa ao art. 49 da Lei 8.906/1994 com base no argumento de haver interesse jurídico em intervir como assistente dos réus para demonstrar a licitude da inexigibilidade de licitação para contratação de seus inscritos, considerando que os orienta, de modo geral, a avençar desse modo. 4. Se a demanda não trata das prerrogativas dos advogados, nem das "disposições ou fins" do Estatuto da Advocacia (art, 49, caput, da Lei 8.906/1994), descabe a intervenção da OAB em Ação de Improbidade Administrativa, como em qualquer outra. 5. Ocorre que, ao rechaçar o pedido de assistência, o Tribunal a quo asseverou que não cuidam os autos de mera inexigibilidade do procedimento licitatório, e sim de contratação desnecessária, porque os serviços contratados poderiam ter sido prestados por servidores municipais. 6. Com efeito, o instituto da inexigibilidade da licitação diz respeito a situações em que cabe contratação, mas em que é inviável a competição ante a especialidade do serviço e a notória especialização do contratado. Tal não se confunde com a contratação prescindível e ilegal de quem quer que seja, o que vai além da inviabilidade afirmada pela agravante. 7. Nas razões do Recurso Especial, a OAB limitou-se a manifestar o interesse em defender que a inexigibilidade de licitação para contratação de advogados é legal e ética. Não sustentou, contudo, interesse em assistir aos advogados contratados desnecessariamente pelo Poder Público, a par da distinção feita pelo Tribunal local. 8. A ausência de combate específico ao fundamento do acórdão recorrido obsta o conhecimento do apelo, conforme inteligência da Súmula 283/STF. 9. Os argumentos lançados no Memorial são inábeis a afastar a conclusão de que a tese lançada nas razões recursais firma-se em premissa diversa do acórdão recorrido, não combatido devidamente naquela oportunidade. 10. Levando-se em conta que a agravante não logrou ingressar no feito, fica prejudicada sua insurgência quanto à questão de fundo. 11. Agravo Regimental não provido. (AgRg no Ag 1253420 / SP 2009/0223650-4, Relator Ministro HERMAN BENJAMIN (1132), T2 – SEGUNDA TURMA, J. 06/04/2010, DJe 04/05/2011).

6.13 Vedação de proibição do exercício da advocacia – atribuição exclusiva da OAB

Em julgamento de habeas corpus criminal, apontada como autoridade coatora o TJES, é pedido trancamento da ação penal, de advogado acusado de integrar OrCrim. Este que tem medida cautelar sob si, suspendendo exercício da advocacia. No HC requer-se liminarmente a revogação da tutela antecipada mencionada. A Min. Daniela Teixeira, em decisão que deferiu parcialmente o recurso, para cassar decisão de suspensão do exercício da Advocacia:

> "O conflito entre os atores do Direito é permanente. Mas esse conflito é institucional e com o fim único de resolver conflitos, não se alimentar deles, menos ainda de conflitos entre as próprias instituições. Quando se defende longamente uma perspectiva do conflito, surge o risco de a perspectiva passar a ser o bem defendido. Porém, não é assim com o Direito. O bem a ser defendido é a imposição do justo, na forma da lei. Não é o "interesse" (aquilo que se coloca "entre os seres") que deve orientar a resolução do conflito. Não é a perspectiva de um dos atores do Direito. É, sim, a consumação do Direito como estrutura consolidante da vida social. O dia a dia da advocacia, em especial a criminal, é lidar com o meio social em conflito com a lei. Confundir o advogado, ou a advogada, com seu cliente é uma postura que distorce a visão, que contamina a perspectiva do ator do Direito. Qualquer do povo pode cometer crime. O Direito nunca evitará o desvio. Mas as distorções precisam ser contidas a cada manifestação, para que as instituições funcionem bem e mantenham-se em seu papel. Não há elementos robustos nos autos que sustentem que o recorrente cometeu crime. Cabe ao Estado fazer essa prova. Antes da prova, a liberdade. Tampouco cabe ao Judiciário intervir no exercício da Advocacia. Quem pode o mais (prender o advogado) não pode o menos (cassar o direito de exercer sua profissão). E isto é assim porque os atores do Direito, como dito acima, estão em permanente conflito. A paridade de armas e a horizontalidade na relação entre juiz, advogado, promotor e defensor público é de ser mantida a todo custo, contra toda tentação. Ante o exposto, defiro liminar e parcialmente o recurso, para conceder a ordem de cassar a decisão de suspensão do exercício da Advocacia pelo recorrente, sem prejuízo de revisão da medida quando apreciado o mérito.

Prossiga-se a ação penal. Oficie-se a Ordem dos Advogados do Brasil, Seccional do Espírito Santo, para que conheça das acusações feitas a seu membro e, se for o caso, dê início ao procedimento cabível para apurar sua conduta profissional. Solicitem-se informações ao Tribunal de origem e ao Juízo singular, que deverão ser prestadas preferencialmente por malote digital e com senha de acesso para consulta ao processo" (HABEAS CORPUS CRIMINAL Nº 5001844-95.2023.8.08.0000, Rel. MIN. DANIELA TEIXEIRA, , j. , 19/12/23).

7

INVESTIGAÇÃO DEFENSIVA E PRERROGATIVAS

O TRF da 3ª Região, em relatoria do Desembargados Maurício Yukinazu kato, proveu em apelação em 24 de abril de 2021 a apelação 5001789-10.2020.4.03.6181 em que figurou como Apelante Luiz Inácio Lula da Silva, representado por Cristiano Zanin Martins para os fins de garantir a prerrogativa do advogado realizar investigação defensiva.

O precedente é fundamental para as prerrogativas dos advogados de defesa em investigações:

> E M E N T A PENAL. PROCESSUAL PENAL. APELAÇÃO. INVESTIGAÇÃO DEFENSIVA. PRETENSÃO DE NATUREZA PENAL. RELAÇÃO DE ACESSORIEDADE. JUSTIÇA FEDERAL. COMPETÊNCIA.
>
> 1. A investigação defensiva encontra amparo na Constituição Federal, devido não só a ausência de norma proibitiva, mas em razão de uma interpretação extensiva dos princípios da igualdade, ampla defesa e contraditório, de forma a assegurar ao acusado um legítimo e devido processo legal.
>
> 2. Os advogados não dispõem dos mesmos poderes de requisição que possuem a autoridade policial e o próprio órgão do Ministério Público, devendo o condutor da investigação defensiva acionar o poder judiciário caso encontre óbice devido a relutância do particular em colaborar com sua atividade ou pela impossibilidade jurídica de obter determinada informação.

3. O juízo competente deverá ser aquele responsável pela apreciação da ação penal em curso ou da futura ação penal, haja vista a simetria com a competência para as medidas requeridas pela polícia judiciária ou pelo Ministério Público na investigação contraposta.
4. Ainda que deduzida em procedimento cível, a pretensão que comporta elementos a ser analisados em futura demanda penal ou naquela onde tramita/tramitou processo criminal deve ser processada perante a jurisdição penal.
5. Apelação provida

Trechos do voto prestigia a paridade de armas na obtenção de provas entre a acusação e a defesa:

> "... O inquérito criminal defensivo é um expediente cujo objetivo é assegurar ao advogado o direito-dever de reunir evidências probatórias que permitam fundamentar as teses favoráveis ao seu assistido.
>
> Tal atividade, desde que obedecidas as restrições de atuação do particular no que se reporta à liberdade individual, privacidade, imagem, dentre outros direitos que afetem a vida alheia, não é proibida pelo sistema jurídico pátrio.
>
> Sabe-se que, atualmente, o sistema investigatório está longe de se mostrar totalmente imparcial e igualitário, já que confere uma posição de superparte ao órgão de acusação, devido ao fato de ser ele o responsável por orientar e fiscalizar as polícias federais e civis na fase investigativa.
>
> Ademais, muito embora se trate de tema ainda pendente de finalização, com destaque para a ADI nº 3.034, ainda sob julgamento, a interpretação mais recente do Supremo Tribunal Federal é no sentido de que o modelo constitucional vigente também confere ao Ministério Público poderes investigatórios, além da supervisão da atividade policial.
>
> (...)

Por outro lado, a investigação defensiva surge como uma forma de materializar o famoso princípio da paridade de armas, de forma a assegurar que tanto a acusação quanto a defesa tenham o poder de influenciar o julgador. O objetivo é legitimar a atividade jurisdicional, afastando a ideia de que a busca efetiva pela verdade real é uma ilusão, de modo a permitir .

que não só o órgão acusatório, mas também a defesa possa comprovar suas teses por meio das provas produzidas.

Neste aspecto, a Constituição Federal concebe em seu art. 133 a Advocacia como função essencial à Administração da Justiça e garante aos acusados não só a defesa técnica, mas a assistência jurídica integral, a qual permite ao assistido ter acesso a todos os recursos necessários para se defender antes, durante e depois do processo judicial e, inclusive, extrajudicialmente.

De outra parte, a igualdade também constitui primado constitucional. E, neste caso, não só a igualdade formal, mas também a igualdade material ou substancial, de forma a permitir as mesmas oportunidades para os sujeitos processuais que se encontram em diferentes posições.

Por sua vez, para fortalecer o princípio acima é necessário que se conceda à parte liberdade para alegar e provar os fatos que considerar relevantes, ou seja, que possa se defender de forma ampla dentro de um processo judicial, seja ele cível ou criminal.

Neste ponto, em nosso sistema jurídico, o direito à ampla defesa vem assegurado não somente no âmbito interno (art. 5º, LV, da Constituição Federal), mas também em tratados internacionais, como é o caso do art. 11 da Declaração Universal dos Direitos Humanos e, mais especificamente, do art. 8º, item 2, "c" e "f" da Convenção Americana sobre Direitos Humanos, in verbis

(...)

Ressalte-se que este último instrumento internacional foi introduzido no ordenamento jurídico brasileiro pelo Decreto nº 678/92 possuindo, portanto, norma supralegal, conforme entendimento do Supremo Tribunal Federal (Recurso Extraordinário nº 466.343/SP), por inobservância das regras previstas no § 3º do art. 5º da Constituição Federal.

No processo penal, o exercício da ampla defesa deve permitir à parte acusada não apenas se autodefender, mas ter igual acesso a todos os elementos e instrumentos técnicos que lhe permitam provar suas alegações, já que o que se está em jogo é a liberdade do ser humano.

Outrossim, corolário dos princípios da igualdade e da ampla defesa é o contraditório. Este deverá, para se tornar efetivo, assegurar aos acusados não só a possibilidade de se contrapor aos argumentos jurídicos deduzidos pela acusação (...)

POSFÁCIO

A defesa das prerrogativas da advocacia em tempos de riscos à democracia: por que os ataques ao Supremo Tribunal são ataques ao Estado Democrático de Direito

À guisa de posfácio

Por Lenio Luiz Streck

Nada melhor do que incluir no posfácio desta obra que trata das prerrogativas da advocacia este texto "contando coisas que fizemos" nos anos recentes. Afinal, os últimos anos foram de muitas batalhas em torno do (des) respeito a essas prerrogativas. Enfim, foram anos, anos em que lutamos contra o risco do arbítrio. É bom poder dizer "eu participei". Estive, junto com tantos juristas, na linha de frente na luta contra o lawfare lavajatista, ovo da serpente do autoritarismo que quase venceu a democracia no dia 8 de janeiro de 2023. Em debate com Sérgio Moro em abril de 2015, disse-lhe que com juízes como ele a democracia corria riscos. Infelizmente acertei. O uso político do direito contra adversários fragiliza a democracia, demoniza a política e forma uma tempestade perfeita para derrubar os alicerces democráticos. Nossa luta também se fez presente nos fóruns e no Supremo Tribunal, quando levamos três anos apara trazer de volta a garantia da presunção de defesa. No fundo, nossa luta foi sísifa, porque a cada dia começávamos a rolar a pedra em direção ao topo.

Nas diversas frentes de batalha, uma delas foi a defesa institucional da Suprema Corte brasileira, vítima de ataques principalmente a partir do ano de

2019, a ponto de o STF ter de lançar mão de seu regimento interno para fazer sua autodefesa – já que naqueles dias o Ministério Público não o fizera.

Muita gente me perguntou por que fizemos o jantar em favor da nossa Suprema Corte em São Paulo, no dia 3 de maio de 2019.Um manifesto em favor do Supremo Tribunal Federal – esse foi o objetivo.

Fui o mestre de cerimônias daquele grande jantar organizado pelo Grupo Prerrogativas, que acabou por assumir grande protagonismo na defesa da institucionalidade. Um dos desafios era o de deixar o manifesto mais claro para os presentes e também para a mídia que lá estava em peso cobrindo o evento. Microfone na mão, lembrei-me de um episódio da *Guerra dos Farrapos* que poderia ajudar a explicar o nosso manifesto e resolvi recordá-lo, fazendo-o também em homenagem ao ministro Nelson Jobim — gaúcho da cepa que lá estava, ao lado de pessoas dos mais variados matizes ideológicos, como Ives Gandra, Tércio Sampaio Ferraz Jr., tanta gente que seria impossível nominá-los (destaque-se também a presença de ministros do STJ, conselheiros do CNJ, presidentes de entidades como Ajufe, Associação Nacional que congrega as Defensorias Públicas, ministros do STF)[28]. Quatro oradores, além do ministro Dias Toffoli, então presidente do STF, abrilhantando, de forma plural, a noitada: Misabel Derzi, Ives Gandra, Felipe Santa Cruz e Alberto Toron. Fosse um painel, o título seria: Constituição, Supremas Cortes e Democracia.

Sigo. Para falar do prometido. Em 1840, no meio da guerra farroupilha, o general Rosas, ditador argentino, ofereceu tropas, casa, comida e roupa lavada para o exército farroupilha, com o objetivo de juntos — argentinos e farrapos – derrotarem o Império brasileiro.

E o general David Canabarro, então líder da revolução Farroupilha, mandou-lhe uma carta, dizendo:

> "Senhor: o primeiro de vossos soldados que transpuser a fronteira fornecerá o sangue com que assinaremos a paz com os imperiais. Acima de nosso amor à República está nosso brio de brasileiros.

---

28 MARTINES, Fernando. Comunidade jurídica reage contra abusos do punitivismo. **Conjur**. 4 de maio de 2019. Disponível em: https://www.conjur.com.br/2019-mai-04/fundo-mpf-petrobras-nome-codigo-penal-toffoli/. Acesso em: 2 agosto de 2024.

Se a separação for a esse custo, preferimos a integridade com o Império. Vossos homens, se ousarem invadir nosso país, encontrarão, ombro a ombro, os republicanos de Piratini e os monarquistas do Sr. Dom Pedro II."

Disse eu então no evento: do mesmo modo, Senhor Presidente do Supremo Tribunal Federal, respondemos nós, aqui presentes, parafraseando o General David Canabarro, que

— Podemos ter sérias críticas e divergências com relação ao tratamento dado pelo Supremo Tribunal a questão da presunção da inocência;[29]

— Podemos ter sérias críticas ao fato de que o STF já deveria ter decidido de há muito as ADC s44 e 54, paradas há mais de dois anos, e ainda não o fez;

— Podemos ter críticas às restrições ao *habeas corpus*, em um país que possui mais de 200 mil presos provisórios, dezenas de milhares dos quais em delegacias de polícia e em prisões tipo masmorras medievais, como um antecessor seu, o ministro Cezar Peluzo, já disse de antanho;

— Podemos ter críticas e divergências com a nossa Suprema Corte quando esta faz juízos morais e parte dela quer ser vanguarda iluminista e empurrar a história;

— Podemos ter críticas e divergências com a nossa Suprema Corte quando decide com base na voz das ruas, esquecendo seu papel contramajoritário;

— Podemos ter críticas e divergências quando o STF pratica ativismos e passa ao largo dos limites semânticos da Constituição.

Mas, Senhor Presidente de nosso Tribunal Maior da República brasileira, assim como já dissera David Canabarro em resposta ao ditador Rosas, podemos ter nossas críticas ao STF, só que o primeiro detrator, o primeiro que atacar e fazer *Contempt of Court,* será enfrentado por todos nós aqui presentes e iremos arregimentar forças ombro a ombro nessa imensa comunidade jurídica de mais de um milhão de "soldados".

Então, senhor presidente Ministro Dias Toffoli:

---

29 Lembremos que o Supremo Tribunal havia negado o pedido de cautelar no âmbito das ADCs 43 e 44 pela qual visámos a declaração de constitucionalidade do artigo 283 do Código de Processo Penal.

POSFÁCIO

Acima de nossas críticas ao STF está nosso brio de juristas democratas. Não lutamos por mais de vinte anos para restabelecer a democracia e construir uma Constituição democrática — talvez a mais democrática do mundo — para, agora na democracia, entregarmo nos para grupos e grupelhos, institucionalizados ou não, que querem fragilizar e, quiçá, aniquilar a Suprema Corte e, consequentemente, o Estado de Direito.

Respondemos aos detratores como David Canabarro respondeu ao ditador Rosas:

> O primeiro que atacar a Suprema Corte brasileira servirá como exemplo de nosso brio por lutar pela democracia. As canetas *Mont Blanc* e as canetas *Bic* que os detratores usam para escrever seus discursos de ódio contra a Suprema Corte serão por nós utilizadas para assinarmos novos e novos manifestos a favor da força institucional da Suprema Corte brasileira.

Enfim, essa foi a nossa intenção com o manifesto e o jantar. E acho que fizemos bem. Não há democracia sem um Tribunal que guarde o conteúdo da Constituição. Parece óbvio isso. Mas, como disse Darcy Ribeiro, Deus é tão treteiro, faz as coisas de forma tão recôndita e sofisticada, que ainda precisamos dessa classe de gente, os cientistas, desvelar as obviedades do óbvio. O óbvio se esconde. É ladino.

Temos de dizer o óbvio! E o óbvio, aqui, é a defesa da institucionalidade. Da democracia. E a democracia exige o respeito às prerrogativas advocatícias. Prerrogativas foi o nome que iluminou o Grupo que foi tão importante para a resistência nos anos recentes.

E Prerrogativas é o nome deste belo livro de Fernando Augusto Fernandes que tenho a honra de posfaciar.

ANEXOS

LEI 8906/94

Art. 7º São direitos do advogado:

I – exercer, com liberdade, a profissão em todo o território nacional;

II – a inviolabilidade de seu escritório ou local de trabalho, bem como de seus instrumentos de trabalho, de sua correspondência escrita, eletrônica, telefônica e telemática, desde que relativas ao exercício da advocacia; (Redação dada pela Lei nº 11.767, de 2008)

III – comunicar-se com seus clientes, pessoal e reservadamente, mesmo sem procuração, quando estes se acharem presos, detidos ou recolhidos em estabelecimentos civis ou militares, ainda que considerados incomunicáveis;

IV – ter a presença de representante da OAB, quando preso em flagrante, por motivo ligado ao exercício da advocacia, para lavratura do auto respectivo, sob pena de nulidade e, nos demais casos, a comunicação expressa à seccional da OAB;

V – não ser recolhido preso, antes de sentença transitada em julgado, senão em sala de Estado Maior, com instalações e comodidades condignas, ~~assim reconhecidas pela OAB,~~ e, na sua falta, em prisão domiciliar; (Vide ADIN 1.127-8)

VI – ingressar livremente:

a) nas salas de sessões dos tribunais, mesmo além dos cancelos que separam a parte reservada aos magistrados;

b) nas salas e dependências de audiências, secretarias, cartórios, ofícios de justiça, serviços notariais e de registro, e, no caso de delegacias e prisões, mesmo fora da hora de expediente e independentemente da presença de seus titulares;

c) em qualquer edifício ou recinto em que funcione repartição judicial ou outro serviço público onde o advogado deva praticar ato ou colher prova ou informação útil ao exercício da atividade profissional, dentro do expediente ou fora dele, e ser atendido, desde que se ache presente qualquer servidor ou empregado;

d) em qualquer assembléia ou reunião de que participe ou possa participar o seu cliente, ou perante a qual este deva comparecer, desde que munido de poderes especiais;

VII – permanecer sentado ou em pé e retirar-se de quaisquer locais indicados no inciso anterior, independentemente de licença;

VIII – dirigir-se diretamente aos magistrados nas salas e gabinetes de trabalho, independentemente de horário previamente marcado ou outra condição, observando-se a ordem de chegada;

X – usar da palavra, pela ordem, em qualquer tribunal judicial ou administrativo, órgão de deliberação coletiva da administração pública ou comissão parlamentar de inquérito, mediante intervenção pontual e sumária, para esclarecer equívoco ou dúvida surgida em relação a fatos, a documentos ou a afirmações que influam na decisão; (Redação dada pela Lei nº 14.365, de 2022)

XI – reclamar, verbalmente ou por escrito, perante qualquer juízo, tribunal ou autoridade, contra a inobservância de preceito de lei, regulamento ou regimento;

XII – falar, sentado ou em pé, em juízo, tribunal ou órgão de deliberação coletiva da Administração Pública ou do Poder Legislativo;

XIII – examinar, em qualquer órgão dos Poderes Judiciário e Legislativo, ou da Administração Pública em geral, autos de processos findos ou em andamento, mesmo sem procuração, quando não estiverem sujeitos a sigilo ou segredo de justiça, assegurada a obtenção de cópias, com possibilidade de tomar apontamentos; (Redação dada pela Lei nº 13.793, de 2019)

XIV – examinar, em qualquer instituição responsável por conduzir investigação, mesmo sem procuração, autos de flagrante e de investigações de qualquer natureza, findos ou em andamento, ainda que conclusos à autoridade, podendo copiar peças e tomar apontamentos, em meio físico ou digital; (Redação dada pela Lei nº 13.245, de 2016)

XV – ter vista dos processos judiciais ou administrativos de qualquer natureza, em cartório ou na repartição competente, ou retirá-los pelos prazos legais;

XVI – retirar autos de processos findos, mesmo sem procuração, pelo prazo de dez dias;

XVII – ser publicamente desagravado, quando ofendido no exercício da profissão ou em razão dela;

XVIII – usar os símbolos privativos da profissão de advogado;

XIX – recusar-se a depor como testemunha em processo no qual funcionou ou deva funcionar, ou sobre fato relacionado com pessoa de quem seja ou foi advogado, mesmo quando autorizado ou solicitado pelo constituinte, bem como sobre fato que constitua sigilo profissional;

XX – retirar-se do recinto onde se encontre aguardando pregão para ato judicial, após trinta minutos do horário designado e ao qual ainda não tenha comparecido a autoridade que deva presidir a ele, mediante comunicação protocolizada em juízo.

XXI – assistir a seus clientes investigados durante a apuração de infrações, sob pena de nulidade absoluta do respectivo interrogatório ou depoimento e, subsequentemente, de todos os elementos investigatórios e probatórios dele decorrentes ou derivados, direta ou indiretamente, podendo, inclusive, no curso da respectiva apuração: (Incluído pela Lei nº 13.245, de 2016)

a) apresentar razões e quesitos; (Incluído pela Lei nº 13.245, de 2016)

b) (VETADO). (Incluído pela Lei nº 13.245, de 2016)

§ 1º Não se aplica o disposto nos incisos XV e XVI:

1) aos processos sob regime de segredo de justiça;

2) quando existirem nos autos documentos originais de difícil restauração ou ocorrer circunstância relevante que justifique a permanência dos autos no cartório, secretaria ou repartição, reconhecida

~~pela autoridade em despacho motivado, proferido de ofício, mediante representação ou a requerimento da parte interessada;~~
~~3) até o encerramento do processo, ao advogado que houver deixado de devolver os respectivos autos no prazo legal, e só o fizer depois de intimado.~~

§ 1º (Revogado). (Redação dada pela Lei nº 14.365, de 2022)

1) (revogado); (Redação dada pela Lei nº 14.365, de 2022)

2) (revogado); (Redação dada pela Lei nº 14.365, de 2022)

3) (revogado). (Redação dada pela Lei nº 14.365, de 2022)

~~§ 2º O advogado tem imunidade profissional, não constituindo injúria, difamação ou desacato puníveis qualquer manifestação de sua parte, no exercício de sua atividade, em juízo ou fora dele, sem prejuízo das sanções disciplinares perante a OAB, pelos excessos que cometer.~~   ~~(Vide ADIN 1.127-8)~~

§ 2º (Revogado). (Redação dada pela Lei nº 14.365, de 2022)

§ 2º-A. (VETADO). (Incluído pela Lei nº 14.365, de 2022)

§ 2º-B. Poderá o advogado realizar a sustentação oral no recurso interposto contra a decisão monocrática de relator que julgar o mérito ou não conhecer dos seguintes recursos ou ações: (Incluído pela Lei nº 14.365, de 2022)

I – recurso de apelação; (Incluído pela Lei nº 14.365, de 2022)

II – recurso ordinário; (Incluído pela Lei nº 14.365, de 2022)

III – recurso especial; (Incluído pela Lei nº 14.365, de 2022)

IV – recurso extraordinário; (Incluído pela Lei nº 14.365, de 2022)

V – embargos de divergência; (Incluído pela Lei nº 14.365, de 2022)

VI – ação rescisória, mandado de segurança, reclamação, habeas corpus e outras ações de competência originária. (Incluído pela Lei nº 14.365, de 2022)

§ 3º O advogado somente poderá ser preso em flagrante, por motivo de exercício da profissão, em caso de crime inafiançável, observado o disposto no inciso IV deste artigo.

§ 4º O Poder Judiciário e o Poder Executivo devem instalar, em todos os juizados, fóruns, tribunais, delegacias de polícia e presídios, salas especiais permanentes para os advogados, com uso ~~e controle~~ assegurados à OAB. (Vide ADIN 1.127-8)

§ 5º No caso de ofensa a inscrito na OAB, no exercício da profissão ou de cargo ou função de órgão da OAB, o conselho competente deve promover o desagravo público do ofendido, sem prejuízo da responsabilidade criminal em que incorrer o infrator.

§ 6º Presentes indícios de autoria e materialidade da prática de crime por parte de advogado, a autoridade judiciária competente poderá decretar a quebra da inviolabilidade de que trata o inciso II do **caput** deste artigo, em decisão motivada, expedindo mandado de busca e apreensão, específico e pormenorizado, a ser cumprido na presença de representante da OAB, sendo, em qualquer hipótese, vedada a utilização dos documentos, das mídias e dos objetos pertencentes a clientes do advogado averiguado, bem como dos demais instrumentos de trabalho que contenham informações sobre clientes. (Incluído pela Lei nº 11.767, de 2008)

§ 6º-A. A medida judicial cautelar que importe na violação do escritório ou do local de trabalho do advogado será determinada em hipótese excepcional, desde que exista fundamento em indício, pelo órgão acusatório. (Promulgação partes vetadas) (Incluído pela Lei nº 14.365, de 2022)

§ 6º-B. É vedada a determinação da medida cautelar prevista no § 6º-A deste artigo se fundada exclusivamente em elementos produzidos em declarações do colaborador sem confirmação por outros meios de prova. (Promulgação partes vetadas) (Incluído pela Lei nº 14.365, de 2022)

§ 6º-C. O representante da OAB referido no § 6º deste artigo tem o direito a ser respeitado pelos agentes responsáveis pelo cumprimento do mandado de busca e apreensão, sob pena de abuso de autoridade, e o dever de zelar pelo fiel cumprimento do objeto da investigação, bem como de impedir que documentos, mídias e objetos não relacionados à investigação, especialmente de outros processos do mesmo cliente ou de outros clientes que não sejam pertinentes à persecução penal, sejam analisados, fotografados, filmados, retirados ou apreendidos do escritório de advocacia. (Promulgação partes vetadas). (Incluído pela Lei nº 14.365, de 2022)

§ 6º-D. No caso de inviabilidade técnica quanto à segregação da documentação, da mídia ou dos objetos não relacionados à investigação, em razão da sua natureza ou volume, no momento da execução da decisão judicial de apreensão ou de retirada do material, a cadeia de custódia preservará o sigilo do seu conteúdo, assegurada a presença do representante da OAB, nos termos dos §§ 6º-F e 6º-G deste artigo. (Incluído pela Lei nº 14.365, de 2022).

§ 6º-E. Na hipótese de inobservância do § 6º-D deste artigo pelo agente público responsável pelo cumprimento do mandado de busca e apreensão, o representante da OAB fará o relatório do fato ocorrido, com a inclusão dos nomes dos servidores, dará conhecimento à autoridade judiciária e o encaminhará à OAB para a elaboração de notícia-crime. (Incluído pela Lei nº 14.365, de 2022)

§ 6º-F. É garantido o direito de acompanhamento por representante da OAB e pelo profissional investigado durante a análise dos documentos e dos dispositivos de armazenamento de informação pertencentes a advogado, apreendidos ou interceptados, em todos os atos, para assegurar o cumprimento do disposto no inciso II do **caput** deste artigo. (Promulgação partes vetadas). (Incluído pela Lei nº 14.365, de 2022)

§ 6º-G. A autoridade responsável informará, com antecedência mínima de 24 (vinte e quatro) horas, à seccional da OAB a data, o horário e o local em que serão analisados os documentos e os equipamentos apreendidos, garantido o direito de acompanhamento, em todos os atos, pelo representante da OAB e pelo profissional investigado para assegurar o disposto no § 6º-C deste artigo. (Promulgação partes vetadas) (Incluído pela Lei nº 14.365, de 2022).

§ 6º-H. Em casos de urgência devidamente fundamentada pelo juiz, a análise dos documentos e dos equipamentos apreendidos poderá acontecer em prazo inferior a 24 (vinte e quatro) horas, garantido o direito de acompanhamento, em todos os atos, pelo representante da OAB e pelo profissional investigado para assegurar o disposto no § 6º-C deste artigo. (Promulgação partes vetadas) (Incluído pela Lei nº 14.365, de 2022)

§ 6º-I. É vedado ao advogado efetuar colaboração premiada contra quem seja ou tenha sido seu cliente, e a inobservância disso importará em processo disciplinar, que poderá culminar com a aplicação do disposto no inciso III do **caput** do art. 35 desta Lei, sem prejuízo das penas previstas no art. 154 do Decreto-Lei nº 2.848, de 7 de dezembro de 1940 (Código Penal). (Incluído pela Lei nº 14.365, de 2022)

§ 7º A ressalva constante do § 6º deste artigo não se estende a clientes do advogado averiguado que estejam sendo formalmente investigados como seus partícipes ou co-autores pela prática do mesmo crime que deu causa à quebra da inviolabilidade. (Incluído pela Lei nº 11.767, de 2008)

§ 8º (VETADO) (Incluído pela Lei nº 11.767, de 2008)

§ 9º (VETADO) (Incluído pela Lei nº 11.767, de 2008)

§ 10. Nos autos sujeitos a sigilo, deve o advogado apresentar procuração para o exercício dos direitos de que trata o inciso XIV. (Incluído pela Lei nº 13.245, de 2016)

§ 11. No caso previsto no inciso XIV, a autoridade competente poderá delimitar o acesso do advogado aos elementos de prova relacionados a diligências em andamento e ainda não documentados nos autos, quando houver risco de comprometimento da eficiência, da eficácia ou da finalidade das diligências. (Incluído pela Lei nº 13.245, de 2016)

§ 12. A inobservância aos direitos estabelecidos no inciso XIV, o fornecimento incompleto de autos ou o fornecimento de autos em que houve a retirada de peças já incluídas no caderno investigativo implicará responsabilização criminal e funcional por abuso de autoridade do responsável que impedir o acesso do advogado com o intuito de prejudicar o exercício da defesa, sem prejuízo do direito subjetivo do advogado de requerer acesso aos autos ao juiz competente. (Incluído pela Lei nº 13.245, de 2016)

§ 13. O disposto nos incisos XIII e XIV do **caput** deste artigo aplica-se integralmente a processos e a procedimentos eletrônicos, ressalvado o disposto nos §§ 10 e 11 deste artigo. (Incluído pela Lei nº 13.793, de 2019)

§ 14. Cabe, privativamente, ao Conselho Federal da OAB, em processo disciplinar próprio, dispor, analisar e decidir sobre a prestação efetiva do serviço jurídico realizado pelo advogado. (Incluído pela Lei nº 14.365, de 2022)

§ 15. Cabe ao Conselho Federal da OAB dispor, analisar e decidir sobre os honorários advocatícios dos serviços jurídicos realizados pelo advogado, resguardado o sigilo, nos termos do Capítulo VI desta Lei, e observado o disposto no inciso XXXV do **caput** do art. 5º da Constituição Federal. (Incluído pela Lei nº 14.365, de 2022)

§ 16. É nulo, em qualquer esfera de responsabilização, o ato praticado com violação da competência privativa do Conselho Federal da OAB prevista no § 14 deste artigo. (Incluído pela Lei nº 14.365, de 2022)

Art. 7º-A. São direitos da advogada: (Incluído pela Lei nº 13.363, de 2016)

I – gestante (Incluído pela Lei nº 13.363, de 2016)

a) entrada em tribunais sem ser submetida a detectores de metais e aparelhos de raios X; (Incluído pela Lei nº 13.363, de 2016)

b) reserva de vaga em garagens dos fóruns dos tribunais; (Incluído pela Lei nº 13.363, de 2016)

II – lactante, adotante ou que der à luz, acesso a creche, onde houver, ou a local adequado ao atendimento das necessidades do bebê; (Incluído pela Lei nº 13.363, de 2016)

III – gestante, lactante, adotante ou que der à luz, preferência na ordem das sustentações orais e das audiências a serem realizadas a cada dia, mediante comprovação de sua condição; (Incluído pela Lei nº 13.363, de 2016)

IV – adotante ou que der à luz, suspensão de prazos processuais quando for a única patrona da causa, desde que haja notificação por escrito ao cliente. (Incluído pela Lei nº 13.363, de 2016)

§ 1º Os direitos previstos à advogada gestante ou lactante aplicam-se enquanto perdurar, respectivamente, o estado gravídico ou o período de amamentação. (Incluído pela Lei nº 13.363, de 2016)

§ 2º Os direitos assegurados nos incisos II e III deste artigo à advogada adotante ou que der à luz serão concedidos pelo prazo previsto no art. 392 do Decreto-Lei no 5.452, de 1o de maio de 1943 (Consolidação das Leis do Trabalho). (Incluído pela Lei nº 13.363, de 2016)

§ 3º O direito assegurado no inciso IV deste artigo à advogada adotante ou que der à luz será concedido pelo prazo previsto no § 6o do art. 313 da Lei no 13.105, de 16 de março de 2015 (Código de Processo Civil). (Incluído pela Lei nº 13.363, de 2016)

Art. 7º-B Constitui crime violar direito ou prerrogativa de advogado previstos nos incisos II, III, IV e V do **caput** do art. 7º desta Lei: (Incluído pela Lei nº 13.869. de 2019)

~~Pena – detenção, de 3 (três) meses a 1 (um) ano, e multa.   (Incluído pela Lei nº 13.869. de 2019)~~

Pena – detenção, de 2 (dois) a 4 (quatro) anos, e multa. (Redação dada pela Lei nº 14.365, de 2022).

LEI 13.363/16

Altera a Lei n º 8.906, de 4 de julho de 1994, e a Lei n º 13.105, de 16 de março de 2015 (Código de Processo Civil), para estipular direitos e garantias para a advogada gestante, lactante, adotante ou que der à luz e para o advogado que se tornar pai.

O PRESIDENTE DA REPÚBLICA Faço saber que o Congresso Nacional decreta e eu sanciono a seguinte Lei:

Art. 1º Esta Lei altera a Lei nº 8.906, de 4 de julho de 1994, e a Lei nº 13.105, de 16 de março de 2015 (Código de Processo Civil), para estipular direitos e garantias para a advogada gestante, lactante, adotante ou que der à luz e para o advogado que se tornar pai.

Art. 2º A Lei nº 8.906, de 4 de julho de 1994 , passa a vigorar acrescida do seguinte art. 7º -A:

" Art. 7º -A. São direitos da advogada:

I – gestante:

a) entrada em tribunais sem ser submetida a detectores de metais e aparelhos de raios X;

b) reserva de vaga em garagens dos fóruns dos tribunais;

II – lactante, adotante ou que der à luz, acesso a creche, onde houver, ou a local adequado ao atendimento das necessidades do bebê;

III – gestante, lactante, adotante ou que der à luz, preferência na ordem das sustentações orais e das audiências a serem realizadas a cada dia, mediante comprovação de sua condição;

IV – adotante ou que der à luz, suspensão de prazos processuais quando for a única patrona da causa, desde que haja notificação por escrito ao cliente.

§ 1º Os direitos previstos à advogada gestante ou lactante aplicam-se enquanto perdurar, respectivamente, o estado gravídico ou o período de amamentação.

§ 2º Os direitos assegurados nos incisos II e III deste artigo à advogada adotante ou que der à luz serão concedidos pelo prazo previsto no art. 392 do Decreto-Lei nº 5.452, de 1º de maio de 1943 (Consolidação das Leis do Trabalho).

§ 3º O direito assegurado no inciso IV deste artigo à advogada adotante ou que der à luz será concedido pelo prazo previsto no § 6º do art. 313 da Lei nº 13.105, de 16 de março de 2015 (Código de Processo Civil). "

Art. 3º O art. 313 da Lei nº 13.105, de 16 de março de 2015 (Código de Processo Civil) , passa a vigorar com as seguintes alterações:

"Art. 313. ....

....

IX – pelo parto ou pela concessão de adoção, quando a advogada responsável pelo processo constituir a única patrona da causa;

X – quando o advogado responsável pelo processo constituir o único patrono da causa e tornar-se pai.

....

§ 6º No caso do inciso IX, o período de suspensão será de 30 (trinta) dias, contado a partir da data do parto ou da concessão da adoção, mediante apresentação de certidão de nascimento ou documento similar que comprove a realização do parto, ou de termo judicial que tenha concedido a adoção, desde que haja notificação ao cliente.

§ 7º No caso do inciso X, o período de suspensão será de 8 (oito) dias, contado a partir da data do parto ou da concessão da adoção, mediante apresentação de certidão de nascimento ou documento similar que comprove a realização do parto, ou de termo judicial que tenha concedido a adoção, desde que haja notificação ao cliente." (NR)

Art. 4º Esta Lei entra em vigor na data de sua publicação.

Brasília, 25 de novembro de 2016; 195º da Independência e 128º da República.

MICHEL TEMER

Alexandre de Moraes

Este texto não substitui o publicado no DOU de 28.11.2016

*

REGULAMENTO GERAL DO ESTATUTO DA ADVOCACIA E DA OAB*

Dispõe sobre o Regulamento Geral previsto na Lei nº 8.906, de 04 de julho de 1994.

O CONSELHO FEDERAL DA ORDEM DOS ADVOGADOS DO BRASIL, no uso das atribuições conferidas pelos artigos 54, V, e 78 da Lei nº 8.906, de 04 de julho de 1994, RESOLVE:

TÍTULO I
DA ADVOCACIA

CAPÍTULO I
DA ATIVIDADE DE ADVOCACIA

SEÇÃO I
DA ATIVIDADE DE ADVOCACIA EM GERAL

Art. 1º A atividade de advocacia é exercida com observância da Lei nº 8.906/94 (Estatuto), deste Regulamento Geral, do Código de Ética e Disciplina e dos Provimentos.

Art. 2º O visto do advogado em atos constitutivos de pessoas jurídicas, indispensável ao registro e arquivamento nos órgãos competentes, deve resultar

---

* Publicado no Diário de Justiça, Seção I do dia 16.11.94, p. 31.210-31.220. Ver art. 78 do Regulamento Geral.

da efetiva constatação, pelo profissional que os examinar, de que os respectivos instrumentos preenchem as exigências legais pertinentes. (NR)[1]

Parágrafo único. Estão impedidos de exercer o ato de advocacia referido neste artigo os advogados que prestem serviços a órgãos ou entidades da Administração Pública direta ou indireta, da unidade federativa a que se vincule a Junta Comercial, ou a quaisquer repartições administrativas competentes para o mencionado registro.

Art. 3º É defeso ao advogado funcionar no mesmo processo, simultaneamente, como patrono e preposto do empregador ou cliente.

Art. 4º A prática de atos privativos de advocacia, por profissionais e sociedades não inscritos na OAB, constitui exercício ilegal da profissão.

Parágrafo único. É defeso ao advogado prestar serviços de assessoria e consultoria jurídicas para terceiros, em sociedades que não possam ser registradas na OAB.

Art. 5º Considera-se efetivo exercício da atividade de advocacia a participação anual mínima em cinco atos privativos previstos no artigo 1º do Estatuto, em causas ou questões distintas.

Parágrafo único. A comprovação do efetivo exercício faz-se mediante:

a) certidão expedida por cartórios ou secretarias judiciais;

b) cópia autenticada de atos privativos;

c) certidão expedida pelo órgão público no qual o advogado exerça função privativa do seu ofício, indicando os atos praticados.

Art. 6º O advogado deve notificar o cliente da renúncia ao mandato (art. 5º, § 3º, do Estatuto), preferencialmente mediante carta com aviso de recepção, comunicando, após, o Juízo.

Art. 7º A função de diretoria e gerência jurídicas em qualquer empresa pública, privada ou paraestatal, inclusive em instituições financeiras, é privativa de advogado, não podendo ser exercida por quem não se encontre inscrito regularmente na OAB.

---

1   Ver Sessões plenárias dos dias 16 de outubro, 06 e 07 de novembro de 2000 (DJ, 12.12.00, p. 574, S.1).

ANEXOS – REGULAMENTO GERAL DO ESTATUTO DA ADVOCACIA E DA OAB*

Art. 8º A incompatibilidade prevista no art. 28, II do Estatuto, não se aplica aos advogados que participam dos órgãos nele referidos, na qualidade de titulares ou suplentes, como representantes dos advogados. (NR)[2]

§ 1º Ficam, entretanto, impedidos de exercer a advocacia perante os órgãos em que atuam, enquanto durar a investidura.

§ 2º A indicação dos representantes dos advogados nos juizados especiais deverá ser promovida pela Subseção ou, na sua ausência, pelo Conselho Seccional.

SEÇÃO II
DA ADVOCACIA PÚBLICA

Art. 9º Exercem a advocacia pública os integrantes da Advocacia-Geral da União, da Defensoria Pública e das Procuradorias e Consultorias Jurídicas dos Estados, do Distrito Federal, dos Municípios, das autarquias e das fundações públicas, estando obrigados à inscrição na OAB, para o exercício de suas atividades.

Parágrafo único. Os integrantes da advocacia pública são elegíveis e podem integrar qualquer órgão da OAB.

Art. 10. Os integrantes da advocacia pública, no exercício de atividade privativa prevista no Art. 1º do Estatuto, sujeitam-se ao regime do Estatuto, deste Regulamento Geral e do Código de Ética e Disciplina, inclusive quanto às infrações e sanções disciplinares.[3]

SEÇÃO III
DO ADVOGADO EMPREGADO[4]

Art. 11. Compete a sindicato de advogados e, na sua falta, a federação ou confederação de advogados, a representação destes nas convenções coletivas

---

2   Ver Sessões plenárias dos dias 16 de outubro, 06 e 07 de novembro de 2000 (DJ, 12.12.00, S.1, p. 574).
3   Ver notas no Capítulo V, Título I do Estatuto.
4   Ver notas no Capítulo V, Título I do Estatuto.

celebradas com as entidades sindicais representativas dos empregadores, nos acordos coletivos celebrados com a empresa empregadora e nos dissídios coletivos perante a Justiça do Trabalho, aplicáveis às relações de trabalho.

Art. 12. Para os fins do art. 20 da Lei nº 8.906/94, considera-se de dedicação exclusiva o regime de trabalho que for expressamente previsto em contrato individual de trabalho. (NR)[5]

Parágrafo único. Em caso de dedicação exclusiva, serão remuneradas como extraordinárias as horas trabalhadas que excederem a jornada normal de oito horas diárias.

Art. 13. (REVOGADO)[6]

Art. 14. Os honorários de sucumbência, por decorrerem precipuamente do exercício da advocacia e só acidentalmente da relação de emprego, não integram o salário ou a remuneração, não podendo, assim, ser considerados para efeitos trabalhistas ou previdenciários.

Parágrafo único. Os honorários de sucumbência dos advogados empregados constituem fundo comum, cuja destinação é decidida pelos profissionais integrantes do serviço jurídico da empresa ou por seus representantes.[7]

CAPÍTULO II
DOS DIREITOS E DAS PRERROGATIVAS

SEÇÃO I
DA DEFESA JUDICIAL DOS DIREITOS E DAS PRERROGATIVAS

Art. 15. Compete ao Presidente do Conselho Federal, do Conselho Seccional ou da Subseção, ao tomar conhecimento de fato que possa causar, ou que já causou, violação de direitos ou prerrogativas da profissão, adotar as

---

5   Ver Sessões plenárias dos dias 16 de outubro, 06 e 07 de novembro de 2000 (DJ, 12.12.00, S.1, p. 574).
6   Ver Sessões plenárias dos dias 16.de outubro, 06 e 07 de novembro de 2000 (DJ, 12.12.00, S.1, p. 574).
7   Ver anexo: STF – ADI n. 1194.

ANEXOS – REGULAMENTO GERAL DO ESTATUTO DA ADVOCACIA E DA OAB°

providências judiciais e extrajudiciais cabíveis para prevenir ou restaurar o império do Estatuto, em sua plenitude, inclusive mediante representação administrativa.

Parágrafo único. O Presidente pode designar advogado, investido de poderes bastantes, para as finalidades deste artigo.

Art. 16. Sem prejuízo da atuação de seu defensor, contará o advogado com a assistência de representante da OAB nos inquéritos policiais ou nas ações penais em que figurar como indiciado, acusado ou ofendido, sempre que o fato a ele imputado decorrer do exercício da profissão ou a este vincular-se. (NR)[8]

Art. 17. Compete ao Presidente do Conselho ou da Subseção representar contra o responsável por abuso de autoridade, quando configurada hipótese de atentado à garantia legal de exercício profissional, prevista na Lei nº 4.898, de 09 de dezembro de 1965.

SEÇÃO II
DO DESAGRAVO PÚBLICO

Art. 18. O inscrito na OAB, quando ofendido comprovadamente em razão do exercício profissional ou de cargo ou função da OAB, tem direito ao desagravo público promovido pelo Conselho competente, de ofício, a seu pedido ou de qualquer pessoa. (NR)[9]

§ 1º Compete ao relator, convencendo-se da existência de prova ou indício de ofensa relacionada ao exercício da profissão ou de cargo da OAB, propor ao Presidente que solicite informações da pessoa ou autoridade ofensora, no prazo de quinze dias, salvo em caso de urgência e notoriedade do fato.

§ 2º O relator pode propor o arquivamento do pedido se a ofensa for pessoal, se não estiver relacionada com o exercício profissional ou com as prerrogativas

---

8   Ver Sessões plenárias dos dias 17 de junho, 17 de agosto e 17 de novembro de 1997 (DJ, 24.11.97, S.1, p. 61.378 – 61.379).
9   Ver Sessões plenárias dos dias 17 de junho, 17 de agosto e 17 de novembro de 1997 (DJ, 24.11.97, S. 1, p. 61.378 – 61.379).

gerais do advogado ou se configurar crítica de caráter doutrinário, político ou religioso.

§ 3º Recebidas ou não as informações e convencendo-se da procedência da ofensa, o relator emite parecer que é submetido ao Conselho.

§ 4º Em caso de acolhimento do parecer, é designada a sessão de desagravo, amplamente divulgada.

§ 5º Na sessão de desagravo o Presidente lê a nota a ser publicada na imprensa, encaminhada ao ofensor e às autoridades e registrada nos assentamentos do inscrito.

§ 6º Ocorrendo a ofensa no território da Subseção a que se vincule o inscrito, a sessão de desagravo pode ser promovida pela diretoria ou conselho da Subseção, com representação do Conselho Seccional.

§ 7º O desagravo público, como instrumento de defesa dos direitos e prerrogativas da advocacia, não depende de concordância do ofendido, que não pode dispensá-lo, devendo ser promovido a critério do Conselho. (NR)[10]

Art. 19. Compete ao Conselho Federal promover o desagravo público de Conselheiro Federal ou de Presidente de Conselho Seccional, quando ofendidos no exercício das atribuições de seus cargos e ainda quando a ofensa a advogado se revestir de relevância e grave violação às prerrogativas profissionais, com repercussão nacional.

Parágrafo único. O Conselho Federal, observado o procedimento previsto no art. 18 deste Regulamento, indica seus representantes para a sessão pública de desagravo, na sede do Conselho Seccional, salvo no caso de ofensa a Conselheiro Federal.

---

10 Ver Sessões plenárias dos dias 17 de junho, 17 de agosto e 17 de novembro de 1997 (DJ, 24.11.97, S. 1, p. 61.378 – 61.379).

ANEXOS – REGULAMENTO GERAL DO ESTATUTO DA ADVOCACIA E DA OAB®

213

CAPÍTULO III
DA INSCRIÇÃO NA OAB

Art. 20. O requerente à inscrição principal no quadro de advogados presta o seguinte compromisso perante o Conselho Seccional, a Diretoria ou o Conselho da Subseção:

"Prometo exercer a advocacia com dignidade e independência, observar a ética, os deveres e prerrogativas profissionais e defender a Constituição, a ordem jurídica do Estado Democrático, os direitos humanos, a justiça social, a boa aplicação das leis, a rápida administração da justiça e o aperfeiçoamento da cultura e das instituições jurídicas."

§ 1º É indelegável, por sua natureza solene e personalíssima, o compromisso referido neste artigo.

§ 2º A conduta incompatível com a advocacia, comprovadamente imputável ao requerente, impede a inscrição no quadro de advogados. (NR)[11]

Art. 21. O advogado pode requerer o registro, nos seus assentamentos, de fatos comprovados de sua atividade profissional ou cultural, ou a ela relacionados, e de serviços prestados à classe, à OAB e ao País.

Art. 22. O advogado, regularmente notificado, deve quitar seu débito relativo às anuidades, no prazo de 15 dias da notificação, sob pena de suspensão, aplicada em processo disciplinar.

Parágrafo único. Cancela-se a inscrição quando ocorrer a terceira suspensão, relativa ao não pagamento de anuidades distintas. (NR)[12]

Art. 23. O requerente à inscrição no quadro de advogados, na falta de diploma regularmente registrado, apresenta certidão de graduação em direito, acompanhada de cópia autenticada do respectivo histórico escolar.

Parágrafo único. (REVOGADO)[13]

---

11 Ver Sessões plenárias dos dias 17 de junho, 17 de agosto e 17 de novembro de 1997 (DJ, 24.11.97, S. 1, p. 61.378).
12 Ver modificação do Regulamento Geral (DJ, 13.11.98, S.1, p. 445).
13 Ver Sessões plenárias dos dias 16 de outubro, 06 e 07 de novembro de 2000 (DJ, 12.12.00, S.1, p. 574).

Art. 24. Aos Conselhos Seccionais da OAB incumbe alimentar, automaticamente e em tempo real, por via eletrônica, o Cadastro Nacional dos Advogados – CNA, mantendo as informações correspondentes constantemente atualizadas. (NR)[14]

§ 1º O CNA deve conter o nome completo de cada advogado, o número da inscrição, o Conselho Seccional e a Subseção a que está vinculado, o número de inscrição no CPF, a filiação, o sexo, a data de inscrição na OAB e sua modalidade, a existência de penalidades eventualmente aplicadas, estas em campo reservado, a fotografia, o endereço completo e o número de telefone profissional, o endereço do correio eletrônico e o nome da sociedade de advogados de que eventualmente faça parte, ou esteja associado, e, opcionalmente, o nome profissional, a existência de deficiência de que seja portador, opção para doação de órgãos, Registro Geral, data e órgão emissor, número do título de eleitor, zona, seção, UF eleitoral, certificado militar e passaporte. (NR)[15]

§ 2º No cadastro são incluídas, igualmente, informações sobre o cancelamento das inscrições. (NR)[16]

§ 3º (REVOGADO)[17]

Art. 24-A. Aos Conselhos Seccionais da OAB incumbe alimentar, automaticamente e em tempo real, por via eletrônica, o Cadastro Nacional das Sociedades de Advogados – CNSA, mantendo as informações correspondentes constantemente atualizadas. (NR)[18]

§ 1º O CNSA deve conter a razão social, o número de registro perante a seccional, a data do pedido de registro e a do efetivo registro, o prazo de duração, o endereço completo, inclusive telefone e correio eletrônico, nome e qualificação de todos os sócios e as modificações ocorridas em seu quadro social.

§ 2º Mantendo a sociedade filiais, os dados destas, bem como os números de inscrição suplementar de seus sócios (Provimento nº 112/2006, art. 7º, § 1º),

---

14 Ver Resolução n. 01/2012 (DOU, 19.04.2012, S. 1, p. 96). Ver arts. 103, II, e 137-D do Regulamento Geral. Ver Provimentos n. 95/2000 e n. 99/2002 e Resolução n. 01/2003-SCA.
15 Ver Resolução n. 01/2012 (DOU, 19.04.2012, S. 1, p. 96).
16 Ver Resolução n. 01/2012 (DOU, 19.04.2012, S. 1, p. 96).
17 Ver Resolução n. 01/2012 (DOU, 19.04.2012, S. 1, p. 96).
18 Ver Resolução n. 01/2012 (DOU, 19.04.2012, S. 1, p. 96).

ANEXOS – REGULAMENTO GERAL DO ESTATUTO DA ADVOCACIA E DA OAB°

após averbados no Conselho Seccional no qual se localiza o escritório sede, serão averbados no CNSA.

§ 3º São igualmente averbados no CNSA os ajustes de associação ou de colaboração.

§ 4º São proibidas razões sociais iguais ou semelhantes, prevalecendo a razão social da sociedade com inscrição mais antiga.

§ 5º Constatando-se semelhança ou identidade de razões sociais, o Conselho Federal da OAB solicitará, de ofício, a alteração da razão social mais recente, caso a sociedade com registro mais recente não requeira a alteração da sua razão social, acrescentando ou excluindo dados que a distinga da sociedade precedentemente registrada.

§ 6º Verificado conflito de interesses envolvendo sociedades em razão de identidade ou semelhança de razões sociais, em Estados diversos, a questão será apreciada pelo Conselho Federal da OAB, garantindo-se o devido processo legal.

Art. 24-B. Aplicam-se ao Cadastro Nacional das Sociedades de Advogados – CNSA as normas estabelecidas no Provimento nº 95/2000 para os advogados, assim como as restrições quanto à divulgação das informações nele inseridas. (NR)[19]

Art. 25. Os pedidos de transferência de inscrição de advogados são regulados em Provimento do Conselho Federal. (NR)[20]

Art. 26. O advogado fica dispensado de comunicar o exercício eventual da profissão, até o total de cinco causas por ano, acima do qual obriga-se à inscrição suplementar.

---

19   Ver Resolução n. 01/2012 (DOU, 19.04.2012, S. 1, p. 96).
20   Ver Provimento n. 42/78 e Sessões Plenárias dos dias 17 de junho, 17 de agosto e 17 de novembro de 1997 (DJ, 24.11.97, S. 1, p. 61.378).

CAPÍTULO IV
DO ESTÁGIO PROFISSIONAL

Art. 27. O estágio profissional de advocacia, inclusive para graduados, é requisito necessário à inscrição no quadro de estagiários da OAB e meio adequado de aprendizagem prática.

§ 1º O estágio profissional de advocacia pode ser oferecido pela instituição de ensino superior autorizada e credenciada, em convênio com a OAB, complementando-se a carga horária do estágio curricular supervisionado com atividades práticas típicas de advogado e de estudo do Estatuto e do Código de Ética e Disciplina, observado o tempo conjunto mínimo de 300 (trezentas) horas, distribuído em dois ou mais anos.

§ 2º A complementação da carga horária, no total estabelecido no convênio, pode ser efetivada na forma de atividades jurídicas no núcleo de prática jurídica da instituição de ensino, na Defensoria Pública, em escritórios de advocacia ou em setores jurídicos públicos ou privados, credenciados e fiscalizados pela OAB.

§ 3º As atividades de estágio ministrado por instituição de ensino, para fins de convênio com a OAB, são exclusivamente práticas, incluindo a redação de atos processuais e profissionais, as rotinas processuais, a assistência e a atuação em audiências e sessões, as visitas a órgãos judiciários, a prestação de serviços jurídicos e as técnicas de negociação coletiva, de arbitragem e de conciliação.

Art. 28. O estágio realizado na Defensoria Pública da União, do Distrito Federal ou dos Estados, na forma do artigo 145 da Lei Complementar n. 80, de 12 de janeiro de 1994, é considerado válido para fins de inscrição no quadro de estagiários da OAB.

Art. 29. Os atos de advocacia, previstos no Art. 1º do Estatuto, podem ser subscritos por estagiário inscrito na OAB, em conjunto com o advogado ou o defensor público.

§ 1º O estagiário inscrito na OAB pode praticar isoladamente os seguintes atos, sob a responsabilidade do advogado:

ANEXOS – REGULAMENTO GERAL DO ESTATUTO DA ADVOCACIA E DA OAB

I – retirar e devolver autos em cartório, assinando a respectiva carga;

II – obter junto aos escrivães e chefes de secretarias certidões de peças ou autos de processos em curso ou findos;

III – assinar petições de juntada de documentos a processos judiciais ou administrativos.

§ 2º Para o exercício de atos extrajudiciais, o estagiário pode comparecer isoladamente, quando receber autorização ou substabelecimento do advogado.

Art. 30. O estágio profissional de advocacia, realizado integralmente fora da instituição de ensino, compreende as atividades fixadas em convênio entre o escritório de advocacia ou entidade que receba o estagiário e a OAB.

Art. 31. Cada Conselho Seccional mantém uma Comissão de Estágio e Exame de Ordem, a quem incumbe coordenar, fiscalizar e executar as atividades decorrentes do estágio profissional da advocacia. (NR)[21]

§ 1º Os convênios de estágio profissional e suas alterações, firmados pelo Presidente do Conselho ou da Subseção, quando esta receber delegação de competência, são previamente elaborados pela Comissão, que tem poderes para negociá-los com as instituições interessadas. (NR)[22]

§ 2º A Comissão pode instituir subcomissões nas Subseções.

§ 3º (REVOGADO)[23]

§ 4º Compete ao Presidente do Conselho Seccional designar a Comissão, que pode ser composta por advogados não integrantes do Conselho.

---

21 Ver Resolução n. 01/2011 (DOU, 15.06.2011, S.1, p. 129).
22 Ver Resolução n. 01/2011 (DOU, 15.06.2011, S.1, p. 129).
23 Ver Resolução n. 01/2011 (DOU, 15.06.2011, S.1, p. 129).

CAPÍTULO V
DA IDENTIDADE PROFISSIONAL

Art. 32. São documentos de identidade profissional a carteira e o cartão emitidos pela OAB, de uso obrigatório pelos advogados e estagiários inscritos, para o exercício de suas atividades.

Parágrafo único. O uso do cartão dispensa o da carteira.

Art. 33. A carteira de identidade do advogado, relativa à inscrição originária, tem as dimensões de 7,00 (sete) x 11,00 (onze) centímetros e observa os seguintes critérios:

I – a capa, em fundo vermelho, contém as armas da República e as expressões "Ordem dos Advogados do Brasil" e "Carteira de Identidade de Advogado";

II – a primeira página repete o conteúdo da capa, acrescentado da expressão "Conselho Seccional de (...)" e do inteiro teor do art. 13 do Estatuto;

III – a segunda página destina-se aos dados de identificação do advogado, na seguinte ordem: número da inscrição, nome, filiação, naturalidade, data do nascimento, nacionalidade, data da colação de grau, data do compromisso e data da expedição, e à assinatura do Presidente do Conselho Seccional;

IV – a terceira página é dividida para os espaços de uma foto 3 (três) x 4 (quatro) centímetros, da impressão digital e da assinatura do portador;

V – as demais páginas, em branco e numeradas, destinam-se ao reconhecimento de firma dos signatários e às anotações da OAB, firmadas pelo Secretário-Geral ou Adjunto, incluindo as incompatibilidades e os impedimentos, o exercício de mandatos, as designações para comissões, as funções na OAB, os serviços relevantes à profissão e os dados da inscrição suplementar, pelo Conselho que a deferir;

VI – a última página destina-se à transcrição do Art. 7º do Estatuto.

Parágrafo único. O Conselho Seccional pode delegar a competência do Secretário-Geral ao Presidente da Subseção.

ANEXOS – REGULAMENTO GERAL DO ESTATUTO DA ADVOCACIA E DA OAB®

Art. 34. O cartão de identidade tem o mesmo modelo e conteúdo do cartão de identificação pessoal (registro geral), com as seguintes adaptações, segundo o modelo aprovado pela Diretoria do Conselho Federal:

I – o fundo é de cor branca e a impressão dos caracteres e armas da República, de cor vermelha;

II – O anverso contém os seguintes dados, nesta seqüência: Ordem dos Advogados do Brasil, Conselho Seccional de (...), Identidade de Advogado (em destaque), nº da inscrição, nome, filiação, naturalidade, data do nascimento e data da expedição, e a assinatura do Presidente, podendo ser acrescentados os dados de identificação de registro geral, de CPF, eleitoral e outros; III – o verso destina-se à fotografia, observações e assinatura do portador. (NR)[24]

§ 1º No caso de inscrição suplementar o cartão é específico, indicando-se: "Nº da Inscrição Suplementar:" (em negrito ou sublinhado).

§ 2º Os Conselhos Federal e Seccionais podem emitir cartão de identidade para os seus membros e para os membros das Subseções, acrescentando, abaixo do termo "Identidade de Advogado", sua qualificação de conselheiro ou dirigente da OAB e, no verso, o prazo de validade, coincidente com o mandato.

Art. 35. O cartão de identidade do estagiário tem o mesmo modelo e conteúdo do cartão de identidade do advogado, com a indicação de "Identidade de Estagiário", em destaque, e do prazo de validade, que não pode ultrapassar três anos nem ser prorrogado.

Parágrafo único. O cartão de identidade do estagiário perde sua validade imediatamente após a prestação do compromisso como advogado. (NR)[25]

Art. 36. O suporte material do cartão de identidade é resistente, devendo conter dispositivo para armazenamento de certificado digital. (NR)[26]

---

24   Ver Resolução n. 04/2006 (DJ, 20.11.06, S.1, p. 598).
25   Ver Sessões plenárias dos dias 17 de junho, 17 de agosto e 17 de novembro de 1997 (DJ, 24.11.97, S.1, p. 61.378).
26   Ver Resolução n. 02/2006 (DJ, 19.09.06, S.1, p. 804).

CAPÍTULO VI
DAS SOCIEDADES DE ADVOGADOS[27]

Art. 37 Os advogados podem constituir sociedade simples, unipessoal ou pluripessoal, de prestação de serviços de advocacia, a qual deve ser regularmente registrada no Conselho Seccional da OAB em cuja base territorial tiver sede. (NR)[28]

§ 1º As atividades profissionais privativas dos advogados são exercidas individualmente, ainda que revertam à sociedade os honorários respectivos.[29]

§ 2º As sociedades unipessoais e as pluripessoais de advocacia são reguladas em Provimento do Conselho Federal.[30]

Art. 38. O nome completo ou abreviado de, no mínimo, um advogado responsável pela sociedade consta obrigatoriamente da razão social, podendo permanecer o nome de sócio falecido se, no ato constitutivo ou na alteração contratual em vigor, essa possibilidade tiver sido prevista.

Art. 39. A sociedade de advogados pode associar-se com advogados, sem vínculo de emprego, para participação nos resultados.[31]

Parágrafo único. Os contratos referidos neste artigo são averbados no registro da sociedade de advogados.

Art. 40. Os advogados sócios e os associados respondem subsidiária e ilimitadamente pelos danos causados diretamente ao cliente, nas hipóteses de dolo ou culpa e por ação ou omissão, no exercício dos atos privativos da advocacia, sem prejuízo da responsabilidade disciplinar em que possam incorrer.

Art. 41. As sociedades de advogados podem adotar qualquer forma de administração social, permitida a existência de sócios gerentes, com indicação dos poderes atribuídos.

---

27 Ver arts. 15 e seguintes do Estatuto; Provimentos n. 69/89, n. 91/2000, n. 94/2000 e n. 112/2006; Resolução n. 01/2012 (DOU, 19.04.2012, S. 1, p. 96).
28 Ver Resolução n. 02/2016 (DOU, S.1, 19.04.2016, p. 81).
29 Ver Resolução n. 02/2016 (DOU, S.1, 19.04.2016, p. 81).
30 Ver Resolução n. 02/2016 (DOU, S.1, 19.04.2016, p. 81).
31 Ver Provimento n. 169/2015.

ANEXOS – REGULAMENTO GERAL DO ESTATUTO DA ADVOCACIA E DA OAB*

Art. 42. Podem ser praticados pela sociedade de advogados, com uso da razão social, os atos indispensáveis às suas finalidades, que não sejam privativos de advogado.

Art. 43. O registro da sociedade de advogados observa os requisitos e procedimentos previstos em Provimento do Conselho Federal. (NR)[32]

TÍTULO II
DA ORDEM DOS ADVOGADOS DO BRASIL (OAB)

CAPÍTULO I
DOS FINS E DA ORGANIZAÇÃO

Art. 44. As finalidades da OAB, previstas no art. 44 do Estatuto, são cumpridas pelos Conselhos Federal e Seccionais e pelas Subseções, de modo integrado, observadas suas competências específicas.

Art. 45. A exclusividade da representação dos advogados pela OAB, prevista no art. 44, II, do Estatuto, não afasta a competência própria dos sindicatos e associações sindicais de advogados, quanto à defesa dos direitos peculiares da relação de trabalho do profissional empregado.

Art. 46. Os novos Conselhos Seccionais serão criados mediante Resolução do Conselho Federal.

Art. 47. O patrimônio do Conselho Federal, do Conselho Seccional, da Caixa de Assistência dos Advogados e da Subseção é constituído de bens móveis e imóveis e outros bens e valores que tenham adquirido ou venham a adquirir.

Art. 48. A alienação ou oneração de bens imóveis depende de aprovação do Conselho Federal ou do Conselho Seccional, competindo à Diretoria do órgão decidir pela aquisição de qualquer bem e dispor sobre os bens móveis.

Parágrafo único. A alienação ou oneração de bens imóveis depende de

---

32 Ver Provimento n. 112/2006 e Sessões plenárias dos dias 17 de junho, 17 de agosto e 17 de novembro de 1997 (DJ, 24.11.97, S.1, p. 61.378).

autorização da maioria das delegações, no Conselho Federal, e da maioria dos membros efetivos, no Conselho Seccional.

Art. 49. Os cargos da Diretoria do Conselho Seccional têm as mesmas denominações atribuídas aos da Diretoria do Conselho Federal.

Parágrafo único. Os cargos da Diretoria da Subseção e da Caixa de Assistência dos Advogados têm as seguintes denominações: Presidente, Vice-Presidente, Secretário, Secretário Adjunto e Tesoureiro.

Art. 50. Ocorrendo vaga de cargo de diretoria do Conselho Federal ou do Conselho Seccional, inclusive do Presidente, em virtude de perda do mandato (art. 66 do Estatuto), morte ou renúncia, o substituto é eleito pelo Conselho a que se vincule, dentre os seus membros.

Art. 51. A elaboração das listas constitucionalmente previstas, para preenchimento dos cargos nos tribunais judiciários, é disciplinada em Provimento do Conselho Federal.[33]

Art. 52. A OAB participa dos concursos públicos, previstos na Constituição e nas leis, em todas as suas fases, por meio de representante do Conselho competente, designado pelo Presidente, incumbindo-lhe apresentar relatório sucinto de suas atividades.

Parágrafo único. Incumbe ao representante da OAB velar pela garantia da isonomia e da integridade do certame, retirando-se quando constatar irregularidades ou favorecimentos e comunicando os motivos ao Conselho.

Art. 53. Os conselheiros e dirigentes dos órgãos da OAB tomam posse firmando, juntamente com o Presidente, o termo específico, após prestar o seguinte compromisso: "Prometo manter, defender e cumprir os princípios e finalidades da OAB, exercer com dedicação e ética as atribuições que me são delegadas e pugnar pela dignidade, independência, prerrogativas e valorização da advocacia."

Art. 54. Compete à Diretoria dos Conselhos Federal e Seccionais, da Subseção ou da Caixa de Assistência declarar extinto o mandato, ocorrendo uma das

---

33   Ver Provimento n. 102/2004.

ANEXOS – REGULAMENTO GERAL DO ESTATUTO DA ADVOCACIA E DA OAB

223

hipóteses previstas no art. 66 do Estatuto, encaminhando ofício ao Presidente do Conselho Seccional.

§ 1º A Diretoria, antes de declarar extinto o mandato, salvo no caso de morte ou renúncia, ouve o interessado no prazo de quinze dias, notificando-o mediante ofício com aviso de recebimento.

§ 2º Havendo suplentes de Conselheiros, a ordem de substituição é definida no Regimento Interno do Conselho Seccional.

§ 3º Inexistindo suplentes, o Conselho Seccional elege, na sessão seguinte à data do recebimento do ofício, o Conselheiro Federal, o diretor do Conselho Seccional, o Conselheiro Seccional, o diretor da Subseção ou o diretor da Caixa de Assistência dos Advogados, onde se deu a vaga.

§ 4º Na Subseção onde houver conselho, este escolhe o substituto.

CAPÍTULO II
DA RECEITA[34]

Art. 55. Aos inscritos na OAB incumbe o pagamento das anuidades, contribuições, multas e preços de serviços fixados pelo Conselho Seccional. (NR)[35]

§ 1º As anuidades, contribuições, multas e preços de serviços previstos no *caput* deste artigo serão fixados pelo Conselho Seccional, devendo seus valores ser comunicados ao Conselho Federal até o dia 30 de novembro do ano anterior, salvo em ano eleitoral, quando serão determinadas e comunicadas ao Conselho Federal até o dia 31 de janeiro do ano da posse, podendo ser estabelecidos pagamentos em cotas periódicas. (NR)[36]

§ 2º (REVOGADO)[37]

---

34 Ver Provimento n. 101/2003.
35 Ver Sessões plenárias dos dias 17 de junho, 17 de agosto e 17 de novembro de 1997 (DJ, 24.11.97, S.1. p. 61.378).
36 Ver Resolução n. 02/2007 (DJ, 24.10.00, S.1, p. 486).
37 Ver Protocolo 0651/2006/COP (DJ, 30.03.2006, S.1, p. 816).

§ 3° O edital a que se refere o *caput* do art. 128 deste Regulamento divulgará a possibilidade de parcelamento e o número máximo de parcelas.

Art. 56. As receitas brutas mensais das anuidades, incluídas as eventuais atualizações monetárias e juros, serão deduzidas em 60% (sessenta por cento) para seguinte destinação: (NR)[38]

I – 10% (dez por cento) para o Conselho Federal; (NR)[39]

II – 3% (três por cento) para o Fundo Cultural; (NR)[40]

III – 2% (dois por cento) para o Fundo de Integração e Desenvolvimento Assistencial dos Advogados – FIDA, regulamentado em Provimento do Conselho Federal. (NR)[41]

IV – 45% (quarenta e cinco por cento) para as despesas administrativas e manutenção do Conselho Seccional.

§ 1° Os repasses das receitas previstas neste artigo efetuam-se em instituição financeira, indicada pelo Conselho Federal em comum acordo com o Conselho Seccional, através de compartilhamento obrigatório, automático e imediato, com destinação em conta corrente específica deste, do Fundo Cultural, do Fundo de Integração e Desenvolvimento Assistencial dos Advogados – FIDA e da Caixa de Assistência dos Advogados, vedado o recebimento na Tesouraria do Conselho Seccional, exceto quanto às receitas de preços e serviços, e observados os termos do modelo aprovado pelo Diretor-Tesoureiro do Conselho Federal, sob pena de aplicação do art. 54, VII, do Estatuto da Advocacia e da OAB.

§ 2° O Fundo Cultural será administrado pela Escola Superior de Advocacia, mediante deliberação da Diretoria do Conselho Seccional.

§ 3° O Fundo de Integração e Desenvolvimento Assistencial dos Advogados – FIDA será administrado por um Conselho Gestor designado pela Diretoria do Conselho Federal.

---

38   Ver Resolução n. 02/2013 (DOU, 03.07.13, S.1, p. 86).
39   Ver Resolução n. 02/2007 (DJ, 24.10.07, S.1, p. 486).
40   Ver Resolução n. 02/2007 (DJ, 24.10.07, S.1, p. 486).
41   Ver Resolução n. 02/2007 (DJ, 24.10.07, S.1, p. 486) e Provimento n. 122/2007.

ANEXOS — REGULAMENTO GERAL DO ESTATUTO DA ADVOCACIA E DA OAB® **225**

§ 4º Os Conselhos Seccionais elaborarão seus orçamentos anuais considerando o limite disposto no inciso IV para manutenção da sua estrutura administrativa e das subseções, utilizando a margem resultante para suplementação orçamentária do exercício, caso se faça necessária.

§ 5º Qualquer transferência de bens ou recursos de um Conselho Seccional a outro depende de autorização do Conselho Federal. (NR)[42]

Art. 57. Cabe à Caixa de Assistência dos Advogados a metade da receita das anuidades, incluídas as eventuais atualizações monetárias e juros, recebidas pelo Conselho Seccional, considerado o valor resultante após as deduções obrigatórias, nos percentuais previstos no art. 56 do Regulamento Geral. (NR)[43]

§ 1º Poderão ser deduzidas despesas nas receitas destinadas à Caixa Assistência, desde que previamente pactuadas.

§ 2º A aplicação dos recursos da Caixa de Assistência deverá estar devidamente demonstrada nas prestações de contas periódicas do Conselho Seccional, obedecido o disposto no § 5º do art. 60 do Regulamento Geral.

Art. 58. Compete privativamente ao Conselho Seccional, na primeira sessão ordinária do ano, apreciar o relatório anual e deliberar sobre o balanço e as contas da Diretoria do Conselho Seccional, da Caixa de Assistência dos Advogados e das Subseções, referentes ao exercício anterior, na forma de seu Regimento Interno.

§ 1º O Conselho Seccional elege, dentre seus membros, uma comissão de orçamento e contas para fiscalizar a aplicação da receita e opinar previamente sobre a proposta de orçamento anual e as contas.

§ 2º O Conselho Seccional pode utilizar os serviços de auditoria independente para auxiliar a comissão de orçamento e contas.

§ 3º O exercício financeiro dos Conselhos Federal e Seccionais encerra-se no dia 31 de dezembro de cada ano.

---

42   Ver Resolução n. 02/2007 (DJ, 24.10.07, S.1, p. 486).
43   Ver Resolução n. 02/2013 (DOU, 03.07.13, S.1, p. 86).

Art. 59. Deixando o cargo, por qualquer motivo, no curso do mandato, os Presidentes do Conselho Federal, do Conselho Seccional, da Caixa de Assistência e da Subseção apresentam, de forma sucinta, relatório e contas ao seu sucessor.

Art. 60. Os Conselhos Seccionais aprovarão seus orçamentos anuais, para o exercício seguinte, até o mês de outubro e o Conselho Federal até a última sessão do ano, permitida a alteração dos mesmos no curso do exercício, mediante justificada necessidade, devidamente aprovada pelos respectivos colegiados. (NR)[44]

§ 1º O orçamento do Conselho Seccional, incluindo as Subseções, estima a receita, fixa a despesa e prevê as deduções destinadas ao Conselho Federal, ao Fundo Cultural, ao Fundo de Integração e Desenvolvimento Assistencial dos Advogados – FIDA e à Caixa de Assistência, e deverá ser encaminhado, mediante cópia, até o dia 10 do mês subseqüente, ao Conselho Federal, podendo o seu Diretor-Tesoureiro, após análise prévia, devolvê-lo à Seccional, para os devidos ajustes. (NR)[45]

§ 2º Aprovado o orçamento e, igualmente, as eventuais suplementações orçamentárias, encaminhar-se-á cópia ao Conselho Federal, até o dia 10 do mês subseqüente, para os fins regulamentares. (NR)[46]

§ 3º O Conselho Seccional recém empossado deverá promover, se necessário, preferencialmente nos dois primeiros meses de gestão, a reformulação do orçamento anual, encaminhando cópia do instrumento respectivo ao Conselho Federal, até o dia 10 do mês de março do ano em curso. (NR)[47]

§ 4º A Caixa de Assistência dos Advogados aprovará seu orçamento para o exercício seguinte, até a última sessão do ano. (NR)[48]

---

44 Ver Sessões plenárias dos dias 17 de junho, 17 de agosto e 17 de novembro de 1997 (DJ, 24.11.97, S.1, p. 61.378).
45 Ver Resolução n. 02/2007 (DJ, 24.10.07, S.1, p. 486).
46 Ver Sessões plenárias dos dias 17 de junho, 17 de agosto e 17 de novembro de 1997 (DJ, 24.11.97, S.1, p. 61.378).
47 Ver Resolução n. 02/2007 (DJ, 24.10.07, S.1, p. 486).
48 Ver Resolução n. 02/2007 (DJ, 24.10.07, S.1, p. 486).

ANEXOS – REGULAMENTO GERAL DO ESTATUTO DA ADVOCACIA E DA OAB

§ 5° O Conselho Seccional fixa o modelo e os requisitos formais e materiais para o orçamento, o relatório e as contas da Caixa de Assistência e das Subseções. (NR)[49]

Art. 61. O relatório, o balanço e as contas dos Conselhos Seccionais e da Diretoria do Conselho Federal, na forma prevista em Provimento, são julgados pela Terceira Câmara do Conselho Federal, com recurso para o Órgão Especial.

§ 1° Cabe à Terceira Câmara fixar os modelos dos orçamentos, balanços e contas da Diretoria do Conselho Federal e dos Conselhos Seccionais.

§ 2° A Terceira Câmara pode determinar a realização de auditoria independente nas contas do Conselho Seccional, com ônus para este, sempre que constatar a existência de graves irregularidades.

§ 3° O relatório, o balanço e as contas dos Conselhos Seccionais do ano anterior serão remetidos à Terceira Câmara até o final do quarto mês do ano seguinte. (NR)[50]

§ 4° O relatório, o balanço e as contas da Diretoria do Conselho Federal são apreciados pela Terceira Câmara a partir da primeira sessão ordinária do ano seguinte ao do exercício.

§ 5° Os Conselhos Seccionais só podem pleitear recursos materiais e financeiros ao Conselho Federal se comprovadas as seguintes condições:

a) remessa de cópia do orçamento e das eventuais suplementações orçamentárias, no prazo estabelecido pelo § 2° do art. 60;

b) prestação de contas aprovada na forma regulamentar; e

c) repasse atualizado da receita devida ao Conselho Federal, suspendendo-se o pedido, em caso de controvérsia, até decisão definitiva sobre a liquidez dos valores correspondentes. (NR)[51]

---

49 Ver Resolução n. 02/2007 (DJ, 24.10.07, S.1, p. 486).
50 Ver Sessões plenárias dos dias 17 de junho, 17 de agosto e 17 de novembro de 1997 (DJ, 24.11.97, S. 1, p. 61.378).
51 Ver Sessões plenárias dos dias 17 de junho, 17 de agosto e 17 de novembro de 1997 (DJ, 24.11.97, S. 1, p. 61.378).

CAPÍTULO III
DO CONSELHO FEDERAL

SEÇÃO I
DA ESTRUTURA E DO FUNCIONAMENTO (NR)

Art. 62. O Conselho Federal, órgão supremo da OAB, com sede na Capital da República, compõe– se de um Presidente, dos Conselheiros Federais integrantes das delegações de cada unidade federativa e de seus ex-presidentes.

§ 1º Os ex-presidentes têm direito a voz nas sessões do Conselho, sendo assegurado o direito de voto aos que exerceram mandato antes de 05 de julho de 1994 ou em seu exercício se encontravam naquela data. (NR)[52]

§ 2º O Presidente, nas suas relações externas, apresenta-se como Presidente Nacional da OAB.

§ 3º O Presidente do Conselho Seccional tem lugar reservado junto à delegação respectiva e direito a voz em todas as sessões do Conselho e de suas Câmaras.

Art. 63. O Presidente do Instituto dos Advogados Brasileiros e os agraciados com a "Medalha Rui Barbosa" podem participar das sessões do Conselho Pleno, com direito a voz.

Art. 64. O Conselho Federal atua mediante os seguintes órgãos:

I – Conselho Pleno;

II – Órgão Especial do Conselho Pleno;

III – Primeira, Segunda e Terceira Câmaras;

IV – Diretoria;

V – Presidente.

Parágrafo único. Para o desempenho de suas atividades, o Conselho conta também com comissões permanentes, definidas em Provimento, e com

---

52 Ver Sessões plenárias dos dias 17 de junho, 17 de agosto e 17 de novembro de 1997 (DJ, 24.11.97, S. 1, p. 61.379) e Resolução n. 01/2006 (DJ, 04.09.06, S. 1, p. 775).

ANEXOS – REGULAMENTO GERAL DO ESTATUTO DA ADVOCACIA E DA OAB°

comissões temporárias, todas designadas pelo Presidente, integradas ou não por Conselheiros Federais, submetidas a um regimento interno único, aprovado pela Diretoria do Conselho Federal, que o levará ao conhecimento do Conselho Pleno. (NR)[53]

Art. 65. No exercício do mandato, o Conselheiro Federal atua no interesse da advocacia nacional e não apenas no de seus representados diretos.

§ 1º O cargo de Conselheiro Federal é incompatível com o de membro de outros órgãos da OAB, exceto quando se tratar de ex-presidente do Conselho Federal e do Conselho Seccional, ficando impedido de debater e votar as matérias quando houver participado da deliberação local.

§ 2º Na apuração da antigüidade do Conselheiro Federal somam-se todos os períodos de mandato, mesmo que interrompidos.

Art. 66. Considera-se ausente das sessões ordinárias mensais dos órgãos deliberativos do Conselho Federal o Conselheiro que, sem motivo justificado, faltar a qualquer uma.

Parágrafo único. Compete ao Conselho Federal fornecer ajuda de transporte e hospedagem aos Conselheiros Federais integrantes das bancadas dos Conselho Seccionais que não tenham capacidade financeira para suportar a despesa correspondente. (NR)[54]

Art. 67. Os Conselheiros Federais, integrantes de cada delegação, após a posse, são distribuídos pelas três Câmaras especializadas, mediante deliberação da própria delegação, comunicada ao Secretário-Geral, ou, na falta desta, por decisão do Presidente, dando-se preferência ao mais antigo no Conselho e, havendo coincidência, ao de inscrição mais antiga.

§ 1º O Conselheiro, na sua delegação, é substituto dos demais, em qualquer órgão do Conselho, nas faltas ou impedimentos ocasionais ou no caso de licença.[55]

---

53 Ver Provimento n. 115/2007.
54 Ver Sessões plenárias dos dias 17 de junho, 17 de agosto e 17 de novembro de 1997 (DJ, 24.11.97, S.1, p. 61.379).
55 Ver Provimento n. 89/1998.

§ 2º Quando estiverem presentes dois substitutos, concomitantemente, a preferência é do mais antigo no Conselho e, em caso de coincidência, do que tiver inscrição mais antiga.

§ 3º A delegação indica seu representante ao Órgão Especial do Conselho Pleno.

Art. 68. O voto em qualquer órgão colegiado do Conselho Federal é tomado por delegação, em ordem alfabética, seguido dos ex-presidentes presentes, com direito a voto.

§ 1º Os membros da Diretoria votam como integrantes de suas delegações.

§ 2º O Conselheiro Federal opina mas não participa da votação de matéria de interesse específico da unidade que representa.

§ 3º Na eleição dos membros da Diretoria do Conselho Federal, somente votam os Conselheiros Federais, individualmente. (NR)[56]

Art. 69. A seleção das decisões dos órgãos deliberativos do Conselho Federal é periodicamente divulgada em forma de ementário.

Art. 70. Os órgãos deliberativos do Conselho Federal podem cassar ou modificar atos ou deliberações de órgãos ou autoridades da OAB, ouvidos estes e os interessados previamente, no prazo de quinze dias, contado do recebimento da notificação, sempre que contrariem o Estatuto, este Regulamento Geral, o Código de Ética e Disciplina e os Provimentos.

Art. 71. Toda matéria pertinente às finalidades e às competências do Conselho Federal da OAB será distribuída automaticamente no órgão colegiado competente a um relator, mediante sorteio eletrônico, com inclusão na pauta da sessão seguinte, organizada segundo critério de antiguidade. (NR)[57]

§ 1º Se o relator determinar alguma diligência, o processo é retirado da ordem do dia, figurando em anexo da pauta com indicação da data do despacho.

§ 2º Incumbe ao relator apresentar na sessão seguinte, por escrito, o relatório, o voto e a proposta de ementa.

---

56 Ver Resolução n. 01/2006 (DJ, 04.09.06, S.1, p. 775).
57 Ver Resolução n. 01/2013 (DOU, S. 1, 28.06.2013, p. 143/144).

§ 3º O relator pode determinar diligências, requisitar informações, instaurar representação incidental, propor ao Presidente a redistribuição da matéria e o arquivamento, quando for irrelevante ou impertinente às finalidades da OAB, ou o encaminhamento do processo ao Conselho Seccional competente, quando for de interesse local.

§ 4º Em caso de inevitável perigo de demora da decisão, pode o relator conceder provimento cautelar, com recurso de ofício ao órgão colegiado, para apreciação preferencial na sessão posterior.

§ 5º O relator notifica o Conselho Seccional e os interessados, quando forem necessárias suas manifestações.

§ 6º Compete ao relator manifestar-se sobre as desistências, prescrições, decadências e intempestividades dos recursos, para decisão do Presidente do órgão colegiado.

Art. 72. O processo será redistribuído automaticamente caso o relator, após a inclusão em pauta, não o apresente para julgamento na sessão seguinte ou quando, fundamentadamente e no prazo de 05 (cinco) dias, a contar do recebimento dos autos, declinar da relatoria. (NR)[58]

§ 1º O presidente do colegiado competente poderá deferir a prorrogação do prazo de apresentação do processo para julgamento estipulado no *caput*, por 01 (uma) sessão, mediante requerimento por escrito e fundamentado do relator. (NR)[59]

§ 2º Redistribuído o processo, caso os autos encontrem-se com o relator, o presidente do órgão colegiado determinará sua devolução à secretaria, em até 05 (cinco) dias. (NR)[60]

Art. 73. Em caso de matéria complexa, o Presidente designa uma comissão em vez de relator individual.

Parágrafo único. A comissão escolhe um relator e delibera coletivamente, não sendo considerados os votos minoritários para fins de relatório e voto.

---

58   Ver Resolução n. 01/2013 (DOU, S. 1, 28.06.2013, p. 143/144).
59   Ver Resolução n. 01/2013 (DOU, S. 1, 28.06.2013, p. 143/144).
60   Ver Resolução n. 01/2013 (DOU, S. 1, 28.06.2013, p. 143/144).

SEÇÃO II
DO CONSELHO PLENO

Art. 74. O Conselho Pleno é integrado pelos Conselheiros Federais de cada delegação e pelos ex– presidentes, sendo presidido pelo Presidente do Conselho Federal e secretariado pelo Secretário– Geral.

Art. 75. Compete ao Conselho Pleno deliberar, em caráter nacional, sobre propostas e indicações relacionadas às finalidades institucionais da OAB (art. 44, I, do Estatuto) e sobre as demais atribuições previstas no art. 54 do Estatuto, respeitadas as competências privativas dos demais órgãos deliberativos do Conselho Federal, fixadas neste Regulamento Geral, e ainda:

I – eleger o sucessor dos membros da Diretoria do Conselho Federal, em caso de vacância;

II – regular, mediante resolução, matérias de sua competência que não exijam edição de Provimento;

III – instituir, mediante Provimento, comissões permanentes para assessorar o Conselho Federal e a Diretoria. (NR)[61]

Parágrafo único. O Conselho Pleno pode decidir sobre todas as matérias privativas de seu órgão Especial, quando o Presidente atribuir-lhes caráter de urgência e grande relevância.

Art. 76. As proposições e os requerimentos deverão ser oferecidos por escrito, cabendo ao relator apresentar relatório e voto na sessão seguinte, acompanhados de ementa do acórdão. (NR)[62]

§ 1º No Conselho Pleno, o Presidente, em caso de urgência e relevância, pode designar relator para apresentar relatório e voto orais na mesma sessão.

---

61   Ver Sessões plenárias dos dias 16 de outubro, 06 e 07 de novembro de 2000 (DJ, 12.12.00, S.1, p. 574) e Provimento n. 115/2007.
62   Ver Resolução n. 01/2013 (DOU, S. 1, 28.06.2013, p. 143/144).

§ 2º Quando a proposta importar despesas não previstas no orçamento, pode ser apreciada apenas depois de ouvido o Diretor Tesoureiro quanto às disponibilidades financeiras para sua execução.

Art. 77. O voto da delegação é o de sua maioria, havendo divergência entre seus membros, considerando-se invalidado em caso de empate.

§ 1º O Presidente não integra a delegação de sua unidade federativa de origem e não vota, salvo em caso de empate.

§ 2º Os ex-Presidentes empossados antes de 5 de julho de 1994 têm direito de voto equivalente ao de uma delegação, em todas as matérias, exceto na eleição dos membros da Diretoria do Conselho Federal. (NR)[63]

Art. 78. Para editar e alterar o Regulamento Geral, o Código de Ética e Disciplina e os Provimentos e para intervir nos Conselhos Seccionais é indispensável o *quorum* de dois terços das delegações.

Parágrafo único. Para as demais matérias prevalece o *quorum* de instalação e de votação estabelecido neste Regulamento Geral.

Art. 79. A proposta que implique baixar normas gerais de competência do Conselho Pleno ou encaminhar projeto legislativo ou emendas aos Poderes competentes somente pode ser deliberada se o relator ou a comissão designada elaborar o texto normativo, a ser remetido aos Conselheiros juntamente com a convocação da sessão.

§ 1º Antes de apreciar proposta de texto normativo, o Conselho Pleno delibera sobre a admissibilidade da relevância da matéria.

§ 2º Admitida a relevância, o Conselho passa a decidir sobre o conteúdo da proposta do texto normativo, observados os seguintes critérios:

a) procede-se à leitura de cada dispositivo, considerando-o aprovado se não houver destaque levantado por qualquer membro ou encaminhado por Conselho Seccional;

b) havendo destaque, sobre ele manifesta-se apenas aquele que o levantou e a comissão relatora ou o relator, seguindo-se a votação.

---

63   Ver Resolução n. 01/2006 (DJ, 04.09.06, S.1, p. 775).

§ 3º Se vários membros levantarem destaque sobre o mesmo ponto controvertido, um, dentre eles, é eleito como porta-voz.

§ 4º Se o texto for totalmente rejeitado ou prejudicado pela rejeição, o Presidente designa novo relator ou comissão revisora para redigir outro.

Art. 80. A OAB pode participar e colaborar em eventos internacionais, de interesse da advocacia, mas somente se associa a organismos internacionais que congreguem entidades congêneres.

Parágrafo único. Os Conselhos Seccionais podem representar a OAB em geral ou os advogados brasileiros em eventos internacionais ou no exterior, quando autorizados pelo Presidente Nacional.

Art. 81. Constatando grave violação do Estatuto ou deste Regulamento Geral, a Diretoria do Conselho Federal notifica o Conselho Seccional para apresentar defesa e, havendo necessidade, designa representantes para promover verificação ou sindicância, submetendo o relatório ao Conselho Pleno.

§ 1º Se o relatório concluir pela intervenção, notifica-se o Conselho Seccional para apresentar defesa por escrito e oral perante o Conselho Pleno, no prazo e tempo fixados pelo Presidente.

§ 2º Se o Conselho Pleno decidir pela intervenção, fixa prazo determinado, que pode ser prorrogado, cabendo à Diretoria designar diretoria provisória.

§ 3º Ocorrendo obstáculo imputável à Diretoria do Conselho Seccional para a sindicância, ou no caso de irreparabilidade do perigo pela demora, o Conselho Pleno pode aprovar liminarmente a intervenção provisória.

Art. 82. As indicações de ajuizamento de ação direta de inconstitucionalidade submetem-se ao juízo prévio de admissibilidade da Diretoria para aferição da relevância da defesa dos princípios e normas constitucionais e, sendo admitidas, observam o seguinte procedimento:

I – o relator, designado pelo Presidente, independentemente da decisão da Diretoria, pode levantar preliminar de inadmissibilidade perante o Conselho Pleno, quando não encontrar norma ou princípio constitucional violados pelo ato normativo;

ANEXOS – REGULAMENTO GERAL DO ESTATUTO DA ADVOCACIA E DA OAB

235

II – aprovado o ajuizamento da ação, esta será proposta pelo Presidente do Conselho Federal; (NR)[64]

III – cabe à assessoria do Conselho acompanhar o andamento da ação.

§ 1º Em caso de urgência que não possa aguardar a sessão ordinária do Conselho Pleno, ou durante o recesso do Conselho Federal, a Diretoria decide quanto ao mérito, *ad referendum* daquele.

§ 2º Quando a indicação for subscrita por Conselho Seccional da OAB, por entidade de caráter nacional ou por delegação do Conselho Federal, a matéria não se sujeita ao juízo de admissibilidade da Diretoria.

Art. 83. Compete à Comissão Nacional de Educação Jurídica do Conselho Federal opinar previamente nos pedidos para criação, reconhecimento e credenciamento dos cursos jurídicos referidos no art. 54, XV, do Estatuto. (NR)[65]

§ 1º O Conselho Seccional em cuja área de atuação situar-se a instituição de ensino superior interessada será ouvido, preliminarmente, nos processos que tratem das matérias referidas neste artigo, devendo a seu respeito manifestar-se no prazo de 30 (trinta) dias. (NR)[66]

§ 2º A manifestação do Conselho Seccional terá em vista, especialmente, os seguintes aspectos:

a) a verossimilhança do projeto pedagógico do curso, em face da realidade local;

b) a necessidade social da criação do curso, aferida em função dos critérios estabelecidos pela Comissão de Ensino Jurídico do Conselho Federal;

c) a situação geográfica do município sede do curso, com indicação de sua população e das condições de desenvolvimento cultural e econômico que apresente, bem como da distância em relação ao município mais próximo onde haja curso jurídico;

---

64 Ver Sessões plenárias dos dias 16 de outubro, 06 e 07 de novembro de 2000 (DJ, 12.12.00, S. 1, p. 574).
65 Ver Legislação sobre Ensino Jurídico na página do CFOAB (http://www.oab.org.br/leisnormas/estatuto) e Resolução n. 01/2011 (DOU, 15.06.2011, S. 1, p. 129).
66 Ver Resolução n. 03/2006 (DJ, 03.10.06, S.1, p. 856).

d) as condições atuais das instalações físicas destinadas ao funcionamento do curso;

e) a existência de biblioteca com acervo adequado, a que tenham acesso direto os estudantes. (NR)[67]

§ 3º A manifestação do Conselho Seccional deverá informar sobre cada um dos itens mencionados no parágrafo anterior, abstendo-se, porém, de opinar, conclusivamente, sobre a conveniência ou não da criação do curso. (NR)[68]

§ 4º O Conselho Seccional encaminhará sua manifestação diretamente à Comissão de Ensino Jurídico do Conselho Federal, dela não devendo fornecer cópia à instituição interessada ou a terceiro antes do pronunciamento final do Conselho Federal. (NR)[69]

SEÇÃO III
DO ÓRGÃO ESPECIAL DO CONSELHO PLENO

Art. 84. O Órgão Especial é composto por um Conselheiro Federal integrante de cada delegação, sem prejuízo de sua participação no Conselho Pleno, e pelos ex-Presidentes, sendo presidido pelo Vice-Presidente e secretariado pelo Secretário-Geral Adjunto.

Parágrafo único. O Presidente do Órgão Especial, além de votar por sua delegação, tem o voto de qualidade, no caso de empate.

Art. 85. Compete ao Órgão Especial deliberar, privativamente e em caráter irrecorrível, sobre:

I – recurso contra decisões das Câmaras, quando não tenham sido unânimes ou, sendo unânimes, contrariem a Constituição, as leis, o Estatuto, decisões do Conselho Federal, este Regulamento Geral, o Código de Ética e Disciplina ou os Provimentos; (NR)[70]

---

67 Ver Resolução n. 03/2006 (DJ, 03.10.06, S.1, p. 856).
68 Ver Resolução n. 03/2006 (DJ, 03.10.06, S.1, p. 856).
69 Ver Resolução n. 03/2006 (DJ, 03.10.06, S.1, p. 856).
70 Ver Resolução n. 01/2007-COP (DJ, 04.05.07, S.1, p. 1.442).

ANEXOS – REGULAMENTO GERAL DO ESTATUTO DA ADVOCACIA E DA OAB

II – recurso contra decisões unânimes das Turmas, quando estas contrariarem a Constituição, as leis, o Estatuto, decisões do Conselho Federal, este Regulamento Geral, o Código de Ética e Disciplina ou os Provimentos; (NR)[71]

III – recurso contra decisões do Presidente ou da Diretoria do Conselho Federal e do Presidente do Órgão Especial;

IV – consultas escritas, formuladas em tese, relativas às matérias de competência das Câmaras especializadas ou à interpretação do Estatuto, deste Regulamento Geral, do Código de Ética e Disciplina e dos Provimentos, devendo todos os Conselhos Seccionais ser cientificados do conteúdo das respostas;

V – conflitos ou divergências entre órgãos da OAB;

VI – determinação ao Conselho Seccional competente para instaurar processo, quando, em autos ou peças submetidos ao conhecimento do Conselho Federal, encontrar fato que constitua infração disciplinar.

§ 1º Os recursos ao Órgão Especial podem ser manifestados pelo Presidente do Conselho Federal, pelas partes ou pelos recorrentes originários.

§ 2º O relator pode propor ao Presidente do Órgão Especial o arquivamento da consulta, quando não se revestir de caráter geral ou não tiver pertinência com as finalidades da OAB, ou o seu encaminhamento ao Conselho Seccional, quando a matéria for de interesse local.

Art. 86. A decisão do Órgão Especial constitui orientação dominante da OAB sobre a matéria, quando consolidada em súmula publicada na imprensa oficial.

SEÇÃO IV
DAS CÂMARAS

Art. 87. As Câmaras são presididas:

I – a Primeira, pelo Secretário-Geral;

II – a Segunda, pelo Secretário-Geral Adjunto;

---

71   Ver Resolução n. 01/2007-COP (DJ, 04.05.07, p. 1.442, S.1) e Resolução n. 01/2011-SCA (DOU, 22.09.2011, S. 1, p. 771).

238

III – a Terceira, pelo Tesoureiro.

§ 1º Os Secretários das Câmaras são designados, dentre seus integrantes, por seus Presidentes.

§ 2º Nas suas faltas e impedimentos, os Presidentes e Secretários das Câmaras são substituídos pelos Conselheiros mais antigos e, havendo coincidência, pelos de inscrição mais antiga.

§ 3º O Presidente da Câmara, além de votar por sua delegação, tem o voto de qualidade, no caso de empate.

Art. 88. Compete à Primeira Câmara:

I – decidir os recursos sobre:

a) atividade de advocacia e direitos e prerrogativas dos advogados e estagiários;

b) inscrição nos quadros da OAB;

c) incompatibilidades e impedimentos.

II – expedir resoluções regulamentando o Exame de Ordem, para garantir sua eficiência e padronização nacional, ouvida a Comissão Nacional de Exame de Ordem; (NR)[72]

III – julgar as representações sobre as matérias de sua competência; (NR)[73]

IV – propor, instruir e julgar os incidentes de uniformização de decisões de sua competência. (NR)[74]

V – determinar ao Conselho Seccional competente a instauração de processo quando, em autos ou peças submetidas ao seu julgamento, tomar conhecimento de fato que constitua infração disciplinar;

VI – julgar os recursos interpostos contra decisões de seu Presidente.

Art. 89. Compete à Segunda Câmara:

---

72 Ver Sessões plenárias dos dias 16 de outubro, 06 e 07 de novembro de 2000 (DJ, 12.12.00, S.1, p. 574); art.8º, §1º do Estatuto; arts. 58, VI, e 112 do Regulamento Geral; Provimento n. 144/2011.
73 Ver Sessões plenárias dos dias 17 de junho, 17 de agosto e 17 de novembro de 1997 (DJ, 24.11.97, S. 1, p. 61.379).
74 Ver Sessões plenárias dos dias 17 de junho, 17 de agosto e 17 de novembro de 1997 (DJ, 24.11.97, S. 1, p. 61.379).

ANEXOS – REGULAMENTO GERAL DO ESTATUTO DA ADVOCACIA E DA OAB

I – decidir os recursos sobre ética e deveres do advogado, infrações e sanções disciplinares;

II – promover em âmbito nacional a ética do advogado, juntamente com os Tribunais de Ética e Disciplina, editando resoluções regulamentares ao Código de Ética e Disciplina.

III – julgar as representações sobre as matérias de sua competência; (NR)[75]

IV – propor, instruir e julgar os incidentes de uniformização de decisões de sua competência; (NR)[76]

V – determinar ao Conselho Seccional competente a instauração de processo quando, em autos ou peças submetidas ao seu julgamento, tomar conhecimento de fato que constitua infração disciplinar; (NR)[77]

VI – julgar os recursos interpostos contra decisões de seu Presidente; (NR)[78]

VII – eleger, dentre seus integrantes, os membros da Corregedoria do Processo Disciplinar, em número máximo de três, com atribuição, em caráter nacional, de orientar e fiscalizar a tramitação dos processos disciplinares de competência da OAB, podendo, para tanto, requerer informações e realizar diligências, elaborando relatório anual dos processos em trâmite no Conselho Federal e nos Conselhos Seccionais e Subseções.

Art. 89-A. A Segunda Câmara será dividida em três Turmas, entre elas repartindo-se, com igualdade, os processos recebidos pela Secretaria.

§ 1° Na composição das Turmas, que se dará por ato do Presidente da Segunda Câmara, será observado o critério de representatividade regional, de sorte a nelas estarem presentes todas as Regiões do País.

§ 2° As Turmas serão presididas pelo Conselheiro presente de maior antigüidade no Conselho Federal, admitindo-se o revezamento, a critério dos

---

75 Ver Sessões plenárias dos dias 17 de junho, 17 de agosto e 17 de novembro de 1997 (DJ, 24.11.97, S. 1, p. 61.379).
76 Ver Sessões plenárias dos dias 17 de junho, 17 de agosto e 17 de novembro de 1997 (DJ, 24.11.97, S. 1, p. 61.379).
77 Ver Sessões plenárias dos dias 16 de outubro, 06 e 07 de novembro de 2000 (DJ, 12.12.00, S. 1, p. 574).
78 Ver Sessões plenárias dos dias 16 de outubro, 06 e 07 de novembro de 2000 (DJ, 12.12.00, S. 1, p. 574).

240

seus membros, salvo a Turma integrada pelo Presidente da Segunda Câmara, que será por ele presidida.

§ 3º Das decisões não unânimes das Turmas caberá recurso para o Pleno da Segunda Câmara. (NR)[79]

§ 4º No julgamento do recurso, o relator ou qualquer membro da Turma poderá propor que esta o afete ao Pleno da Câmara, em vista da relevância ou especial complexidade da matéria versada, podendo proceder do mesmo modo quando suscitar questões de ordem que impliquem a adoção de procedimentos comuns pelas Turmas. (NR)[80]

Art. 90. Compete à Terceira Câmara:

I – decidir os recursos relativos à estrutura, aos órgãos e ao processo eleitoral da OAB;

II – decidir os recursos sobre sociedades de advogados, advogados associados e advogados empregados;

III – apreciar os relatórios anuais e deliberar sobre o balanço e as contas da Diretoria do Conselho Federal e dos Conselhos Seccionais;

IV – suprir as omissões ou regulamentar as normas aplicáveis às Caixas de Assistência dos Advogados, inclusive mediante resoluções;

V – modificar ou cancelar, de ofício ou a pedido de qualquer pessoa, dispositivo do Regimento Interno do Conselho Seccional que contrarie o Estatuto ou este Regulamento Geral;

VI – julgar as representações sobre as matérias de sua competência; (NR)[81]

VII – propor, instruir e julgar os incidentes de uniformização de decisões de sua competência; (NR)[82]

VIII – determinar ao Conselho Seccional competente a instauração de

---

79 Ver Resolução n. 01/2007-COP (DJ, 04.05.07, S.1, p. 1442) e Resolução n. 01/2011-SCA (DOU, 22.09.2011, S. 1, p. 771).
80 Ver Resolução n. 01/2009 (DJ,19.05.09, p. 168).
81 Ver Sessões plenárias dos dias 17 de junho, 17 de agosto e 17 de novembro de 1997 (DJ, 24.11.97, S.1, p. 61.379).
82 Ver Sessões plenárias dos dias 17 de junho, 17 de agosto e 17 de novembro de 1997 (DJ, 24.11.97, S.1, p. 61.379).

ANEXOS – REGULAMENTO GERAL DO ESTATUTO DA ADVOCACIA E DA OAB°

processo quando, em autos ou peças submetidas ao seu julgamento, tomar conhecimento de fato que constitua infração disciplinar;[83]

IX – julgar os recursos interpostos contra decisões de seu Presidente.[84]

SEÇÃO V
DAS SESSÕES

Art. 91. Os órgãos colegiados do Conselho Federal reúnem-se ordinariamente nos meses de fevereiro a dezembro de cada ano, em sua sede no Distrito Federal, nas datas fixadas pela Diretoria. (NR)[85]

§ 1º Em caso de urgência ou no período de recesso (janeiro), o Presidente ou um terço das delegações do Conselho Federal pode convocar sessão extraordinária. (NR)[86]

§ 2º A sessão extraordinária, em caráter excepcional e de grande relevância, pode ser convocada para local diferente da sede do Conselho Federal.

§ 3º As convocações para as sessões ordinárias são acompanhadas de minuta da ata da sessão anterior e dos demais documentos necessários.

§ 4º Mediante prévia deliberação do Conselho Pleno, poderá ser dispensada a realização da sessão ordinária do mês de julho, sem prejuízo da regular fruição dos prazos processuais e regulamentares. (NR)[87]

Art. 92. Para instalação e deliberação dos órgãos colegiados do Conselho Federal da OAB exige– se a presença de metade das delegações, salvo nos casos de *quorum* qualificado, previsto neste Regulamento Geral.

§ 1º A deliberação é tomada pela maioria de votos dos presentes.

---

83   Ver Sessões plenárias dos dias 16 de outubro, 06 e 07 de novembro de 2000 (DJ, 12.12.00, S.1, p. 575).
84   Ver Sessões plenárias dos dias 16 de outubro, 06 e 07 de novembro de 2000 (DJ, 12.12.00, S.1, p. 575).
85   Ver Resolução n. 01/2010 (DJ, 28.06.2010, p. 43).
86   Ver Resolução n. 01/2010 (DJ, 28.06.2010, p. 43) e art. 107, § 1º do Regulamento Geral.
87   Ver Resolução n. 01/2010 (DJ, 28.06.2010, p. 43).

§ 2º Comprova-se a presença pela assinatura no documento próprio, sob controle do Secretário da sessão.

§ 3º Qualquer membro presente pode requerer a verificação do *quorum*, por chamada.

§ 4º A ausência à sessão, depois da assinatura de presença, não justificada ao Presidente, é contada para efeito de perda do mandato.

Art. 93. Nas sessões observa-se a seguinte ordem:

I – verificação do *quorum* e abertura;

II – leitura, discussão e aprovação da ata da sessão anterior;

III – comunicações do Presidente;

IV – ordem do dia;

V – expediente e comunicações dos presentes.

Parágrafo único. A ordem dos trabalhos ou da pauta pode ser alterada pelo Presidente, em caso de urgência ou de pedido de preferência.

Art. 94. O julgamento de qualquer processo ocorre do seguinte modo:

I – leitura do relatório, do voto e da proposta de ementa do acórdão, todos escritos, pelo relator;

II – sustentação oral pelo interessado ou seu advogado, no prazo de quinze minutos, tendo o respectivo processo preferência no julgamento;

III – discussão da matéria, dentro do prazo máximo fixado pelo Presidente, não podendo cada Conselheiro fazer uso da palavra mais de uma vez nem por mais de três minutos, salvo se lhe for concedida prorrogação;

IV – votação da matéria, não sendo permitidas questões de ordem ou justificativa oral de voto, precedendo as questões prejudiciais e preliminares às de mérito;

V – a votação da matéria será realizada mediante chamada em ordem alfabética das bancadas, iniciando-se com a delegação integrada pelo relator do processo em julgamento; (NR)[88]

---

88   Ver Resolução n. 03/2013 ((DOU, S.1, 23.09.2013, p. 749).

ANEXOS – REGULAMENTO GERAL DO ESTATUTO DA ADVOCACIA E DA OAB*

VI – proclamação do resultado pelo Presidente, com leitura da súmula da decisão. (NR)[89]

§ 1º Os apartes só serão admitidos quando concedidos pelo orador. Não será admitido aparte: (NR)[90]

a) à palavra do Presidente;

b) ao Conselheiro que estiver suscitando questão de ordem.

§ 2º Se durante a discussão o Presidente julgar que a matéria é complexa e não se encontra suficientemente esclarecida, suspende o julgamento, designando revisor para sessão seguinte.

§ 3º A justificação escrita do voto pode ser encaminhada à Secretaria até quinze dias após a votação da matéria.

§ 4º O Conselheiro pode pedir preferência para antecipar seu voto se necessitar ausentar-se justificadamente da sessão.

§ 5º O Conselheiro pode eximir-se de votar se não tiver assistido à leitura do relatório.

§ 6º O relatório e o voto do relator, na ausência deste, são lidos pelo Secretário.

§ 7º Vencido o relator, o autor do voto vencedor lavra o acórdão.

Art. 95. O pedido justificado de vista por qualquer Conselheiro, quando não for em mesa, não adia a discussão, sendo deliberado como preliminar antes da votação da matéria.

Parágrafo único. A vista concedida é coletiva, permanecendo os autos do processo na Secretaria, com envio de cópias aos que as solicitarem, devendo a matéria ser julgada na sessão ordinária seguinte, com preferência sobre as demais, ainda que ausentes o relator ou o Conselheiro requerente.

Art. 96. As decisões coletivas são formalizadas em acórdãos, assinados pelo Presidente e pelo relator, e publicadas.

---

89   Ver Resolução n. 03/2013 ((DOU, S.1, 23.09.2013, p. 749).
90   Ver Sessões plenárias dos dias 16 de outubro, 06 e 07 de novembro de 2000 (DJ, 12.12.00, S.1, p. 575).

§ 1º As manifestações gerais do Conselho Pleno podem dispensar a forma de acórdão.

§ 2º As ementas têm numeração sucessiva e anual, relacionada ao órgão deliberativo.

Art. 97. As pautas e decisões são publicadas na Imprensa Oficial, ou comunicadas pessoalmente aos interessados, e afixadas em local de fácil acesso na sede do Conselho Federal. (NR)[91]

SEÇÃO VI
DA DIRETORIA DO CONSELHO FEDERAL

Art. 98. O Presidente é substituído em suas faltas, licenças e impedimentos pelo Vice-Presidente, pelo Secretário-Geral, pelo Secretário-Geral Adjunto e pelo Tesoureiro, sucessivamente.

§ 1º O Vice-Presidente, o Secretário-Geral, o Secretário-Geral Adjunto e o Tesoureiro substituem– se nessa ordem, em suas faltas e impedimentos ocasionais, sendo o último substituído pelo Conselheiro Federal mais antigo e, havendo coincidência de mandatos, pelo de inscrição mais antiga.

§ 2º No caso de licença temporária, o Diretor é substituído pelo Conselheiro designado pelo Presidente.

§ 3º No caso de vacância de cargo da Diretoria, em virtude de perda do mandato, morte ou renúncia, o sucessor é eleito pelo Conselho Pleno.

§ 4º Para o desempenho de suas atividades, a Diretoria contará, também, com dois representantes institucionais permanentes, cujas funções serão exercidas por Conselheiros Federais por ela designados, ad referendum do Conselho Pleno, destinadas ao acompanhamento dos interesses da Advocacia no Conselho Nacional de Justiça e no Conselho Nacional do Ministério Público. (NR)[92]

---

91 Ver Sessões plenárias dos dias 16 de outubro, 06 e 07 de novembro de 2000 (DJ, 12.12.00, S.1, p. 575) e Provimentos n. 26/1966 e n. 47/1979.
92 Ver Resolução n. 1/2015 (DOU, S.1, 21.05.2015, p.139).

ANEXOS – REGULAMENTO GERAL DO ESTATUTO DA ADVOCACIA E DA OAB

Art. 99. Compete à Diretoria, coletivamente:

I – dar execução às deliberações dos órgãos deliberativos do Conselho;

II – elaborar e submeter à Terceira Câmara, na forma e prazo estabelecidos neste Regulamento Geral, o orçamento anual da receita e da despesa, o relatório anual, o balanço e as contas;

III – elaborar estatística anual dos trabalhos e julgados do Conselho;

IV – distribuir e redistribuir as atribuições e competências entre os seus membros;

V – elaborar e aprovar o plano de cargos e salários e a política de administração de pessoal do Conselho, propostos pelo Secretário-Geral;

VI – promover assistência financeira aos órgãos da OAB, em caso de necessidade comprovada e de acordo com previsão orçamentária;

VII – definir critérios para despesas com transporte e hospedagem dos Conselheiros, membros das comissões e convidados;

VIII – alienar ou onerar bens móveis;

IX – resolver os casos omissos no Estatuto e no Regulamento Geral, *ad referendum* do Conselho Pleno.

Art. 100. Compete ao Presidente:

I – representar a OAB em geral e os advogados brasileiros, no país e no exterior, em juízo ou fora dele;

II – representar o Conselho Federal, em juízo ou fora dele;

III – convocar e presidir o Conselho Federal e executar suas decisões;

IV – adquirir, onerar e alienar bens imóveis, quando autorizado, e administrar o patrimônio do Conselho Federal, juntamente com o Tesoureiro;

V – aplicar penas disciplinares, no caso de infração cometida no âmbito do Conselho Federal;

VI – assinar, com o Tesoureiro, cheques e ordens de pagamento;

VII – executar e fazer executar o Estatuto e a legislação complementar.

Art. 101. Compete ao Vice-Presidente:

I – presidir o órgão Especial e executar suas decisões;

II – executar as atribuições que lhe forem cometidas pela Diretoria ou delegadas, por portaria, pelo Presidente.

Art. 102. Compete ao Secretário-Geral:

I – presidir a Primeira Câmara e executar suas decisões;

II – dirigir todos os trabalhos de Secretaria do Conselho Federal;

III – secretariar as sessões do Conselho Pleno;

IV – manter sob sua guarda e inspeção todos os documentos do Conselho Federal;

V – controlar a presença e declarar a perda de mandato dos Conselheiros Federais;

VI – executar a administração do pessoal do Conselho Federal;

VII – emitir certidões e declarações do Conselho Federal.

Art. 103. Compete ao Secretário-Geral Adjunto:

I – presidir a Segunda Câmara e executar suas decisões;

II – organizar e manter o cadastro nacional dos advogados e estagiários, requisitando os dados e informações necessários aos Conselhos Seccionais e promovendo as medidas necessárias;[93]

III – executar as atribuições que lhe forem cometidas pela Diretoria ou delegadas pelo Secretário– Geral;

IV – secretariar o Órgão Especial.

Art. 104. Compete ao Tesoureiro:

I – presidir a Terceira Câmara e executar suas decisões;

II – manter sob sua guarda os bens e valores e o almoxarifado do Conselho;

---

93 Ver arts. 24 e 137-D do Regulamento Geral; Provimentos n. 95/2000 e 99/2002; Resolução n. 01/2003-SCA e Resolução n. 01/2012 (DOU, 19.04.2012, S. 1, p. 96).

III – administrar a Tesouraria, controlar e pagar todas as despesas autorizadas e assinar cheques e ordens de pagamento com o Presidente;

IV – elaborar a proposta de orçamento anual, o relatório, os balanços e as contas mensais e anuais da Diretoria;

V – propor à Diretoria a tabela de custas do Conselho Federal;

VI – fiscalizar e cobrar as transferências devidas pelos Conselhos Seccionais ao Conselho Federal, propondo à Diretoria a intervenção nas Tesourarias dos inadimplentes;

VII – manter inventário dos bens móveis e imóveis do Conselho Federal, atualizado anualmente;

VIII – receber e dar quitação dos valores recebidos pelo Conselho Federal.

§ 1º Em casos imprevistos, o Tesoureiro pode realizar despesas não constantes do orçamento anual, quando autorizadas pela Diretoria.

§ 2º Cabe ao Tesoureiro propor à Diretoria o regulamento para aquisições de material de consumo e permanente.

CAPÍTULO IV
DO CONSELHO SECCIONAL

Art. 105. Compete ao Conselho Seccional, além do previsto nos arts. 57 e 58 do Estatuto:

I – cumprir o disposto nos incisos I, II e III do art. 54 do Estatuto;

II – adotar medidas para assegurar o regular funcionamento das Subseções;

III – intervir, parcial ou totalmente, nas Subseções e na Caixa de Assistência dos Advogados, onde e quando constatar grave violação do Estatuto, deste Regulamento Geral e do Regimento Interno do Conselho Seccional;

IV – cassar ou modificar, de ofício ou mediante representação, qualquer ato de sua diretoria e dos demais órgãos executivos e deliberativos, da diretoria ou do conselho da Subseção e da diretoria da Caixa de Assistência dos Advogados, contrários ao Estatuto, ao Regulamento Geral, aos Provimentos, ao Código de Ética e Disciplina, ao seu Regimento Interno e às suas Resoluções; V – ajuizar, após deliberação:

a) ação direta de inconstitucionalidade de leis ou atos normativos estaduais e municipais, em face da Constituição Estadual ou da Lei Orgânica do Distrito Federal;

b) ação civil pública, para defesa de interesses difusos de caráter geral e coletivos e individuais homogêneos; (NR)[94]

c) mandado de segurança coletivo, em defesa de seus inscritos, independentemente de autorização pessoal dos interessados;

d) mandado de injunção, em face da Constituição Estadual ou da Lei Orgânica do Distrito Federal. Parágrafo único. O ajuizamento é decidido pela Diretoria, no caso de urgência ou recesso do Conselho Seccional.

Art. 106. Os Conselhos Seccionais são compostos de conselheiros eleitos, incluindo os membros da Diretoria, proporcionalmente ao número de advogados com inscrição concedida, observados os seguintes critérios:

I – abaixo de 3.000 (três mil) inscritos, até 30 (trinta) membros;

II – a partir de 3.000 (três mil) inscritos, mais um membro por grupo completo de 3.000 (três mil) inscritos, até o total de 80 (oitenta) membros. (NR)[95]

§ 1º Cabe ao Conselho Seccional, observado o número da última inscrição concedida, fixar o número de seus membros, mediante resolução, sujeita a referendo do Conselho Federal, que aprecia a base de cálculo e reduz o excesso, se houver.

§ 2º O Conselho Seccional, a delegação do Conselho Federal, a diretoria da Caixa de Assistência dos Advogados, a diretoria e o conselho da Subseção podem ter suplentes, eleitos na chapa vencedora, em número fixado entre a metade e o total de conselheiros titulares. (NR)[96]

---

94 Ver Sessões plenárias dos dias 16 de outubro, 06 e 07 de novembro de 2000 (DJ, 12.12.00, S. 1, p. 575).
95 Ver Resolução n. 02/2009 (DJ, 17.06.2009, p. 278).
96 Ver Resolução n. 03/2012 (DOU, 19.04.2012, S. 1, p. 96).

ANEXOS – REGULAMENTO GERAL DO ESTATUTO DA ADVOCACIA E DA OAB®

§ 3° Não se incluem no cálculo da composição dos elegíveis ao Conselho seus ex-Presidentes e o Presidente do Instituto dos Advogados.

Art. 107. Todos os órgãos vinculados ao Conselho Seccional reúnem-se, ordinariamente, nos meses de fevereiro a dezembro, em suas sedes, e para a sessão de posse no mês de janeiro do primeiro ano do mandato.

§1° Em caso de urgência ou nos períodos de recesso (janeiro), os Presidentes dos órgãos ou um terço de seus membros podem convocar sessão extraordinária. (NR)[97]

§ 2° As convocações para as sessões ordinárias são acompanhadas de minuta da ata da sessão anterior e dos demais documentos necessários.

Art. 108. Para aprovação ou alteração do Regimento Interno do Conselho, de criação e intervenção em Caixa de Assistência dos Advogados e Subseções e para aplicação da pena de exclusão de inscrito é necessário *quorum* de presença de dois terços dos conselheiros.

§ 1° Para as demais matérias exige-se *quorum* de instalação e deliberação de metade dos membros de cada órgão deliberativo, não se computando no cálculo os ex-Presidentes presentes, com direito a voto.

§ 2° A deliberação é tomada pela maioria dos votos dos presentes, incluindo os ex-Presidentes com direito a voto.

§ 3° Comprova-se a presença pela assinatura no documento próprio, sob controle do Secretário da sessão.

§ 4° Qualquer membro presente pode requerer a verificação do *quorum*, por chamada.

§ 5° A ausência à sessão depois da assinatura de presença, não justificada ao Presidente, é contada para efeito de perda do mandato.

Art. 109. O Conselho Seccional pode dividir-se em órgãos deliberativos e instituir comissões especializadas, para melhor desempenho de suas atividades.

§ 1° Os órgãos do Conselho podem receber a colaboração gratuita de advogados

---

97   Ver art. 91 do Regulamento Geral e Resolução n. 01/2010 (DJ, 28.06.2010, p. 43).

não conselheiros, inclusive para instrução processual, considerando-se função relevante em benefício da advocacia.

§ 2º No Conselho Seccional e na Subseção que disponha de conselho é obrigatória a instalação e o funcionamento da Comissão de Direitos Humanos, da Comissão de Orçamento e Contas e da Comissão de Estágio e Exame de Ordem.[98]

§ 3º Os suplentes podem desempenhar atividades permanentes e temporárias, na forma do Regimento Interno.

§ 4º As Câmaras e os órgãos julgadores em que se dividirem os Conselhos Seccionais para o exercício das respectivas competências serão integradas exclusivamente por Conselheiros eleitos, titulares ou suplentes. (NR)[99]

Art. 110. Os relatores dos processos em tramitação no Conselho Seccional têm competência para instrução, podendo ouvir depoimentos, requisitar documentos, determinar diligências e propor o arquivamento ou outra providência porventura cabível ao Presidente do órgão colegiado competente.

Art. 111. O Conselho Seccional fixa tabela de honorários advocatícios, definindo as referências mínimas e as proporções, quando for o caso.

Parágrafo único. A tabela é amplamente divulgada entre os inscritos e encaminhada ao Poder Judiciário para os fins do art. 22 do Estatuto.

Art. 112. O Exame de Ordem será regulamentado por Provimento editado pelo Conselho Federal. (NR)[100]

§ 1º O Exame de Ordem é organizado pela Coordenação Nacional de Exame de Ordem, na forma de Provimento do Conselho Federal. (NR)[101]

§ 2º Às Comissões de Estágio e Exame de Ordem dos Conselhos Seccionais compete fiscalizar a aplicação da prova e verificar o preenchimento dos requisitos exigidos dos examinandos quando dos pedidos de inscrição,

---

98 Ver Provimentos n. 56/1985 e n. 115/2007.
99 Ver Resolução n. 04/2010 (DOU, 16.02.2011 , S. 1, p. 142).
100 Ver arts. 8º, § 1º, e 58, VI do Estatuto e art. 88, II do Regulamento Geral; Resolução n. 01/2011 (DOU, 15.06.2011, S.1, p. 129); Provimento n. 144/2011.
101 Ver Resolução n. 01/2011 (DOU, 15.06.2011, S.1, p. 129).

ANEXOS – REGULAMENTO GERAL DO ESTATUTO DA ADVOCACIA E DA OAB®

assim como difundir as diretrizes e defender a necessidade do Exame de Ordem. (NR)[102]

Art. 113. O Regimento Interno do Conselho Seccional define o procedimento de intervenção total ou parcial nas Subseções e na Caixa de Assistência dos Advogados, observados os critérios estabelecidos neste Regulamento Geral para a intervenção no Conselho Seccional.

Art. 114. Os Conselhos Seccionais definem nos seus Regimentos Internos a composição, o modo de eleição e o funcionamento dos Tribunais de Ética e Disciplina, observados os procedimentos do Código de Ética e Disciplina.[103]

§ 1º Os membros dos Tribunais de Ética e Disciplina, inclusive seus Presidentes, são eleitos na primeira sessão ordinária após a posse dos Conselhos Seccionais, dentre os seus integrantes ou advogados de notável reputação ético-profissional, observados os mesmos requisitos para a eleição do Conselho Seccional.

§ 2º O mandato dos membros dos Tribunais de Ética e Disciplina tem a duração de três anos.

§ 3º Ocorrendo qualquer das hipóteses do art. 66 do Estatuto, o membro do Tribunal de Ética e Disciplina perde o mandato antes do seu término, cabendo ao Conselho Seccional eleger o substituto.

CAPÍTULO V
DAS SUBSEÇÕES

Art. 115. Compete às subseções dar cumprimento às finalidades previstas no art. 61 do Estatuto e neste Regulamento Geral.

Art. 116. O Conselho Seccional fixa, em seu orçamento anual, dotações específicas para as subseções, e as repassa segundo programação financeira aprovada ou em duodécimos.

---

102 Ver Resolução n. 01/2011 (DOU, 15.06.2011, S.1, p. 129).
103 Ver art. 58, XIII do Estatuto, Código de Ética e Disciplina e Provimento n. 83/1996.

Art. 117. A criação de Subseção depende, além da observância dos requisitos estabelecidos no Regimento Interno do Conselho Seccional, de estudo preliminar de viabilidade realizado por comissão especial designada pelo Presidente do Conselho Seccional, incluindo o número de advogados efetivamente residentes na base territorial, a existência de comarca judiciária, o levantamento e a perspectiva do mercado de trabalho, o custo de instalação e de manutenção.

Art. 118. A resolução do Conselho Seccional que criar a Subseção deve:

I – fixar sua base territorial;

II – definir os limites de suas competências e autonomia;

III – fixar a data da eleição da diretoria e do conselho, quando for o caso, e o início do mandato com encerramento coincidente com o do Conselho Seccional;

IV – definir a composição do conselho da Subseção e suas atribuições, quando for o caso.

§ 1º Cabe à Diretoria do Conselho Seccional encaminhar cópia da resolução ao Conselho Federal, comunicando a composição da diretoria e do conselho.

§ 2º Os membros da diretoria da Subseção integram seu conselho, que tem o mesmo Presidente. Art. 119. Os conflitos de competência entre subseções e entre estas e o Conselho Seccional são por este decididos, com recurso voluntário ao Conselho Federal.

Art. 120. Quando a Subseção dispuser de conselho, o Presidente deste designa um de seus membros, como relator, para instruir processo de inscrição no quadro da OAB, para os residentes em sua base territorial, ou processo disciplinar, quando o fato tiver ocorrido na sua base territorial.

§ 1º Os relatores dos processos em tramitação na Subseção têm competência para instrução, podendo ouvir depoimentos, requisitar documentos, determinar diligências e propor o arquivamento ou outra providência ao Presidente.

§ 2º Concluída a instrução do pedido de inscrição, o relator submete parecer prévio ao conselho da Subseção, que pode ser acompanhado pelo relator do Conselho Seccional.

§ 3º Concluída a instrução do processo disciplinar, nos termos previstos no Estatuto e no Código de Ética e Disciplina, o relator emite parecer prévio, o qual, se homologado pelo Conselho da Subseção, é submetido ao julgamento do Tribunal de Ética e Disciplina.

§ 4º Os demais processos, até mesmo os relativos à atividade de advocacia, incompatibilidades e impedimentos, obedecem a procedimento equivalente.

CAPÍTULO VI
DAS CAIXAS DE ASSISTÊNCIA DOS ADVOGADOS

Art. 121. As Caixas de Assistência dos Advogados são criadas mediante aprovação e registro de seus estatutos pelo Conselho Seccional.

Art. 122. O estatuto da Caixa define as atividades da Diretoria e a sua estrutura organizacional.

§ 1º A Caixa pode contar com departamentos específicos, integrados por profissionais designados por sua Diretoria.

§ 2º O plano de empregos e salários do pessoal da Caixa é aprovado por sua Diretoria e homologado pelo Conselho Seccional.

Art. 123. A assistência aos inscritos na OAB é definida no estatuto da Caixa e está condicionada à:

I – regularidade do pagamento, pelo inscrito, da anuidade à OAB;

II – carência de um ano, após o deferimento da inscrição;

III – disponibilidade de recursos da Caixa.

Parágrafo único. O estatuto da Caixa pode prever a dispensa dos requisitos de que cuidam os incisos I e II, em casos especiais.

Art. 124. A seguridade complementar pode ser implementada pela Caixa, segundo dispuser seu estatuto.

Art. 125. As Caixas promovem entre si convênios de colaboração e execução de suas finalidades.

Art. 126. A Coordenação Nacional das Caixas, por elas mantida, composta de seus presidentes, é órgão de assessoramento do Conselho Federal da OAB para a política nacional de assistência e seguridade dos advogados, tendo seu Coordenador direito a voz nas sessões, em matéria a elas pertinente.

Art. 127. O Conselho Federal pode constituir fundos nacionais de seguridade e assistência dos advogados, coordenados pelas Caixas, ouvidos os Conselhos Seccionais.

CAPÍTULO VII
DAS ELEIÇÕES[104]

Art. 128. O Conselho Seccional, até 45 (quarenta e cinco) dias antes da data da votação, no último ano do mandato, convocará os advogados inscritos para a votação obrigatória, mediante edital resumido, publicado na imprensa oficial, do qual constarão, dentre outros, os seguintes itens: (NR)[105]

I – dia da eleição, na segunda quinzena de novembro, dentro do prazo contínuo de oito horas, com início fixado pelo Conselho Seccional;

II – prazo para o registro das chapas, na Secretaria do Conselho, até trinta dias antes da votação;

III – modo de composição da chapa, incluindo o número de membros do Conselho Seccional;

IV – prazo de três dias úteis, tanto para a impugnação das chapas quanto para a defesa, após o encerramento do prazo do pedido de registro (item II), e de cinco dias úteis para a decisão da Comissão Eleitoral;

V – nominata dos membros da Comissão Eleitoral escolhida pela Diretoria;

VI – locais de votação;

VII – referência a este capítulo do Regulamento Geral, cujo conteúdo estará à disposição dos interessados.

---

104 Ver Provimento n. 146/2011.
105 Ver Resolução n. 1/2014 (DOU, S.1, 14.11.14, p. 352-353).

ANEXOS – REGULAMENTO GERAL DO ESTATUTO DA ADVOCACIA E DA OAB

§ 1º O edital define se as chapas concorrentes às Subseções são registradas nestas ou na Secretaria do próprio Conselho.

§ 2º Cabe aos Conselhos Seccionais promover ampla divulgação das eleições, em seus meios de comunicação, não podendo recusar a publicação, em condições de absoluta igualdade, do programa de todas as chapas. (NR)[106]

§ 3º Mediante requerimento escrito formulado pela chapa e assinado por seu representante legal, dirigido ao Presidente da Comissão Eleitoral, esta fornecerá, em 72 (setenta e duas) horas, listagem atualizada com nome e endereço postal dos advogados. (NR)[107]

§ 4º A listagem a que se refere o parágrafo 3º será fornecida mediante o pagamento das taxas fixadas pelo Conselho Seccional, não se admitindo mais de um requerimento por chapa concorrente.

Art. 128-A. A Diretoria do Conselho Federal, no mês de fevereiro do ano das eleições, designará Comissão Eleitoral Nacional, composta por 05 (cinco) advogados e presidida preferencialmente por Conselheiro Federal que não seja candidato, como órgão deliberativo encarregado de supervisionar, com função correcional e consultiva, as eleições seccionais e a eleição para a Diretoria do Conselho Federal. (NR)[108]

Art. 129. A Comissão Eleitoral é composta de cinco advogados, sendo um Presidente, que não integrem qualquer das chapas concorrentes.

§ 1º A Comissão Eleitoral utiliza os serviços das Secretarias do Conselho Seccional e das subseções, com o apoio necessário de suas Diretorias, convocando ou atribuindo tarefas aos respectivos servidores.

§ 2º No prazo de cinco dias úteis, após a publicação do edital de convocação das eleições, qualquer advogado pode argüir a suspeição de membro da Comissão Eleitoral, a ser julgada pelo Conselho Seccional.

---

106 Ver Sessões plenárias dos dias 16 de outubro, 06 e 07 de novembro de 2000 (DJ, 12.12.00, S.1, p. 575).
107 Ver Resolução n. 02/2011 (DOU, 20.12.2011, S. 1, p. 140).
108 Ver Resolução n. 01/2014 (DOU, S.1, 14.11.14, p. 352-353).

§ 3º A Comissão Eleitoral pode designar Subcomissões para auxiliar suas atividades nas subseções.

§ 4º As mesas eleitorais são designadas pela Comissão Eleitoral.

§ 5º A Diretoria do Conselho Seccional pode substituir os membros da Comissão Eleitoral quando, comprovadamente, não estejam cumprindo suas atividades, em prejuízo da organização e da execução das eleições.

Art. 130. Contra decisão da Comissão Eleitoral cabe recurso ao Conselho Seccional, no prazo de quinze dias, e deste para o Conselho Federal, no mesmo prazo, ambos sem efeito suspensivo.

Parágrafo único. Quando a maioria dos membros do Conselho Seccional estiver concorrendo às eleições, o recurso contra decisão da Comissão Eleitoral será encaminhado diretamente ao Conselho Federal. (NR)[109]

Art. 131. São admitidas a registro apenas chapas completas, que deverão atender ao mínimo de 30% (trinta por cento) e ao máximo de 70% (setenta por cento) para candidaturas de cada sexo,

com indicação dos candidatos aos cargos de diretoria do Conselho Seccional, de conselheiros seccionais, de conselheiros federais, de diretoria da Caixa de Assistência dos Advogados e de suplentes, se houver, sendo vedadas candidaturas isoladas ou que integrem mais de uma chapa. (NR)[110]

§ 1º O percentual mínimo previsto no caput deste artigo poderá ser alcançado levando-se em consideração a chapa completa, compreendendo os cargos de titular e de suplência, não sendo obrigatória a observância em cargos específicos ou de diretoria, incluindo a do Conselho Federal. (NR)[111]

§ 2º Para o alcance do percentual mínimo previsto no caput deste artigo observar-se-á o arredondamento de fração para cima, considerando-se o número inteiro de vagas subsequente. (NR)[112]

---

109 Ver Resolução n. 02/2011 (DOU, 20.12.2011, S. 1, p. 140).
110 Ver Resolução n. 01/2014 (DOU, S.1, 14.11.14, p. 352-353).
111 Ver Resolução n. 01/2014 (DOU, S.1, 14.11.14, p. 352-353).
112 Ver arts. 4º e 5º do Provimento n. 146/2011. Ver Resolução n. 01/2014 (DOU, S.1, 14.11.14, p. 352-353).

§ 3º É facultativa a observação do percentual mínimo previsto neste artigo nas Subseções que não possuam Conselho. (NR)[113]

§ 4º O requerimento de inscrição, dirigido ao Presidente da Comissão Eleitoral, é subscrito pelo candidato a Presidente e por 02 (dois) outros candidatos à Diretoria, contendo nome completo, nº de inscrição na OAB e endereço profissional de cada candidato, com indicação do cargo a que concorre, acompanhado das autorizações escritas dos integrantes da chapa. (NR)[114]

§ 5º Somente integra chapa o candidato que, cumulativamente: (NR)[115]

a) seja advogado regularmente inscrito na respectiva Seccional da OAB, com inscrição principal ou suplementar;

b) esteja em dia com as anuidades;

c) não ocupe cargos ou funções incompatíveis com a advocacia, referidos no art. 28 do Estatuto, em caráter permanente ou temporário, ressalvado o disposto no art. 83 da mesma Lei;

d) não ocupe cargos ou funções dos quais possa ser exonerável ad nutum, mesmo que compatíveis com a advocacia;

e) não tenha sido condenado em definitivo por qualquer infração disciplinar, salvo se reabilitado pela OAB, ou não tenha representação disciplinar em curso, já julgada procedente por órgão do Conselho Federal;

f) exerça efetivamente a profissão, há mais de cinco anos, excluído o período de estagiário, sendo facultado à Comissão Eleitoral exigir a devida comprovação;

g) não esteja em débito com a prestação de contas ao Conselho Federal, na condição de dirigente do Conselho Seccional ou da Caixa de Assistência dos Advogados, responsável pelas referidas contas, ou não tenha tido prestação de contas rejeitada, após apreciação do Conselho Federal, com trânsito em julgado, nos 08 (oito) anos seguintes;

---

113 Ver Resolução n. 01/2014 (DOU, S.1, 14.11.14, p. 352-353).
114 Ver Resolução n. 01/2014 (DOU, S.1, 14.11.14, p. 352-353).
115 Ver Resolução n. 01/2014 (DOU, S.1, 14.11.14, p. 352-353).

h) com contas rejeitadas segundo o disposto na alínea "a" do inciso II do art. 7º do Provimento

n. 101/2003, ressarcir o dano apurado pelo Conselho Federal, sem prejuízo do cumprimento do prazo de 08 (oito) anos previsto na alínea "g";

i) não integre listas, com processo em tramitação, para provimento de cargos nos tribunais judiciais ou administrativos.

§ 6º A Comissão Eleitoral publica no quadro de avisos das Secretarias do Conselho Seccional e das subseções a composição das chapas com registro requerido, para fins de impugnação por qualquer advogado inscrito. (NR)[116]

§ 7º A Comissão Eleitoral suspende o registro da chapa incompleta ou que inclua candidato inelegível na forma do § 5º, concedendo ao candidato a Presidente do Conselho Seccional prazo improrrogável de cinco dias úteis para sanar a irregularidade, devendo a Secretaria e a Tesouraria do Conselho ou da Subseção prestar as informações necessárias. (NR)[117]

§ 8º A chapa é registrada com denominação própria, observada a preferência pela ordem de apresentação dos requerimentos, não podendo as seguintes utilizar termos, símbolos ou expressões iguais ou assemelhados. (NR)[118]

§ 9º Em caso de desistência, morte ou inelegibilidade de qualquer integrante da chapa, a substituição pode ser requerida, sem alteração da cédula única já composta, considerando-se votado o substituído. (NR)[119]

§ 10. Os membros dos órgãos da OAB, no desempenho de seus mandatos, podem neles permanecer se concorrerem às eleições. (NR)[120]

Art. 131-A. São condições de elegibilidade: ser o candidato advogado inscrito na Seccional, com inscrição principal ou suplementar, em efetivo exercício há mais de 05 (cinco) anos, e estar em dia com as anuidades na data de protocolo do pedido de registro de candidatura, considerando-se regulares

---

116 Ver Resolução n. 01/2014 (DOU, S.1, 14.11.14, p. 352-353).
117 Ver Resolução n. 01/2014 (DOU, S.1, 14.11.14, p. 352-353).
118 Ver Resolução n. 01/2014 (DOU, S.1, 14.11.14, p. 352-353).
119 Ver Resolução n. 01/2014 (DOU, S.1, 14.11.14, p. 352-353).
120 Ver Resolução n. 01/2014 (DOU, S.1, 14.11.14, p. 352-353).

ANEXOS – REGULAMENTO GERAL DO ESTATUTO DA ADVOCACIA E DA OAB

aqueles que parcelaram seus débitos e estão adimplentes com a quitação das parcelas. (NR)[121]

§ 1º O candidato deverá comprovar sua adimplência junto à OAB por meio da apresentação de certidão da Seccional onde é candidato.

§ 2º Sendo o candidato inscrito em várias Seccionais, deverá, ainda, quando da inscrição da chapa na qual concorrer, declarar, sob a sua responsabilidade e sob as penas legais, que se encontra adimplente com todas elas.

§ 3º O período de 05 (cinco) anos estabelecido no *caput* deste artigo é o que antecede imediatamente a data da posse, computado continuamente.

Art.131-B. Desde o pedido de registro da chapa, poderá ser efetuada doação para a campanha por advogados, inclusive candidatos, sendo vedada a doação por pessoas físicas que não sejam advogados e por qualquer empresa ou pessoa jurídica, sob pena de indeferimento de registro ou cassação do mandato.

§ 1º Será obrigatória a prestação de contas de campanha por parte das chapas concorrentes, devendo ser fixado pelo Conselho Federal o limite máximo de gastos.

§ 2º Também será fixado pelo Conselho Federal o limite máximo de doações para as campanhas eleitorais por parte de quem não é candidato. (NR)[122]

Art. 132. A votação será realizada através de urna eletrônica, salvo comprovada impossibilidade, devendo ser feita no número atribuído a cada chapa, por ordem de inscrição. (NR)[123]

§ 1º Caso não seja adotada a votação eletrônica, a cédula eleitoral será única, contendo as chapas concorrentes na ordem em que foram registradas, com uma só quadrícula ao lado de cada denominação, e agrupadas em colunas, observada a seguinte ordem:

I – denominação da chapa e nome do candidato a Presidente, em destaque;

II – Diretoria do Conselho Seccional;

---

121 Ver Resolução n. 02/2011 (DOU, 20.12.2011, S. 1, p. 140).
122 Ver Resolução n. 01/2014 (DOU, S.1, 14.11.14, p. 352-353).
123 Ver Resolução n. 02/2011 (DOU, 20.12.2011, S. 1, p. 140).

III – Conselheiros Seccionais;

IV – Conselheiros Federais;

V – Diretoria da Caixa de Assistência dos Advogados;

VI – Suplentes.

§ 2º Nas Subseções, não sendo adotado o voto eletrônico, além da cédula referida neste Capítulo, haverá outra cédula para as chapas concorrentes à Diretoria da Subseção e do respectivo Conselho, se houver, observando-se idêntica forma.

§ 3º O Conselho Seccional, ao criar o Conselho da Subseção, fixará, na resolução, a data da eleição suplementar, regulamentando-a segundo as regras deste Capítulo.

§ 4º Os eleitos ao primeiro Conselho da Subseção complementam o prazo do mandato da Diretoria. (NR)[124]

Art. 133. Perderá o registro a chapa que praticar ato de abuso de poder econômico, político e dos meios de comunicação, ou for diretamente beneficiada, ato esse que se configura por:[125]

I – propaganda transmitida por meio de emissora de televisão ou rádio, permitindo-se entrevistas e debates com os candidatos;

II – propaganda por meio de *outdoors* ou com emprego de carros de som ou assemelhados;

III – propaganda na imprensa, a qualquer título, ainda que gratuita, que exceda, por edição, a um oitavo de página de jornal padrão e a um quarto de página de revista ou tabloide, não podendo exceder, ainda, a 10 (dez) edições; (NR)[126]

IV – uso de bens imóveis e móveis pertencentes à OAB, à Administração direta ou indireta da União, dos Estados, do Distrito Federal e dos Municípios, ou de serviços por estes custeados, em benefício de chapa ou de candidato,

---

124 Ver Alteração do Regulamento Geral (DJ, 09.12.2005, S.1, p. 664).
125 Ver art. 10 do Provimento n. 146/2011.
126 Ver Resolução n. 02/2011 (DOU, 20.12.2011, S. 1, p. 140).

ANEXOS – REGULAMENTO GERAL DO ESTATUTO DA ADVOCACIA E DA OAB

ressalvados os espaços da Ordem que devam ser utilizados, indistintamente, pelas chapas concorrentes;

V – pagamento, por candidato ou chapa, de anuidades de advogados ou fornecimento de quaisquer outros tipos de recursos financeiros ou materiais que possam desvirtuar a liberdade do voto;

VI – utilização de servidores da OAB em atividades de campanha eleitoral.

§ 1º A propaganda eleitoral, que só poderá ter início após o pedido de registro da chapa, tem como finalidade apresentar e debater propostas e ideias relacionadas às finalidades da OAB e aos interesses da Advocacia, sendo vedada a prática de atos que visem a exclusiva promoção pessoal de candidatos e, ainda, a abordagem de temas de modo a comprometer a dignidade da profissão e da Ordem dos Advogados do Brasil ou ofender a honra e imagem de candidatos. (NR)[127]

§ 2º A propaganda antecipada ou proibida importará em notificação de advertência a ser expedida pela Comissão Eleitoral competente para que, em 24 (vinte e quatro horas), seja suspensa, sob pena de aplicação de multa correspondente ao valor de 01(uma) até 10 (dez) anuidades. (NR)[128]

§ 3º Havendo recalcitrância ou reincidência, a Comissão Eleitoral procederá à abertura de procedimento de indeferimento ou cassação de registro da chapa ou do mandato, se já tiver sido eleita. (NR)[129]

§ 4º Se a Comissão Eleitoral entender que qualquer ato configure infração disciplinar, deverá notificar os órgãos correcionais competentes da OAB. (NR)[130]

§ 5º É vedada: (NR)[131]

I – no período de 15 (quinze) dias antes da data das eleições, a divulgação de pesquisa eleitoral;

II – no período de 30 (trinta) dias antes da data das eleições, a regularização da situação financeira de advogado perante a OAB para torná-lo apto a votar;

---

127 Ver Resolução n. 01/2014 (DOU, S.1, 14.11.14, p. 352-353).
128 Ver Resolução n. 01/2014 (DOU, S.1, 14.11.14, p. 352-353).
129 Ver Resolução n. 01/2014 (DOU, S.1, 14.11.14, p. 352-353).
130 Ver Resolução n. 01/2014 (DOU, S.1, 14.11.14, p. 352-353).
131 Ver Resolução n. 01/2014 (DOU, S.1, 14.11.14, p. 352-353).

III – no período de 60 (sessenta) dias antes das eleições, a promoção pessoal de candidatos na inauguração de obras e serviços da OAB;

IV – no período de 90 (noventa) dias antes da data das eleições, a concessão ou distribuição, às Seccionais e Subseções, por dirigente, candidato ou chapa, de recursos financeiros, salvo os destinados ao pagamento de despesas de pessoal e de custeio ou decorrentes de obrigações e de projetos pré-existentes, bem como de máquinas, equipamentos, móveis e utensílios, ressalvados os casos de reposição, e a convolação de débitos em auxílios financeiros, salvo quanto a obrigações e a projetos pré-existentes.

§ 6º Qualquer chapa pode representar, à Comissão Eleitoral, relatando fatos e indicando provas, indícios e circunstâncias, para que se promova a apuração de abuso. (NR)[132]

§ 7º Cabe ao Presidente da Comissão Eleitoral, de ofício ou mediante representação, até a proclamação do resultado do pleito, instaurar processo e determinar a notificação da chapa representada, por intermédio de qualquer dos candidatos à Diretoria do Conselho ou, se for o caso, da Subseção, para que apresente defesa no prazo de 5 (cinco) dias, acompanhada de documentos e rol de testemunhas. (NR)[133]

§8º Pode o Presidente da Comissão Eleitoral determinar à representada que suspenda o ato impugnado, se entender relevante o fundamento e necessária a medida para preservar a normalidade e legitimidade do pleito, cabendo recurso, à Comissão Eleitoral, no prazo de 3 (três) dias. (NR)[134]

§ 9º Apresentada ou não a defesa, a Comissão Eleitoral procede, se for o caso, a instrução do processo, pela requisição de documentos e a oitiva de testemunhas, no prazo de 3 (três) dias. (NR)[135]

§ 10. Encerrada a dilação probatória, as partes terão prazo comum de 2 (dois) dias para apresentação das alegações finais. (NR)[136]

---

132 Ver art. 14 do Provimento n. 146/2011. Ver Resolução n. 01/2014 (DOU, S.1, 14.11.14, p. 352-353).
133 Ver Resolução n. 01/2014 (DOU, S.1, 14.11.14, p. 352-353).
134 Ver Resolução n. 01/2014 (DOU, S.1, 14.11.14, p. 352-353).
135 Ver Resolução n. 01/2014 (DOU, S.1, 14.11.14, p. 352-353).
136 Ver Resolução n. 01/2014 (DOU, S.1, 14.11.14, p. 352-353).

§ 11. Findo o prazo de alegações finais, a Comissão Eleitoral decidirá, em no máximo 2 (dois) dias, notificando as partes da decisão, podendo, para isso, valer-se do uso de fax. (NR)[137]

§ 12. A decisão que julgar procedente a representação implica no cancelamento de registro da chapa representada e, se for o caso, na anulação dos votos, com a perda do mandato de seus componentes. (NR)[138]

§ 13. Se a nulidade atingir mais da metade dos votos a eleição estará prejudicada, convocando-se outra no prazo de 30 (trinta) dias. (NR)[139]

§ 14. Os candidatos da chapa que tiverem dado causa à anulação da eleição não podem concorrer no pleito que se realizar em complemento. (NR)[140]

§ 15. Ressalvado o disposto no § 7º deste artigo, os prazos correm em Secretaria, publicando-se, no quadro de avisos do Conselho Seccional ou da Subseção, se for o caso, os editais relativos aos atos do processo eleitoral. (NR)[141]

Art. 134. O voto é obrigatório para todos os advogados inscritos da OAB, sob pena de multa equivalente a 20% (vinte por cento) do valor da anuidade, salvo ausência justificada por escrito, a ser apreciada pela Diretoria do Conselho Seccional.

§ 1º O eleitor faz prova de sua legitimação apresentando seu Cartão ou a Carteira de Identidade de Advogado, a Cédula de Identidade – RG, a Carteira Nacional de Habilitação – CNH, a Carteira de Trabalho e Previdência Social – CTPS ou o Passaporte, e o comprovante de quitação com a OAB, suprível por listagem atualizada da Tesouraria do Conselho ou da Subseção. (NR)[142]

§ 2º O eleitor, na cabine indevassável, deverá optar pela chapa de sua escolha, na urna eletrônica ou na cédula fornecida e rubricada pelo presidente da mesa eleitoral. (NR)[143]

§ 3º Não pode o eleitor suprir ou acrescentar nomes ou rasurar a cédula, sob pena de nulidade do voto.

---

137 Ver Resolução n. 01/2014 (DOU, S.1, 14.11.14, p. 352-353).
138 Ver Resolução n. 01/2014 (DOU, S.1, 14.11.14, p. 352-353).
139 Ver Resolução n. 01/2014 (DOU, S.1, 14.11.14, p. 352-353).
140 Ver Resolução n. 01/2014 (DOU, S.1, 14.11.14, p. 352-353).
141 Ver Resolução n. 01/2014 (DOU, S.1, 14.11.14, p. 352-353).
142 Ver Resolução n. 02/2011 (DOU, 20.12.2011, S. 1, p. 140).
143 Ver Resolução n. 02/2011 (DOU, 20.12.2011, S. 1, p. 140).

§ 4º O advogado com inscrição suplementar pode exercer opção de voto, comunicando ao Conselho onde tenha inscrição principal.

§ 5º O eleitor somente pode votar no local que lhe for designado, sendo vedada a votação em trânsito.

§ 6º Na hipótese de voto eletrônico, adotar-se-ão, no que couber, as regras estabelecidas na legislação eleitoral. (NR)[144]

§ 7º A transferência do domicílio eleitoral para exercício do voto somente poderá ser requerida até as 18 (dezoito) horas do dia anterior à publicação do edital de abertura do período eleitoral da respectiva Seccional, observado o art. 10 do Estatuto e ressalvados os casos do § 4º do art. 134 do Regulamento Geral e dos novos inscritos. (NR)[145]

Art. 135. Encerrada a votação, as mesas receptoras apuram os votos das respectivas urnas, nos mesmos locais ou em outros designados pela Comissão Eleitoral, preenchendo e assinando os documentos dos resultados e entregando todo o material à Comissão Eleitoral ou à Subcomissão.

§ 1º As chapas concorrentes podem credenciar até dois fiscais para atuar alternadamente junto a cada mesa eleitoral e assinar os documentos dos resultados.

§ 2º As impugnações promovidas pelos fiscais são registradas nos documentos dos resultados, pela mesa, para decisão da Comissão Eleitoral ou de sua Subcomissão, mas não prejudicam a contagem de cada urna.

§ 3º As impugnações devem ser formuladas às mesas eleitorais, sob pena de preclusão.

Art. 136. Concluída a totalização da apuração pela Comissão Eleitoral, esta proclamará o resultado, lavrando ata encaminhada ao Conselho Seccional.

§ 1º São considerados eleitos os integrantes da chapa que obtiver a maioria dos votos válidos, proclamada vencedora pela Comissão Eleitoral, sendo empossados no primeiro dia do início de seus mandatos.

---

144 Ver Sessões plenárias dos dias 17 de junho, 17 de agosto e 17 de novembro de 1997 (DJ, 24.11.97, S.1, p. 61.379).
145 Ver Resolução n. 04/2012 (DOU. 27.08.2012, S. 1, p. 105).

ANEXOS – REGULAMENTO GERAL DO ESTATUTO DA ADVOCACIA E DA OAB

§ 2º A totalização dos votos relativos às eleições para diretoria da Subseção e do conselho, quando houver, é promovida pela Subcomissão Eleitoral, que proclama o resultado, lavrando ata encaminhada à Subseção e ao Conselho Seccional.

Art. 137. A eleição para a Diretoria do Conselho Federal observa o disposto no art. 67 do Estatuto.

§ 1º O requerimento de registro das candidaturas, a ser apreciado pela Diretoria do Conselho Federal, deve ser protocolado ou postado com endereçamento ao Presidente da entidade:

I – de 31 de julho a 31 de dezembro do ano anterior à eleição, para registro de candidatura à Presidência, acompanhado das declarações de apoio de, no mínimo, seis Conselhos Seccionais; II – até 31 de dezembro do ano anterior à eleição, para registro de chapa completa, com assinaturas, nomes, números de inscrição na OAB e comprovantes de eleição para o Conselho Federal, dos candidatos aos demais cargos da Diretoria.

§ 2º Os recursos interpostos nos processos de registro de chapas serão decididos pelo Conselho Pleno do Conselho Federal.

§ 3º A Diretoria do Conselho Federal concederá o prazo de cinco dias úteis para a correção de eventuais irregularidades sanáveis.

§ 4º O Conselho Federal confecciona as cédulas únicas, com indicação dos nomes das chapas, dos respectivos integrantes e dos cargos a que concorrem, na ordem em que forem registradas.

§ 5º O eleitor indica seu voto assinalando a quadrícula ao lado da chapa escolhida.

§ 6º Não pode o eleitor suprimir ou acrescentar nomes ou rasurar a cédula, sob pena de nulidade do voto. (NR)[146]

Art. 137-A. A eleição dos membros da Diretoria do Conselho Federal será realizada às 19 horas do dia 31 de janeiro do ano seguinte ao da eleição nas Seccionais.

---

146 Ver Resolução n. 01/2006 (DJ, 04.09.06, S.1, p. 775).

§ 1° Comporão o colégio eleitoral os Conselheiros Federais eleitos no ano anterior, nas respectivas Seccionais.

§ 2° O colégio eleitoral será presidido pelo mais antigo dos Conselheiros Federais eleitos, e, em caso de empate, o de inscrição mais antiga, o qual designará um dos membros como Secretário.

§ 3° O colégio eleitoral reunir-se-á no Plenário do Conselho Federal, devendo os seus membros ocupar as bancadas das respectivas Unidades federadas.

§ 4° Instalada a sessão, com a presença da maioria absoluta dos Conselheiros Federais eleitos, será feita a distribuição da cédula de votação a todos os eleitores, incluído o Presidente.

§ 5° As cédulas serão rubricadas pelo Presidente e pelo Secretário-Geral e distribuídas entre todos os membros presentes.

§ 6° O colégio eleitoral contará com serviços de apoio de servidores do Conselho Federal, especificamente designados pela Diretoria.

§ 7° As cédulas deverão ser recolhidas mediante o chamamento dos representantes de cada uma das Unidades federadas, observada a ordem alfabética, devendo ser depositadas em urna colocada na parte central e à frente da mesa, após o que o eleitor deverá assinar lista de freqüência, sob guarda do Secretário-Geral.

§ 8° Imediatamente após a votação, será feita a apuração dos votos por comissão de três membros, designada pelo Presidente, dela não podendo fazer parte eleitor da mesma Unidade federada dos integrantes das chapas.

§ 9° Será proclamada eleita a chapa que obtiver a maioria simples do colegiado, presente metade mais um dos eleitores.

§ 10. No caso de nenhuma das chapas atingir a maioria indicada no § 9°, haverá outra votação, na qual concorrerão as duas chapas mais votadas, repetindo-se a votação até que a maioria seja atingida.

§ 11. Proclamada a chapa eleita, será suspensa a reunião para a elaboração da ata, que deverá ser lida, discutida e votada, considerada aprovada se

ANEXOS – REGULAMENTO GERAL DO ESTATUTO DA ADVOCACIA E DA OAB*

obtiver a maioria de votos dos presentes. As impugnações serão apreciadas imediatamente pelo colégio eleitoral. (NR)[147]

Art. 137-B. Os membros do colegiado tomarão posse para o exercício do mandato trienal de Conselheiro Federal, em reunião realizada no Plenário, presidida pelo Presidente do Conselho Federal, após prestarem o respectivo compromisso. (NR)[148]

Art.137-C. Na ausência de normas expressas no Estatuto e neste Regulamento, ou em Provimento, aplica-se, supletivamente, no que couber, a legislação eleitoral. (NR)[149]

CAPÍTULO VIII
DAS NOTIFICAÇÕES E DOS RECURSOS

Art. 137-D A notificação inicial para a apresentação de defesa prévia ou manifestação em processo administrativo perante a OAB deverá ser feita através de correspondência, com aviso de recebimento, enviada para o endereço profissional ou residencial constante do cadastro do Conselho Seccional. (NR)[150]

§ 1º Incumbe ao advogado manter sempre atualizado o seu endereço residencial e profissional no cadastro do Conselho Seccional, presumindo-se recebida a correspondência enviada para o endereço nele constante.

§ 2º Frustrada a entrega da notificação de que trata o *caput* deste artigo, será a mesma realizada através de edital, a ser publicado na imprensa oficial do Estado.

§ 3º Quando se tratar de processo disciplinar, a notificação inicial feita através de edital deverá respeitar o sigilo de que trata o artigo 72, § 2º, da Lei 8.906/94, dele

---

147 Ver Resolução n. 01/2006 (DJ, 04.09.06, S.1, p. 775).
148 Ver Resolução n. 01/2006 (DJ, 04.09.06, S.1, p. 775).
149 Ver Resolução n. 01/2006 (DJ, 04.09.06, S.1, p. 775).
150 Ver art. 24 do Regulamento Geral; Provimentos n. 95/2000 e n. 99/2002; Resolução n. 01/2003-SCA, Resolução n. 01/2006 (DJ, 04.09.06, S.1, p. 775), Resolução n. 01/2011-SCA (DOU, 22.09.2011, S. 1, p. 771) e Resolução n. 01/2012 (DOU, 19.04.2012, S.1, p. 96).

não podendo constar qualquer referência de que se trate de matéria disciplinar, constando apenas o nome completo do advogado, o seu número de inscrição e a observação de que ele deverá comparecer à sede do Conselho Seccional ou da Subseção para tratar de assunto de seu interesse.

§ 4º As demais notificações no curso do processo disciplinar serão feitas através de correspondência, na forma prevista no *caput* deste artigo, ou através de publicação na imprensa oficial do Estado ou da União, quando se tratar de processo em trâmite perante o Conselho Federal, devendo, as publicações, observarem que o nome do representado deverá ser substituído pelas suas respectivas iniciais, indicando-se o nome completo do seu procurador ou o seu, na condição de advogado, quando postular em causa própria.

§ 5º A notificação de que trata o inciso XXIII, do artigo 34, da Lei 8.906/94 será feita na forma prevista no *caput* deste artigo ou através de edital coletivo publicado na imprensa oficial do Estado.

Art. 138. À exceção dos embargos de declaração, os recursos são dirigidos ao órgão julgador superior competente, embora interpostos perante a autoridade ou órgão que proferiu a decisão recorrida.

§ 1º O juízo de admissibilidade é do relator do órgão julgador a que se dirige o recurso, não podendo a autoridade ou órgão recorrido rejeitar o encaminhamento.

§ 2º O recurso tem efeito suspensivo, exceto nas hipóteses previstas no Estatuto.

§ 3º Os embargos de declaração são dirigidos ao relator da decisão recorrida, que lhes pode negar seguimento, fundamentadamente, se os tiver por manifestamente protelatórios, intempestivos ou carentes dos pressupostos legais para interposição.

§ 4º Admitindo os embargos de declaração, o relator os colocará em mesa para julgamento, independentemente de inclusão em pauta ou publicação, na primeira sessão seguinte, salvo justificado impedimento.

§ 5º Não cabe recurso contra as decisões referidas nos §§ 3º e 4º.

Art. 139. O prazo para qualquer recurso é de quinze dias, contados do primeiro dia útil seguinte, seja da publicação da decisão na imprensa oficial, seja da

ANEXOS – REGULAMENTO GERAL DO ESTATUTO DA ADVOCACIA E DA OAB*

269

data do recebimento da notificação, anotada pela Secretaria do órgão da OAB ou pelo agente dos Correios. (NR)[151]

§ 1° O recurso poderá ser interposto via *fac-simile* ou similar, devendo o original ser entregue até 10 (dez) dias da data da interposição.

§ 2° Os recursos poderão ser protocolados nos Conselhos Seccionais ou nas Subseções nos quais se originaram os processos correspondentes, devendo o interessado indicar a quem recorre e remeter cópia integral da peça, no prazo de 10 (dez) dias, ao órgão julgador superior competente, via sistema postal rápido, fac-símile ou correio eletrônico. (NR)[152]

§ 3° Durante o período de recesso do Conselho da OAB que proferiu a decisão recorrida, os prazos são suspensos, reiniciando-se no primeiro dia útil após o seu término.

Art. 140. O relator, ao constatar intempestividade ou ausência dos pressupostos legais para interposição do recurso, profere despacho indicando ao Presidente do órgão julgador o indeferimento liminar, devolvendo-se o processo ao órgão recorrido para executar a decisão.

Parágrafo único. Contra a decisão do Presidente, referida neste artigo, cabe recurso voluntário ao órgão julgador.

Art. 141. Se o relator da decisão recorrida também integrar o órgão julgador superior, fica neste impedido de relatar o recurso.

Art. 142. Quando a decisão, inclusive dos Conselhos Seccionais, conflitar com orientação de órgão colegiado superior, fica sujeita ao duplo grau de jurisdição.

Art. 143. Contra decisão do Presidente ou da Diretoria da Subseção cabe recurso ao Conselho Seccional, mesmo quando houver conselho na Subseção.

Art. 144. Contra a decisão do Tribunal de Ética e Disciplina cabe recurso ao plenário ou órgão especial equivalente do Conselho Seccional.

---

151 Ver Sessões plenárias dos dias 16 de outubro, 06 e 07 de novembro de 2000 (DJ, 12.12.00, S.1, p. 575).
152 Resolução n. 02/2012 (DOU, 19.04.2012, S.1, p. 96).

Parágrafo único. O Regimento Interno do Conselho Seccional disciplina o cabimento dos recursos no âmbito de cada órgão julgador.

Art. 144-A. Para a formação do recurso interposto contra decisão de suspensão preventiva de advogado (art. 77, Lei nº 8.906/94), dever-se-á juntar cópia integral dos autos da representação disciplinar, permanecendo o processo na origem para cumprimento da pena preventiva e tramitação final, nos termos do artigo 70, § 3º, do Estatuto. (NR)[153]

CAPÍTULO IX
DAS CONFERÊNCIAS E DOS COLÉGIOS DE PRESIDENTES

Art. 145. A Conferência Nacional dos Advogados é órgão consultivo máximo do Conselho Federal, reunindo-se trienalmente, no segundo ano do mandato, tendo por objetivo o estudo e o debate das questões e problemas que digam respeito às finalidades da OAB e ao congraçamento dos advogados.

§ 1º As Conferências dos Advogados dos Estados e do Distrito Federal são órgãos consultivos dos Conselhos Seccionais, reunindo-se trienalmente, no segundo ano do mandato.

§ 2º No primeiro ano do mandato do Conselho Federal ou do Conselho Seccional, decidem-se a data, o local e o tema central da Conferência.

§ 3º As conclusões das Conferências têm caráter de recomendação aos Conselhos correspondentes.

Art. 146. São membros das Conferências:

I – efetivos: os Conselheiros e Presidentes dos órgãos da OAB presentes, os advogados e estagiários inscritos na Conferência, todos com direito a voto;

II – convidados: as pessoas a quem a Comissão Organizadora conceder tal qualidade, sem direito a voto, salvo se for advogado.

---

153 Ver Sessões plenárias dos dias 16 de outubro, 06 e 07 de novembro de 2000 (DJ, 12.12.00, S.1, p. 575).

ANEXOS – REGULAMENTO GERAL DO ESTATUTO DA ADVOCACIA E DA OAB*

§ 1º Os convidados, expositores e membros dos órgãos da OAB têm identificação especial durante a Conferência.

§ 2º Os estudantes de direito, mesmo inscritos como estagiários na OAB, são membros ouvintes, escolhendo um porta-voz entre os presentes em cada sessão da Conferência.

Art. 147. A Conferência é dirigida por uma Comissão Organizadora, designada pelo Presidente do Conselho, por ele presidida e integrada pelos membros da Diretoria e outros convidados.

§ 1º O Presidente pode desdobrar a Comissão Organizadora em comissões específicas, definindo suas composições e atribuições.

§ 2º Cabe à Comissão Organizadora definir a distribuição do temário, os nomes dos expositores, a programação dos trabalhos, os serviços de apoio e infra-estrutura e o regimento interno da Conferência.

Art. 148. Durante o funcionamento da Conferência, a Comissão Organizadora é representada pelo Presidente, com poderes para cumprir a programação estabelecida e decidir as questões ocorrentes e os casos omissos.

Art. 149. Os trabalhos da Conferência desenvolvem-se em sessões plenárias, painéis ou outros modos de exposição ou atuação dos participantes.

§ 1º As sessões são dirigidas por um Presidente e um Relator, escolhidos pela Comissão Organizadora.

§ 2º Quando as sessões se desenvolvem em forma de painéis, os expositores ocupam a metade do tempo total e a outra metade é destinada aos debates e votação de propostas ou conclusões pelos participantes.

§ 3º É facultado aos expositores submeter as suas conclusões à aprovação dos participantes.

Art. 150. O Colégio de Presidentes dos Conselhos Seccionais é regulamentado em Provimento.[154] Parágrafo único. O Colégio de Presidentes das subseções é regulamentado no Regimento Interno do Conselho Seccional.

---

154 Ver Provimento n. 61/1987.

TÍTULO III
DAS DISPOSIÇÕES GERAIS E TRANSITÓRIAS

Art. 151. Os órgãos da OAB não podem se manifestar sobre questões de natureza pessoal, exceto em caso de homenagem a quem tenha prestado relevantes serviços à sociedade e à advocacia.

Parágrafo único. As salas e dependências dos órgãos da OAB não podem receber nomes de pessoas vivas ou inscrições estranhas às suas finalidades, respeitadas as situações já existentes na data da publicação deste Regulamento Geral.

Art. 152. A "Medalha Rui Barbosa" é a comenda máxima conferida pelo Conselho Federal às grandes personalidades da advocacia brasileira.

Parágrafo único. A Medalha só pode ser concedida uma vez, no prazo do mandato do Conselho, e será entregue ao homenageado em sessão solene.

Art. 153. Os estatutos das Caixas criadas anteriormente ao advento do Estatuto serão a ele adaptados e submetidos ao Conselho Seccional, no prazo de cento e vinte dias, contado da publicação deste Regulamento Geral.

Art. 154. Os Provimentos editados pelo Conselho Federal complementam este Regulamento Geral, no que não sejam com ele incompatíveis.[155]

Parágrafo único. Todas as matérias relacionadas à Ética do advogado, às infrações e sanções disciplinares e ao processo disciplinar são regulamentadas pelo Código de Ética e Disciplina.

Art. 155. Os Conselhos Seccionais, até o dia 31 de dezembro de 2007, adotarão os documentos de identidade profissional na forma prevista nos artigos 32 a 36 deste Regulamento. (NR)[156]

§ 1º Os advogados inscritos até a data da implementação a que se refere o *caput* deste artigo deverão substituir os cartões de identidade até 31 de janeiro de 2009. (NR)[157]

---

155 Ver Provimento n. 26/1966 e n. 47/1979.
156 Ver Resolução n. 02/2006 (DJ, 19.09.06, S.1, p. 804) e Resolução n. 01/2009 (DJ, 19.05.2009, p. 168).
157 Ver Resolução n. 01/2008 (DJ, 16.06.08, p.724) e Resolução n. 01/2009 (DJ, 19.05.2009, p. 168).

ANEXOS – REGULAMENTO GERAL DO ESTATUTO DA ADVOCACIA E DA OAB®

§ 2º Facultar-se-á ao advogado inscrito até 31 de dezembro de 1997 o direito de usar e permanecer exclusivamente com a carteira de identidade, desde que, até 31 de dezembro de 1999, assim solicite formalmente. (NR)[158]

§ 3º O pedido de uso e permanência da carteira de identidade, que impede a concessão de uma nova, deve ser anotado no documento profissional, como condição de sua validade. (NR)[159]

§ 4º Salvo nos casos previstos neste artigo, findos os prazos nele fixados, os atuais documentos perderão a validade, mesmo que permaneçam em poder de seus portadores. (NR)[160]

Art. 156. Os processos em pauta para julgamento das Câmaras Reunidas serão apreciados pelo Órgão Especial, a ser instalado na primeira sessão após a publicação deste Regulamento Geral, mantidos os relatores anteriormente designados, que participarão da respectiva votação.

Art.156-A. Excetuados os prazos regulados pelo Provimento n. 102/2004, previstos em editais próprios, ficam suspensos até 1º de agosto de 2010 os prazos processuais iniciados antes ou durante o mês de julho de 2010. (NR)[161]

Art. 157. Revogam-se as disposições em contrário, especialmente os Provimentos de nos 1, 2, 3, 5, 6, 7, 9, 10, 11, 12, 13, 14, 15, 16, 17, 18, 19, 20, 21, 22, 24, 25, 27, 28, 29, 30, 31, 32, 33, 34, 35, 36, 38, 39, 40, 41, 46, 50, 51, 52, 54, 57, 59, 60, 63, 64, 65, 67 e 71, e o Regimento Interno do Conselho Federal, mantidos os efeitos das Resoluções nos 01/94 e 02/94. Art. 158. Este Regulamento Geral entra em vigor na data de sua publicação. Sala das Sessões, em Brasília, 16 de outubro e 6 de novembro de 1994.

JOSÉ ROBERTO BATOCHIO
Presidente PAULO LUIZ NETTO LÔBO
Relator

[Comissão Revisora: Conselheiros Paulo Luiz Netto Lôbo (AL) – Presidente; Álvaro Leite Guimarães (RJ); Luiz Antônio de Souza Basílio (ES); Reginaldo Oscar de Castro (DF); Urbano Vitalino de Melo Filho (PE)]

---

158 Ver Sessões plenárias dos dias 17 de junho, 17 de agosto e 17 de novembro de 1997 (DJ, 24.11.97, S.1, p. 61.379) e Resolução n. 01/2009 (DJ, 19.05.2009, p. 168).
159 Ver Sessões plenárias dos dias 17 de junho, 17 de agosto e 17 de novembro de 1997 (DJ, 24.11.97, S.1, p. 61.379).
160 Ver Resolução n. 01/2009 (DJ, 19.05.2009, p. 168).
161 Ver Resolução n. 01/2010 (DJ 28.06.2010, p. 43).